어떻게 민주당은 무너지는가

정치분석가
조기숙 교수가
민주당에 보내는
뼈아픈 경고

어떻게 민주당은 무너지는가

조기숙 지음

테라코타

프롤로그

이 책을 쓰게 된 이유

문재인 당대표 시절, 저녁 식사를 마치고 김정숙 여사에게 전화했다. 집에 혼자 있으니 놀러 오라고 했다. 소탈한 성격의 김 여사는 누구에게나 개방적이고 친절하며 붙임성이 좋다. 남편과 함께 산책 삼아 문 대표 집으로 마실갔다. 문 대표가 구기동에 살 때, 우리는 큰길 건너편 빌라에 4년간 살았다. 김 여사와 함께 북유럽 자유여행을 할 때 내가 준비했던 프로바이오틱스를 복용하며 효과가 좋다고 했던 게 생각나 홈쇼핑에서 재구매해 몇 병을 챙겨 갔다. 한약재로 직접 만든 발모액은 스프레이 통에 담았다. 발모액은 항염 효과가 있는 약재로 만들어져 탈모에는 물론 피부 가려움증에도 효과가 있어 문 대표를 위해 가져갔다. 김 여사와 한참 수다를 떨고 있는데 문 대표의 귀가가 예상보다 빨라 두 부부가 마주 앉게 됐다.

마침 부산에서 싸줘서 가지고 왔다며 비싼 갯장어회 두 접시를 문 대표가 꺼내 놓았다. 김 여사가 주방에서 주안상을 준비하면서 큰 소리로 말했다.

"조 교수가 당신 탈모에 쓰라고 직접 만든 발모액을 가져왔어요. 쓰기 편하게 스프레이 통에 담아 온 것 좀 보세요"

"이건가요?"

문 대표가 내가 가져온 통을 잡으려다 마룻바닥에 쓰러뜨렸다. 통에서 액체가 한두 방울 새어 나와 바닥에 흘렀다. 내가 물기를 닦으려고 휴지를 잡아 뺀 순간, 문 대표는 재빨리 손가락으로 발모액 액체를 찍어 머리에 쓱쓱 문질렀다.

"아유 이 아까운 걸 흘렸네"

제법 큰 통이라 한두 방울이 새도 대수롭지 않은 일이었다. 그러나 한 국가의 대통령이 될 사람이 그걸 만들어 온 정성을 생각해 바닥에 흘린 걸 찍어 머리카락에 바르리라 누가 상상이나 했겠는가. 바닥에서 머리카락으로 그의 검지손가락이 부지런히 왕복했다.

문 전 대통령은 이런 분이다. 누구에게나 진심으로 최선을 다한다. 나는 순간 눈물이 찔끔 났다. 내가 만든 발모액을 얻어간 사람들이 효과가 좋다며 더 달라는 부탁을 감사의 인사로 들었을 뿐 이런 감동은 처음이었다. 문 전 대통령처럼 남이 준 선물을 귀하게 여기고 그걸 순간 무의식적인 행동으로 표현하는 사람은 아마 지구상에도 드물 것이다.

문재인 후보는 박근혜의 탄핵과 함께 많은 국민의 기대 속에 대통령에 당선됐다. 임기 초 지지도는 80%를 상회했고, 민주화 이후 역대 대통령 중, 임기 중반에는 물론 임기 말에도 가장 높은 지지도를 기록했다. 문 전 대통령은 각종 기념식 연설마다 국민 다수의 눈물을 쏙 빼놓았다. 그렇게 아름답고 감동적인 언어로 국민을 위로하고 힐링시키는 정치인은 처음이었다. 오죽하면 '기념일이 기다려지기는 처음'이라고 SNS에 기록했다. 정치색이 다른 교수조차 길거리를 지나가는 나를 붙잡고 광주에서 문 대통령이 유가족을 안아주는 모습을 보며 울컥했다며 눈시울을 붉혔다.

코비드-19라는 전대미문의 세계적인 위기 속에서 문재인 정부는 코로나의 성공적 방역과 관리로 소중한 국민의 생명을 최우선으로 보호했고, 우리 국가의 위상을 전 세계에 드높였다. 남북관계는 급진전했고, 비록 의도했던 성과는 얻지 못했지만 언젠가 우리는 문재인 정부가 멈춘 곳에서 다시 시작할 수 있을 것이다. 민주주의와 자유는 만개했고 문화는 최고로 융성했다. 박근혜 정부 때 블랙리스트로 고통받던 예술인들은 전 세계 주요 시상식을 휩쓸며 한국 문화로 국위 선양을 했다. 김구 선생님이 꿈꾸던 문화강국이 된 것이다. 보수 정부와 비교해서는 물론이고 역대 1, 2기 민주 정부와 비교해도 문 정부의 업적은 절대 밀리지 않는다. 문 정부 이후 높아진 한국의 위상마저 부정하는 건 진실을 외면하는 것이다.

그런데도, 더불어민주당이 소수당이었던 김대중, 노무현 시대와는 비교도 할 수 없을 만큼, 아니 그 이후 민주당이 야당이던 시절이 더 좋았다고 느낄 정도로 한국정치는 후퇴하고 있다. 나만 그렇게 느끼는 게 아니라 내가 만나는 사람들, SNS 친구들이 하나같이 지지할 정당이 없다며, 한국정치가 쇠락한다고 말한다. 물론 SNS의 확산과 맞물린 세계적인 포퓰리즘 분위기 속에서 정당의 극단적 대결과 혐오와 증오가 심해지는 갈등의 정치에서 대한민국도 예외가 아니긴 하다. 그러나 의문은 멈추지 않는다. 국위 선양을 하고 역대 임기 말 지지도가 가장 높았던 문재인 정부는 왜 5년 만에 정권교체를 당하게 됐을까. 노무현 대통령이 선진국 사례에서 발견한 이후 학자들 사이에서도 통용되는 8~10년 주기설에도 맞지 않는다. 이는 임기 말 낮은 지지도에도 불구하고 정권 재창출에 성공한 김대중, 이명박 전 대통령의 사례에 비춰도 이례적이다. 무엇보다 지난 2022년 대선은 유권자 인구분포와 정당 재편성을 고려할 때 민주당이 패할 수 없는 선거에서 졌다는 사실이 가장 뼈아팠다. 한 번만 패한 게 아니라 대선 전후로 3연패를 했다. 민주당은 무엇을 잘못해서 3연패를 당했을까? 나는 민주당의 기본 가치가 무너졌기 때문이라고 생각한다. 민주당은 이미 한쪽 기둥이 무너졌고, 지금도 다른 쪽 기둥이 무너지는 중이다.

"어떻게 민주당은 무너지고 있나?"

이에 대한 답을 찾고자 이 책을 쓰게 됐다. 누구보다 먼저 민주당이 망가진다고 경고했고, 이런 사태에 일말의 책임감을 느끼기 때문이기도 하다.

많은 업적에도 불구하고 민주당이 현재 처한 위기를 초래한 일차적인 책임은 문 전 대통령에게 귀결될 수밖에 없다. 재선에 출마하지 않은 대통령에게 대선 패배에 대한 책임을 지라는 말이 아니다. 오히려 나는 문 대통령은 대선 패배와 직접적인 관련이 없다고 본다. 만일 문 대통령의 재선 출마가 가능했다면 당연히 재선에 성공했으리라 확신한다. 문 대통령은 문재인 정부가 민주당 정부가 될 것이라 공약했고, 이를 실천했으니 민주당의 몰락에 일부 책임은 피할 수 없다. 무엇보다 민주당이 핵심 가치를 상실하고 무너지기 시작하는 데 조국 사태가 시발점이 됐기에 조 교수의 법무부 장관 임명을 강행한 문 대통령은 간접 책임의 정점에 있다고 할 수 있다. 그러나 민주당에서 유일하게 원칙을 지켰고, 현재도 윤석열 정부의 폭주를 막는 최후의 보루가 문 대통령이라고 나는 생각한다. 왜 그런지는 뒤에서 밝히겠다.

2012년은 물론 2017년에도 나는 문재인 후보 당선을 위해 거의 목숨 걸고 뛰었고 실제 죽을 고비도 넘겼다. 하지만 끝내 문재인 지지 선언은 하지 않았다. 대부분 사람이야 내가 하든 말든 관심도 없겠지만, 2012년 문재인의 대선 패배를 예측했던 친민주당 인사로는 유일했던 내가 지지 선언을 하지 않자 또 패하는 게 아닌지 불안했던 트위터 친구들이 문 후보 지지 선언을 하라고 빗발치게 요구했다. 나는 끝내 하지 않았다. 2017년 탄핵 후 대선에서는 누구나 문 정부의 집권이 수월할 거라 예상했다. 문제는 집권이 성공할 것이냐에 있었다. 나는 문재인 정부가 박근혜 정부와 마찬가지로 정치적으로 너무나 성공해서 정책까지 성공하기는 어렵겠다는 생각을 했다. 노무현 대통령에게 했던 것처럼 임기 내 지지하고, 퇴임 후 AS까지 할 자신이 없어 침묵을 택했다.

더 중요한 이유는 내가 필요할 때 문 정부에 경고를 보낼 수 있는 중립적 위치에 있어야겠다고 생각했다. 나는 2012년 대선 결과, 2016년 총선 결과를 정확히 예측했지만, 민주당에 도움이 되지 못했다. 민주당이 잘못된 전략을 택할 때 경고를 할 수 없었기 때문이다. 국민은 우리가 한편이라고 생각할 텐데 내가 공개적으로 민주당의 전략을 비판하면 오히려 보수언론에 의해 분열의 소재로 이용당할 게 뻔했다. 민주당에는 사적으로 아무리 전달해도 알아듣는 사람이 없었다. 내가 2002년 노무현 후보에게 어떻게 도움을 줬는지 생각해 보니 객관적인 논평가였기에 가능했다는 결론을 얻었다. 노 후보가 가는 방향이 잘못됐을 때 비판할 수 있었고, 내가 했던 위험한 제언을 노 후보와 캠프가 받아들였기에 가능했다.《왕따의 정치학》에서 밝혔듯이 나는 이미 문파의 힘을 실감해 나까지 문재인 지킴이를 할 필요는 없다고 봤다. 객관적 논평가로서 문재인 정부가 잘못된 길로 갈 때 경보를 울리는 역할을 하기 위해 나는 문 후보 지지 선언을 하지 않겠다고 그 책에 이미 밝혔다.

문 정부의 정책적 성공에 회의적이었던 건 문 대통령의 정책이 실용적이었던 김대중·노무현 대통령과는 달리 국가의 역할을 강화하는 구좌파 정책이 될 가능성이 매우 크다는 걸 알았기 때문이다. 그 점에서 문재인 캠프의 다수는 노무현 실패론자들이었다. 민주당이 정책뿐만 아니라 정치적으로도 위기에 빠지게 된 가장 큰 이유는 노무현 트라우마로 인해 똑같은 실패를 반복하지 않겠다는 선한 의지에서 비롯됐다. 그러나 그 논리를 파고들면 결국 '노무현은 국민을 보고 정치하느라 당과 지지자를 배신했고, 언론과 검찰에게 권력을 행사하지 않아 그들에 의해 죽임을 당했다'라는 노무현 실패론이 본질이다. 민주당 강성당원들은 노무현의 정신과 가치는 잊은 채 오로지 승리 이데올로기에만 사로잡혀 무조건 우리 편이면 다 옳다며, 대화와 경청보다는 다양한 목소리를 억압했다. 그 결과 민주당은 염치와 상식을 잃어버렸다.

이 책은 노무현의 참모로서 내가 정치에 발을 들인 이후 지난 20여 년간 열정을 바쳤던 민주당에 대한 애증의 기록이기도 하다. 보다 구체적으로는 내가 왜 최근에 민주당 지지를 철회하고 방관자로 남게 됐는지 개인적 경험이지만 결코 사적이지 않은 경험을 공유하려 한다. 마지막 남은 애정을 담아 민주당이 어떻게 하면 무너진 기둥을 다시 세울 수 있는지 혁신의 길을 제시하는 게 이 책의 궁극적인 목표이기도 하다.

정당은 세 개의 기둥이 받쳐 준다.

① 국민의 지지를 얻기 위한 명분과 가치
② 정당 내의 공정하고 민주적인 절차
③ 집권을 위한 실행 가능한 정책

민주당의 명분과 가치는 이미 무너졌다. 민주적 소통 과정도 무너지는 중이다. 세 번째 기둥은 우리 정당 모두에게 애초에 존재하지 않았다. 겨우 두 개의 기둥으로 받치는 민주당의 절반 이상이 무너진 셈이다. 선거에 패하지 않는 게 이상할 따름이다. 보수당은 왜 무너지지 않느냐고? 거긴 민주정당을 표방하지도 않고, 더불어사는 세상 같은 멋진 미래도 약속하지 않으니 기대도 없다. 가장 먼저 이익투표를 시작한 사람들이 보수당을 지지하기에 보수당은 건재하다. 이익투표하는 사람에겐 가치나 명분이 이익에 우선할 수 없기에 그렇다.

뒤에서 구체적으로 밝히겠지만 나는 민주당이 무너지는 중이라고 생각한다. 민주당은 외부 요인에 의해 무너진 게 아니라 스스로 제 발에 걸려 넘어졌다. 공룡이 된 민주당은 변화된 언론 환경, 시민의 의식 수준, 운동권과 거리가 먼 MZ세대의 지향성을 전혀 이해하지 못했다. 민주당은 너무나 거대해서 환경의 변화에 적응하지 못하고 지구상에서 사라진 공룡과 닮았다. 정치도 동물의 세계와 마찬가지로 적자생존이다. 가장 강한 게 살아남는 게 아니라 환경에 적응하는 게 살아남는다.

민주당이 완전히 무너져 재기도 불가능한 상황이 되기 전에 내가 생각하는 현 민주당의 문제를 공유하고 싶다. 민주당이 미국의 민주당처럼 혁신을 통해 100년 넘게 살아남는 정당이 되는 데 이 글이 도움이 되길 바라는 마음을 담았다. 2027년 대선에서 민주당이 정권교체에 성공하지 못한다면 우리는 일본의 전철을 밟을 수도 있다. 남들보다 몇 년 앞서 한국정치를 예견해 온 내 눈에는 암울한 미래가 펼쳐진다. 민주당이 듣든 말든 노무현 정신을 배신한 민주당에 한때 노무현의 참모로서, 평생 노무현의 업적을 연구하는 정치학도로서 내가 할 일은 해야 한다는 생각으로 이 책을 썼다.

이 책은 모두 8개의 장으로 이루어졌다. 1장은 민주당이 무너지고 있는 현재의 위기 징후를 진단한다. 민주당 쇄신은 문제의 증상을 진단하는 작업이 선행돼야 원인과 해결책을 찾을 수 있을 것이다. 문재인 정부의 과오는 노무현 실패론과 밀접하다. 2장에서 좌우학자와 언론은 왜 노무현 실패론에 합의했는지, 노무현은 언제 어떻게 가장 존경하는 대통령 1위가 됐는지 살펴본다. 문재인 정부의 정책이 성공하기 어렵다고 판단해 지지 선언을 할 수 없었던 건 문재인 캠프에 노무현 실패론자들이 핵심 역할을 하고 있었기 때문이다. 문재인 정부에 노무현 실패론자들이 많다고 생각하는 이유를 3장에서 설명한다. 김대중 대통령이 대한민국에 커다란 선물을 안겨 주었다면, 노무현은 진보 민주진영에 커다란 유산을 남겼다. 문재인은 그 유산으로 사업을 번창시켰지만 많은 부채 또한 남겼다. 현재로서는 그 빚을 갚을 방도가 마땅치 않다. 4장에서는 문재인 정부의 공과 과를 살펴봄으로써 그것이 노무현의 유산과 어떤 관계를 갖는지 설명한다. 5장에서는 문재인 정부보다 심각한 민주당의 문제를 분석하기에 앞서 민주당에 지대한 영향을 미친 두 이데올로그(공론가), 유시민과 김어준의 공과 과를 살펴본다. 6장에서는 2000년 이후 민주당에 진행된 정당재편성 현상과 이에 역행한 민주당의 선거전략과 실패를 진단함으로써 2024년 총선 전략의 기초로 삼고자 한다. 7장은 2024년 총선을 앞두고 민주당이 국민의 신뢰와 사랑을 되찾을 방법이 있는지 대안을 검토한다. 끝으로 8장은 민주당이 혁신에 실패하면 한국정치 미래를 위해 신당을 창당해야 하는 이유와 성공할 수 있는 구체적인 방법을 제안한다.

당분간 그리 좋은 대안이 없다는 게 암울하지만, 항상 낙관론자의 편인 나는 그래도 희망의 끈을 놓지 않으려 한다.

차례

3장
문재인 정부는 노무현 실패론자의 모임인가

4장
문재인 정부의 명암

7장

민주당, 무너진 기둥을 다시 세울 수 있을까?

8장

'국민대연정당'을 창당하자

1장

민주당은 무너지는 중이다

1

평생 민주당만 찍었던 지지자들의 반란

진보적인 유권자의 무너진 자부심

정말 오랜만에 아직도 직장생활을 계속하는 여자 친구 세 명이 뭉쳤다. 코로나가 주춤한 후에는 1년에 서너 번 모임이 재개됐지만, 직장생활로 자주 참석하지 못했던 우리 셋만 별도로 모임을 한 것이다. A는 학창 시절 기자를 했고, 평생 방송국에서 작가로 활동해 좋은 책도 많이 냈으며 직장인을 위한 강연도 하고 있다. B는 애들을 다 키운 후에 남편 직장을 따라 간 유럽에서 석사학위를 받고 귀국해서 일을 시작했다. 그러다 뒤늦게 박사학위까지 받아 대학에서 강의하고 있다.

여성들 모임에선 정치적 성향이 다르니 정치 이야기를 하는 경우는 극히 드물다. 그러나 이번 모임은 셋 다 현업에 있고 정치성향이 같아서인지 누가 먼저랄 것도 없이 정치 이야기부터 시작했다. 마침 그날, 이재명 민주당 당대표는 일부 대기업의 성남FC 후원 관련 제3자 뇌물죄 조사를 받기 위해 성남지검에 출두했다. 우리 셋 다 평생 민주당만 찍었고, 민주당 외에는 눈길을 준 적도 없다. 지난 2022년 대선에서도 한 명은 여전히 민주당을 찍었다고 말했지만, 민주당에 대한 기대나 미련은 없다는 데 모두가 동의했다.

우리는 한국정치가 후퇴하고 있고, 더는 희망이 없다는 데 의견의 일치를 보았다. 또한 이재명 수사가 정치탄압이 아니라는 데 동의했다. 과거 같으면 이런 말은 상상도 못 할 일이었다. 보수정권이 하는 일은 먼지털기식 짜 맞추기 수사며 정치보복이고, 야권 탄압이라고 생각했을 것이다. 이명박, 박근혜가 당선됐을 때, 우리는 나라가 망할까 봐 걱정했고, 보수정당에 대해서는 기대할 게 없으니 모든 선거에서 민주당이 이겨야 한다고 생각했다. 민주당에 투표하는 건 물론, 한 표라도 더 얻기 위해 선거 당일까지 전화통에 붙어 있었다. 하지만 이제 내 주위 누구도 그런 열정을 가지고 있지 않다. 가장 큰 변화는 정치에서 "보수당은 절대로 안 돼"라는 터부taboo가 없어진 것이다.

우리는 민주당에 특별한 가치를 부여했고, 민주당 지지자임이 자랑스러웠다. 그러나 우리에겐 그런 자부심이 더는 남아 있지 않았다.

내가 물었다.

"대체 언제부터 우리가 이렇게 변한 것일까?"

A가 울분에 차서 말했다.

"문재인 정부는 노무현 친구였으니 결이 같을 거로 생각했는데 김대중과 노무현의 민주 정부와는 달라. 문재인 정부 이후 민주당 인사들은 무능하면서도 파렴치해. 그들은 어느새 기득권이 돼 우리가 그토록 부도덕해서 싫어했던 보수당 인사들과 똑같은 행태를 하면서도 부끄러운 줄도 몰라."

그녀는 '파렴치'라는 단어에 힘을 줬고 비수가 되어 내 가슴에 꽂혔다. 나는 그녀의 말에 반박할 수 없었다. 듣고 있던 다른 친구도 그녀의 말에 맞장구쳤다. 하지만 나는 그녀의 태도가 최근 몇 년 사이에 급격히 변한 것에 소스라치게 놀랐다. 코로나 직전, 조국 사태 이후 우리 둘이 만났을 때만 해도 A는 조국 가족을 옹호하며 윤석열을 맹렬히 비난했다. 그녀는 문 대통령이 윤석열을 당장 해임해야 한다고 목소리를 높였다.

"검찰총장 임기는 정치적 중립을 위해 보장돼 있는데 지금 해임하면 오히려 윤석열에게 정치할 명분을 주게 될 거야. 정말 윤석열 대통령 만들어 줄까 걱정된다."

그녀는 나의 이런 발언에 냉소를 보냈다.

"네가 윤석열을 그리 높이 평가하는 게 이해가 안 돼. 윤석열은 무식하고 무대뽀잖아, 그럴 만한 위인이 아니라고 봐. 대통령은 아무나 하니? 그런 일은 절대로 없을 거야."

나도 논쟁을 이어갔다.

"윤석열은 평생 공직 생활을 해 온 사람이라 안철수와는 결이 달라. 자기 관리를 얼마나 철저히 해 왔으면 전 정권에서 미운털이 박히고도 살아남았겠어. 쉽게 제거하려다 오히려 그 사람만 키워 주게 될 거야. 나는 문 대통령이 원칙을 잘 지켰다고 생각해."

그녀는 나에 대한 비웃음을 거두지 않았다. 그랬던 그녀에게 불과 3년 만에 무슨 일이 일어났던 것인가.

그녀는 문재인 정부 임기 종료를 몇 개월 앞두고 지난 3~4년간 해 오던 방송프로그램에서 하차한 건 물론 방송국을 영원히 떠났다. 대학 졸업 후 40여 년간 쉬지 않고 작가로 일했던 방송계를 떠난 것이다. 그것이 그녀 삶의 존엄성을 지키는 유일한 길이라고 했다. 그녀는 박근혜 정부의 언론탄압에 저항했던 방송계 민주인사들을 응원하고 지지했다. 문재인 정부의 탄생과 함께 민주투사들이 방송국을 장악하게 되자 꺼림칙한 마음이 없지 않았단다. 정부가 바뀔 때마다 방송국 임원진이 한쪽에서 다른 한쪽으로 물갈이되는 정치판 같은 모습이 달갑지는 않았지만, 민주투사들은 정의롭게 일하리라 기대했기에 지도부 교체는 필요악이라며 합리화했다. 그녀의 기대는 보기 좋게 배신당했다.

"방송국에 새 지도부가 들어선 후 나는 한 피디와 프로그램을 3~4년 정도 해 왔어. 그런데 문 정부 임기 말이 다가오자 임기가 끝난 한 임원에게 원하는 프로그램을 주기 위해 우리 피디와는 상의도 없이 불과 며칠 만에 함께 일하던 피디를 프로그램에서 하차시켰어. 우리 팀원은 지난 몇 년간 애정을 가지고 이 프로그램을 만들어 왔는데, 교체하더라도 일정을 알려주며 마무리하고 헤어질 시간은 줘야 하는 거 아니니? 보수 지도부와 똑같은 방식으로 일할 거면 왜 정권교체를 하고 방송국 지도부까지 교체했는지 이해되지 않더라. 결국, 자기네들도 보수세력과 똑같은 짓하려고 권력투쟁했다는 말밖에 더 되니?"

나는 A가 느끼는 좌절감에 너무나 공감했다.

"맞아, 후대에 김대중, 노무현 대통령이 재평가되고 존경받는 건 그분들은 손해를 보더라도 보수당 정치인들과는 다르게 행동하셨기 때문이지."

A는 더 놀라운 사실을 말했다.

"사람들이 왜 방송을 그만뒀냐고 묻기에 나라도 그들의 잘못에 저항하지 않으면 부끄러워서 견딜 수가 없어서라고 했어. 사람들과 터놓고 대화를 나누다 보니 사회 곳곳에서 나처럼 당한 사람이 너무나 많은 거야."

나도 문재인 정부 하에서 말도 안 되는 피해를 몇 번 당해 봐서 안다. 얼마나 많은 사람에게 이런 원한을 안겨 주었으면 5년 만에 정권교체를 당했겠는가. 나는 그 상황을 한마디로 정리했다.

"네 선택을 응원해. 진영논리에 휩쓸리는 대신 잘못된 걸 잘못됐다고 말하기 위해 가장 소중한 걸 버린 내 친구가 자랑스럽다. 너는 파렴치한들 속에서 품위 있는 삶decent life을 택한 거야."

나는 그녀를 진심으로 위로했다.

민주당은 우리처럼 정직한 사람들을 잃었다. 그리고 민주당 극렬 지지자들은 우리를 배신자라고 부른다. 분명히 말하지만, 민주당의 가치를 배신한 건 당신들이야!

명분, 그리고 상식과 염치까지 잃은 민주당

공자는 "덕으로 정치 행위를 한다는 것은 마치 북극성이 제자리에 머물러 있으면 모든 별이 그에게로 향하는 것과 같다"라고 했다. '정치는 명분'임을 강조했던 노무현 대통령도 같은 의미로 하신 말씀일 것이다. 이때 명분은 삶과 무관한 사색당파의 추상적인 관념의 오기 싸움이 아니라, 삶에서 정치인 또는 전문가들이 반드시 지켜야 하는 신실성integrity을 의미한다. 우리말로는 직업적 윤리 또는 언행일치가 가장 유사할 것 같다. 내가 양대 정당에 이기는 선거전략을 제안할 때 가장 중시하는 것도 명분이다. 빌 클린턴 대통령의 선거 참모였던 딕 모리스도 그의 책,《신군주론》에서 국민은 생각보다 이상적인 걸 원한다며, 이상주의적인 접근이 선거에서 이기는 데 도움이 된다고 조언했다. 정치에서 명분은 신념을 주고, 내 가치와 행동이 일치되게 하는 힘이 있다. 이 힘이 사람의 마음을 움직여 열정적으로 행동하게 만든다.

유교 영향권에 있는 한국 유권자에게는 미국 유권자와 비교하면 정치에서 명분과 가치가 생명줄만큼이나 중요하다. 물론 그 명분과 가치는 실천에서 진정성을 인정받는 것이지, 말로만 해서는 금방 바닥이 드러나게 돼 있다. 현재 민주당의 위기는 정치에서 명분을 잃어버린 데 있다. 국민의힘에는 애초에 명분이나 도덕 같은 게 존재하지 않은데 왜 민주당만 명분 있는 정치를 해야 하냐며 일부 민주당 정치인과 지지자는 목소리를 높인다. 민주당이 맨날 패하는 게 이 때문이라며 그들은 승리가 곧 정의라고 믿는다. 그래서 원칙을 지키다 윤석열을 내치지 못하고 대통령으로 만들어 준 문전 대통령이 이 모든 사태에 책임이 있다는 논리로 흐른다. 요즘 민주당 지지자 중, SNS에서 영향력 있는 상당수가 이런 주장을 하고 지지자들도 이에 현혹되고 있다. 최근 민주당에서 제명해야 할 7적에 문재인, 이낙연 등이 포함되는 배경이다.

— 민주당이 정권교체를 당한 가장 큰 이유는 문재인이 잘못했기 때문이다. ①윤석열 인사를 잘못했고, ②그를 해임해야 할 때 하지 못했다. 있는 권력을 제대로 사용하지 못한 무책임으로 결국 윤석열을 대통령으로 만들어 줬으니 대선 패배의 일차적 책임은 문재인에게 있다.

이런 주장은 정치학적으로 근거가 없다. 만일 선거에 출마할 기회가 원천적으로 봉쇄된 현직 대통령 때문에 자당의 후보가 패했다면 앨 고어Al Gore의 패배도 빌 클린턴 때문이고, 트럼프의 당선은 버락 오바마 때문이라는 주장이 성립돼야 한다. 빌 클린턴의 임기말 지지도는 63%였기에 미국 정치학자들은 앨 고어가 최소 20% 표 차이로 당선될 거로 예측했지만 어이없이 빗나갔다. 비록 국민투표에서는 앞섰지만, 선거인단 투표에서 패한 건 어쨌든 앨 고어의 선거전략이 실패했음을 말해 준다. 힐러리의 선거 패배 이유는 뒤에서 다시 언급하겠다.

그런데도 문재인 책임론을 철석같이 믿는 사람이 다수인 상황에선 민주당에 희망이 생길 리 없다. 현실에 대한 진단이 잘못되면, 해결책을 찾았다고 해도 잘못된 해결책일 수 있다. 의사가 환자의 병을 오진하면 치료도 불가능하고, 결국 그 환자는 회복될 수 없는 것과 같은 이치다. 민주주의는 정기적인 선거 결과로 민심을 가장 정직하게 측정한다. 투표에 나타난 민심을 잘못 이해하면 민심을 다시 잃을 수밖에 없다. 이명박 당선이 노무현 평가와 무관하다는 주장을 내가 지치지 않고 계속해 왔던 이유가 바로 여기에 있다.

재출마할 수 없는 현직 대통령이 자당의 대선 패배에 책임이 있다는 건 일반인들의 착각일 뿐이다. 이론적으로나 경험적으로 전문가에 의해 직접적 영향력은 밝혀진 바 없다. 일부 교수들이 쓴 논문이 존재하기는 하지만 이는 정당지지도를 통제하지 않은 잘못된 모형에 기반했기에 오류라고 생각된다. 선거의 승패는 현직 대통령보다 오히려 대통령 후보의 요인이 가장 크다는 게 미국과 한국에서 제대로 수행된 연구 결과다.

지난 대선을 한 달 앞둔 문재인 대통령의 지지도는 윤석열 후보의 지지도를 상회했다. 반면, 이재명 후보의 지지도는 경선 이후 〈삼프로TV〉에 나와 높은 경제적 식견을 보여 줬을 때 3% 상승한 것 외에는 30% 초반 박스권에서 움직이지 않고 갇혀 있었다. 윤석열 후보가 만일 대통령에 당선된다면 전 정부의 비리를 수사할 것이냐는 질문에 "당연하다"라고 응답하자, 문재인 당시 대통령은 "정치 보복하겠다는 거냐"며 강하게 반발했다. 선거에서 '문재인 대 윤석열'의 전선이 만들어지면서 이재명 후보의 지지도는 처음으로 40%대에 진입했다. 이 후보는 문 대통령과 차별화가 아니라 일부 실패한 정책 외에는 계승을 강조했어야 했다.

이명박 전 대통령의 지지도가 워낙 낮았음에도 이명박과 차별화한 박근혜 후보가 당선된 데에서 이재명 캠프는 잘못된 교훈을 얻은 것 같다. 이명박 정부의 임기 말 정권교체를 바라는 여론은 55%가 넘었고 오랜 기간 매우 강렬했다. 그런데도 박 후보가 대통령에 당선될 수 있었던 건 일부 보수, 중도층 유권자들이 이명박과

각을 세운 박근혜의 당선도 정권교체라고 생각했기 때문이다. 그 성공사례를 보고 이재명 캠프에서 현직인 문 전 대통령과의 차별화를 꾀했다면 오판이다.

당내 경선에서는 차별화 전략이 효과적일 수 있다. 민주당 내 경선에서 문재인의 계승자는 누가 봐도 이낙연 후보였으니 친문에 대한 견제세력을 규합하기 위해 이 후보가 문 전대통령과 거리를 두는 게 유리했을지 모른다. 특히 이낙연 후보가 뜬금없이 박근혜 사면을 제안하면서 청와대 배후설이 나오자 이에 격앙한 민주당 당원들의 정서에 편승하기 위해서라도 문 정부와의 일부 차별화가 경선에서는 필요했다. 하지만 경선에서 승리한 후에도 지지도가 오르지 않자 이 후보는 문재인 정부와는 물론 민주당과도 본격적인 차별화를 시도했다.

2021년 11월 22일 이 후보는 다음과 같은 선언을 했다.

"오늘은 새로운 민주당의 첫 1일차로 생각됩니다. 국민 여러분의 새로움과 변화, 혁신, 개혁에 대한 열망을 담아서 이재명의 민주당, 새로운 민주당을 시작하겠습니다."•

이 후보는 30% 지지도에 갇힌 본인이 그렇게 매력적인 후보라고 생각했을까? 솔직히 문 대통령이나 민주당보다 지지도가 낮은

• 서영지, 〈문재인 정부와 차별화 나선 이재명, 민주당 점퍼도 벗었다〉, 〈한겨레〉, 2021. 11. 23.

후보 캠프에서 이렇게 말도 안 되는 전략을 내놓을 수 있었는지 내 상식으로는 도저히 이해가 안 된다. 이 후보는 정치를 계속할 생각이라면 저런 전략을 내놓은 간신부터 내치는 게 우선이다.

세상에 완벽한 정부는 없듯이 문재인 정부 또한 인사 난맥이나 일부 정책 실패 등 잘못이 적지 않았다. 따라서 "새로운 출발은 철저한 반성에서 시작된다. 저와 민주당은 따끔한 회초리를 맞을 준비가 돼 있다"라는 이 후보의 발언은 타당하다. 하지만 그래서 뭘 하겠다는 건지 대안의 정책은 제시하지 못했다. 이명박도 서울시장으로서는 유능했지만 실패한 대통령이었듯이, 이 후보도 성남시장, 경기지사로는 유능했을지 몰라도 대통령으로서 비전을 보여주는 데에는 실패했다.

한국사회여론연구소KSOI가 티비에스TBS 의뢰로 11월 19~20일 전국 성인 1,000명을 대상으로 문 대통령 국정 수행 평가(신뢰수준 95% 표본오차 ±3.1%p)를 조사한 결과 긍정 평가 43.1%, 부정평가 52.6%였다. 반면, 이 후보의 지지율은 39.5%, 윤석열 후보는 40%였다. 솔직히 이재명 후보는 정치 초년생으로 말실수가 잦았던 윤 후보와 맞섰으니 박빙으로 패했지, 국민의힘에서 다른 후보가 나왔다면 더 큰 표차로 패했을 가능성이 크다.

민주당은 끊임없이 검찰 포토라인에 서서 검찰을 성토하게 될 게 뻔한 정치인을 대선 후보로 선출했다. 민주당 다수 당원과 지지자들이 이 후보를 지지했던 이유는 무능한 문 전 대통령처럼 당하지 말고, 유능한 이 후보가 민주주의나 법리적 절차는 무시하고 언론과 검찰을 싹 쓸어버리라는 바람 때문이었다. 민주당은 대선 패배 후에도 반성하지 않았다. 대선에 패배한 이 후보를 당선시키기 위해 송영길 의원의 지역구를 내줬고, 이 후보는 자신의 국회 입성을 위해 지방선거를 포기한 것으로 보였다. 그 결과 이 후보는 '광역단체장 선거 12곳 패배'라는 성적표를 받아야 했다. 민주당은 대선에서 이미 국민의 심판을 당한 후보가 전임 대통령 때문이 아니라 후보의 자질 부족으로 패했을 가능성은 전혀 고려하지 않았다.

민주당이 민심을 잃은 이유가 궁금하면 택시 기사에게 물어보라. 택시 기사만큼 민심을 정확히 실시간으로 파악하는 사람도 드물 테니까. 화물노조 파업이 한창이던 2022년 11월, 여의도로 가는 택시를 탄 후 민심이 궁금해 기사에게 물었다.

"요즘 한국정치가 어떤 것 같으세요? 나아지고 있나요? 후퇴하고 있나요?"

"다른 건 몰라도 정치인들이 과거보다 훨씬 더 뻔뻔해진 건 분명한 것 같아요. 예전에는 잘못한 일이 있으면 진심이 아니라도 머리를 숙이며 잘못했다고 사과라도 했잖아요? 그런데 언제부터인지 그런 게 없어졌어요. 내가 뭘 잘못했냐며 고개를 빳빳이 들고 따져요. 그래도 옛날에는 민주당만은 양심이 있는 것 같았어요. 요즘은 양당이 차이가 없이 똑같으니 이제 정치에 관심도 없고, 신경 끄려구요. 양당 모두 적반하장이란 점에서는 정치가 후퇴한 게 분명해요."

현재 한국정치의 문제를 이보다 더 정확히 지적할 수 있을까? 내가 생각하는 가장 큰 문제는 정치가 후퇴하고 있다는 점이다. 정치 쇠락의 핵심은 정치가 상식과 염치를 잃었다는 데에 있다. 더 큰 문제는 미래의 희망도 보이지 않는 것이다.

2

정부의 규범이 무너지면 생기는 일

트럼프 집권의 정치적 결과

모두가 안철수 현상을 찬양할 때 나는 이를 포퓰리즘 현상으로 해석했기에 다음과 같은 내용을 SNS에 남겼다.

— 안철수는 포퓰리스트라 정당을 사당화하고 갈등을 제도적으로 해결하지 못해 결국 그의 정치 실험은 실패하고, 안철수 현상도 곧 거품처럼 사라질 것이다. 안철수가 2012년 대선에서 단일 후보가 되면 민주당은 지구상에서 사라지고 짝퉁 보수당이 탄생할 것이다. 이번 대선에 패하더라도 민주당을 지켜야 민주진영이 다시 일어설 기반이라도 갖게 된다.

2012년 대선에서 문재인 후보가 박근혜 후보에게 패한 후 젊은층 커뮤니티에서 나는 그들의 공적 1호가 됐다고 큰아들이 말해줬다.

"안철수로 단일화했으면 박근혜를 이겼을 텐데 엄마가 안철수를 비방해서 안철수가 후보 사퇴하는 바람에 박근혜가 대통령이 됐잖아요. 엄마 때문이라고 다들 욕해요. 엄마가 부끄러워요."

나와 몇 개월간 대화를 거부했던 큰아들에게 나는 이렇게 말했다.

"엄마가 그렇게 영향력이 센 사람이면 좋겠다. 안철수의 역량이 딱 그 정도라서 초래된 결과야. 앞으로 지켜봐. 엄마 말이 맞다는 걸 곧 알게 될 거야."

실제로 내 예측은 현실이 됐다. 안철수는 정당을 사당화했고, 그 부인은 국민의당을 남편과 자신이 낳은 자식이라고 표현했다. 안철수가 몸담은 정당은 분열하거나 해체됐다.

그 후 나는 북유럽, 호주, 유럽의 극우 포퓰리즘 리더에 관한 연구를 담아 《포퓰리즘의 정치학》을 2016년에 출간했다. 이 책에서 향후 세계 어느 나라도 포퓰리즘 바람에서 자유롭지 않을 것이라며, 그 이유를 다음과 같이 설명했다.

— 인터넷과 SNS의 발달과 함께 리더와 국민은 좀 더 직접적으로 소통할 것이며, 선정적인 미디어는 경쟁적으로 포퓰리스트 정치인을 띄울 것이다. 또한 제4차 산업혁명으로 일자리를 잃은 노동자는 경제적 양극화로 고통을 받겠지만, 정치권은 제대로 된 해결책

을 제시할 수 없을 것이다. 이에 벼랑 끝에 선 국민은 어차피 되돌아갈 곳도 없어 벼랑 아래로 뛰어내리는 위험을 감수하듯 포퓰리스트 리더를 택할 것이다. 결국 두려움에서 시작된 포퓰리즘 분위기는 전 세계적으로 확산될 수밖에 없다.

더 나아가 미국 언론 모두가 힐러리 클린턴의 승리를 예측할 때, 나는 이 책을 소개하는 팟캐스트(정봉주의 전국구)에서 트럼프의 당선 가능성이 없지 않다고 말했다.

포퓰리즘이란 국민을 엘리트와 일반 국민으로 양분해 포퓰리스트만이 국민의 이익을 대변한다며, 다른 엘리트를 악으로 공격하는 정치이념이라 할 수 있다. 정치학에도 다수의 이론이 존재한다. 이 말은 정치적 문제 진단은 아무나 할 수 있는 게 아니란 의미다. 정치는 온 국민이 참여할 수 있고, 한마디씩 할 수 있지만, 정치적 문제를 진단하기 위해서는 전문적인 훈련이 필요하다. 병을 오래 앓은 사람도 반 의사가 될 정도로 지식이 있지만 그렇다고 남의 병을 정확히 진단할 수 있는 건 아니다. 전문적인 훈련을 받은 의사가 실제 병을 많이 앓아본 사람보다 더 정확히 병의 원인을 진단하는 것과 마찬가지다.

민주진영 운동권 출신의 정치인 중에는 "현실 정치도 안 해 본 교수가 정치를 뭘 알겠냐"라며 전문가를 무시하는 분들이 종종 있다. 이건 '병을 앓아본 사람만이 환자를 정확히 진단할 수 있다는 주장'과 같다. 병을 앓아 보지 않아도 의사가 환자를 정확히 진단하듯이, 정치 현상에 대한 이론을 훈련받으면 안철수를 직접 만나

거나 정치를 같이하지 않아도 그의 정치적 미래를 예견할 수 있다. 명의가 환자를 잘 치료하는 건 그 환자를 속속들이 알고 있어서가 아니다. 환자의 병명을 정확히 진단한다면, 선배들이 발전시켜 놓은 이론에 기초해 치료법과 약물로 병을 치료할 수 있다. 정치학도 마찬가지다. 현실 정치의 문제를 정확히 진단하면 국내외 선구자들이 발전시킨 이론으로 문제의 해결책을 찾을 수 있다. 이 책을 쓰게 된 가장 큰 이유도 현재 민주당의 문제를 진단하고 그 원인을 찾아 해법을 제안하기 위해서다. 의사가 사람의 몸을 고치는 사람이라면, 정치학자는 정치 사회적 제 문제를 해결하기 위해 이론을 연마하고 해법을 제시하는 사람이라고 생각한다.

19세기 말인 1890년대에 농민의 이익을 대변하는 국민의당이라는 포퓰리즘 정당을 경험한 미국 선조들은 포퓰리스트가 기존 양당의 후보로 당선될 수 없도록 다양한 장치를 마련해 뒀다. 그래서 주요 언론과 학자들은 트럼프가 포퓰리스트라는 사실도 인지하지 못할 만큼 무지했고, 설령 그가 포퓰리스트라해도 주요 정당의 시스템을 무너뜨리고 후보가 되거나, 대통령에 당선되는 일은 없을 거라고 안심했다.

인터넷의 확산과 SNS의 등장은 선조들이 미처 예측하지 못했던 돌발 상황을 만들었다. 트럼프는 1996년부터 대선 출마를 저울질하기 시작했다. AP통신[•]에 따르면 트럼프의 첫 부인이었던 이바

• Karel Nanicek, "Secret police file : Trump sure of presidential win_in 1996", 2017. 1. 13. https://apnews.com/article/czechoslovakia-donald-trump-elections-prague-international-news-38bd4abbb6d54133ac865c45a74acb43

나의 조국인 체코슬로바키아의 공산주의 시절 비밀경찰 보고서가 최근에 공개됐는데 1996년 대선에서 트럼프는 독립후보로 출마하면 당선될 것을 확신하고 있었다고 한다. 대선을 오래 준비한 만큼 트럼프는 대단히 전략적으로 움직였고, 공화당의 대선 후보가 될 수 있었다. 트럼프가 대선 후보가 되는 데 가장 중요한 요인은 역설적으로 공화당이 내부에서부터 무너진 데 있었다. 오바마 대통령의 8년간 집권으로 민주당 지지도는 40% 이상으로 견고했던 데 비해, 공화당의 지지도는 20%대로 무너졌다. 외부에서 트럼프를 지지하는 수많은 정치 무관심자들이 공화당 경선에 참여함으로써 트럼프의 경선 승리를 견인할 수 있었다.

영화감독 마이클 무어Michael Moore는 힐러리 클린턴이 전통적으로 민주당이 유리했던 중서부, 동북부의 러스트 벨트 지역을 등한시한 데 반해 트럼프가 그 틈을 파고들어 집중적으로 공략하는 선거전략을 보면서 트럼프의 승리를 예측했고, 이 예측은 적중했다. 즉, 2년 전 선거에서 처음으로 이들 주에서 공화당 주지사가 당선된 것을 보고 무어는 이런 사태를 일찍이 예견했던 것이다. 세계무역체제에서 경쟁력이 없는 미국의 제조업이 무너지자, 러스트 벨트에서 일자리를 잃은 백인 중년남성 노동자들이 민주당을 등진 결과라고 무어는 해석했다. 그래서 힐러리가 이들 주를 공략해야 한다고 무어나 미시간 현지 하원의원도 조언했지만, 힐러리는 방심하고 있었다. 선거를 며칠 앞두고서야 뒤늦게 힐러리는 이들 주를 방문했는데 때는 이미 늦었다.

이 결과는 무엇을 의미하는가? 2016년 트럼프의 당선은 오바마에 대한 평가와는 무관하며 이는 전적으로 힐러리 클린턴의 선거전략 실패에 기인함을 말해 준다. 선거 당시 오바마의 지지도는 53%였고, 퇴임 시에는 55%였다. 트럼프 당선이 오바마 때문이라고 할 수 없는 이유다. 무엇보다 포퓰리즘의 핵심은 기존 엘리트에 대한 반감을 동원하는 것인데 힐러리가 받았던 거액 강연료, 딸인 첼시의 화려한 생활 등이 언론의 주목을 받으면서 서민들의 반감을 자극해 포퓰리즘 공격이 먹히게 됐다. 또 다른 포퓰리스트로 여겨졌던 샌더스가 경선에서 인기몰이한 것도 힐러리에게는 부정적으로 작용했다. 샌더스 표가 힐러리 지지로 넘어가는 데에는 한계가 있었기 때문이다.

그렇다면 트럼프는 미국 정치에 어떤 유산을 남겼는가? 유권자 투표에서는 이겼지만, 플로리다 대법원의 부당한 판결로 선거인단 투표에서 패한 앨 고어조차도 선거 패배를 인정할 만큼 미국 현대 대선에서 후보가 주도적으로 부정선거 의혹을 제기했던 적은 없다. 2020년 재선에 도전한 트럼프는 바로 이 터부를 깼다는 점에서 미국 정치에 오점을 남겼다. 민주주의는 법으로만 지켜지지 않는다. 민주정치는 법이 근간이 될 뿐 규범과 상식이 지배하는 정치체다.

트럼프는 부정선거 의혹 제기에서 더 나아가 지지자들을 선동해 의회당 습격 사건을 일으켰다. 공공연히 여성, 아프리카계 미국인, 아시아인에 대한 혐오 발언을 함으로써 그동안 금기시됐던 정치적 올바름을 훼손시켰다. 그 결과는 우리가 목격한 대로다. 대낮에 도시 한복판에서 아시아인이라는 이유로 칼부림을 당하며, 총을 맞고, 두들겨 맞는 일이 빈번하게 발생한다. 급기야는 2023년 2월 6일, 미연방검찰은 '아톰워펜 사단'이라는 신나치 단체가 메릴랜드주 볼티모어 주변의 다섯 개 전력 변전소를 파괴하려고 모의한 혐의로 체포했다고 발표했다.

한 번 상식이 깨지면 이렇게 후유증이 깊고 어디까지 이어질지 상상도 할 수 없다. 상식이란 사람들 사이의 신뢰에 의해 만들어지고 지켜진다. 신뢰란 유리와 같아서 만드는 데에는 오랜 시간이 필요하지만 깨지는 건 한순간이다. 유리는 한 번 깨지면 비가역적이다. 즉, 다시 붙여서 원상 복구할 수 없다는 말이다. 신뢰를 구축하기 위해서는 바닥부터 새롭게 시작해야 하는데 같은 사람 간에 다시 신뢰를 쌓는 건 매우 어렵다.

트럼프가 미국 경제를 망가뜨리고, 보수 우파 성향의 대법원 판사 임명 등 그가 한 일은 두고두고 미국 정치에 영향을 미칠 것이다. 하지만 이보다 더 근본적으로 위험한 일은 미국 민주주의의 사회적 자본이라 할 수 있는 규범과 상식을 일거에 무너뜨린 것이다. 그 영향은 앞으로도 수십 년간 쉽게 사라지지 않을 것이다.

원래 민주당원이었던 트럼프가 공화당 후보로 출마한 이유가 '공화당원은 세상에서 가장 멍청한 사람들이기 때문'이라는 농담이 있다. 진보정당을 지지하는 유권자는 대체로 정치의식 수준이 높다. 요즈음 미국의 민주당과 공화당의 지지를 가르는 가장 강력한 변수는 교육수준이다. 과거에는 고학력자가 수입도 많기에 소득세에 너그러운 공화당을 지지할 확률도 낮지 않았다. 따라서 반드시 교육수준이 높다고 민주당을 지지하지는 않았다. 교육이 양당 지지를 가르는 가장 강력한 변수가 된 데에는 트럼프의 등장이 결정적이었다. 포퓰리즘은 확실히 고연령, 저연령, 저학력, 농촌 지역 등 비교적 정치학습을 체계적으로 받지 못한 유권자를 동원하는 데 효과적이다. 유시민 작가가 《국가란 무엇인가》에서 밝혔듯이 자연 상태의 인간은 보수적이다. 인간은 학습을 통해서만 진보적으로 변하기 때문이다.

미국 국민에게 그나마 다행스러운 건 트럼프가 공화당의 대통령이었고, 그것도 극우적 성향을 띤 포퓰리스트라는 점에서 적어도 민주당의 상식은 지켜졌다는 점이다. 그 결과 별로 매력도, 인기도 없는 조 바이든Joseph Robinette Biden Jr.이 대통령에 당선됐다. 미국에도 기울어진 운동장이 있다. 프랭클린 루스벨트Franklin D. Roosebelt 대통령만 대공황으로 인해 네 번 연임했을 뿐, 미국 제도는 공화당 후보의 대통령 당선이 유리하게끔 설계돼 있다. 미국은 주류 언론 대다수가 진보적이고, 중심을 잡는 공영방송이 있으며, CNN도 중도·진보적이지만 극단적으로 표현의 자유를 허용하다 보니 돈의 힘이 매우 센 나라이기도 하다.

현대 미국에서 민주당 후보가 그나마 대통령에 당선되는 건 우리와 마찬가지로 보수당 대통령이 뭔가 잘못해서 국가가 위기에 처했을 때다. 공화당 정부가 초래한 대공황 때문에 프랭클린 루스벨트 대통령이 네 번이나 연임할 수 있었고, 레이건이 만들어 놓은 막대한 재정적자를 클린턴이 해결했으며, 부시 대통령이 초래한 금융위기를 오바마가 뒤치다꺼리를 했다. 민주당이 인간의 본성을 거스르고 끊임없이 대통령에 당선되는 건 그나마 그들은 적어도 상식과 능력이 있다는 국민적 기대가 있어서일 것이다. 애초에 공화당에 대해선 기대가 크지 않기에 우리나라처럼 미국 유권자도 공화당 후보의 웬만한 잘못에는 관대한 편이다.

트럼프를 경험한 미국은 더는 과거의 좋은 시절로 돌아갈 수 없다. 그가 열어젖힌 지옥을 맛본 소수자들에게 미국은 더 이상 안전한 곳이 아니다. 그런데도 나는 미국 유권자들이 부럽다. 트럼프가 민주당 대통령이 아니었다는 사실이 미국민에게는 얼마나 큰 축복인지 모른다. 적어도 민주당 지지자들은 트럼프의 개차반 정치에도 불구하고 자부심을 느끼고 지지할 정당을 여전히 갖고 있기 때문이다. 미국 민주당 지지자들은 정치에 환멸을 느끼고 외면하는 대신 트럼프 같은 사람에게 다시는 정권을 빼앗기지 않기 위해 더욱더 경계심을 가지고 정치에 참여할 것이다. 정치의식이 높은 공화당 지지자들은 트럼프 같은 후보를 다시는 경선에서 후보로 선출하면 안 된다는 교훈을 얻었을 것이다. 더불어민주당에 대한 자부심을 더는 가지고 있지 않은 나로서는 여전히 지지할 정당을 가진 미국의 진보적 유권자가 부러울 수밖에 없다.

이 원고를 다 쓰고 나서야 뒤늦게 하버드대학교 교수들이 쓴 《어떻게 민주주의는 무너지는가》•라는 책을 읽었다. 내가 제기한 문제의식과 이 책의 내용이 같다는 것에 놀랐다. 저자들은 오늘날 민주주의가 쿠데타에 의해 무너지는 경우는 흔치 않다고 말한다.

• 스티븐 레비츠키, 대니얼 지블랫, 《어떻게 민주주의는 무너지는가》, 박세연 옮김, 어크로스, 2018.

오히려 민주적 선거 때문에 망가지는데, 독재적인 리더가 법과 제도를 변경하는 것도 위험하지만 진짜 위험한 건 규범이 무너지는 것이라 경고했다. 그들이 생각하는 중요한 규범은 상대에 대한 관용과 절제restraint인데 그것이 민주적인 법과 제도를 방어하는 가드레일의 역할을 하기 때문이란다. 오랜 기간 규범을 확립해 온 미국보다는 아예 이런 규범이 별로 존재하지도 않았던 우리의 정치 문제가 더 심각해 보인다. 문재인 정부의 수많은 업적에도 불구하고 그 기간에 일어난 민주당의 무너진 규범은 두고두고 미국보다 더 큰 부작용을 남길까 걱정이다.

문재인 정부=민주당 집권의 정치적 결과

문재인 전 대통령은 후보 시절부터 '문재인 정부는 민주당 정부가 될 것'을 약속했다. 노무현 전 대통령이 당정분리를 고집하다 실패했다고 생각했던 것 같다. 문 정부는 민주당 정부를 자처했고 당과 청와대가 하나가 돼서 움직였다. 민주당 인사를 내각에 대거 등용하는 것은 물론 청와대 참모진으로도 전진 배치했다. 그것이 나는 문재인 정부가 위험에 처하게 된 또 다른 중요한 이유라고 생각한다. 문재인 정부의 공과에 대한 자세한 논의는 3장으로 미루고, 여기에서는 문재인 정부 5년간 민주당 집권이 가져온 정치적 결과에 대해서만 살펴보자. 이것이 내가 이 책을 쓰게 된 결정적인 이유다.

민주주의 역사가 오래됐고 언론이 진보 편향인 미국에도 기울어진 운동장이 있다. 우리나라 민주당 정치인들이 항상 언론이나 검찰의 기울어진 운동장에 대해 피를 토하는 심정을 그래서 이해한다. 하지만 이는 국민의 인간개발지수가 매우 높은 북유럽을 제외한 전 세계 어디에서나 발생하는 보편적인 현상이 아닐까 싶다. 대신 진보세력이 누리는 이점도 있다. 일단 진보라는 포장이 보수보다는 멋지다. 지지자에게 자부심을 준다. 국난이 발생했을 때, 부패 스캔들이 터졌을 때, 그래도 진보세력은 양심적이라서 믿을 수 있다는 기대가 있다. 대부분 사회에서 주류를 형성하고 있는 보수세력이 위기에 처하면 권력이 다른 보수당으로 가는 게 아니라 진보세력이 집권 기회를 얻게 된다. 실제로 IMF 구제금융 덕분에 김대중 후보는 천신만고 끝에 대통령에 당선됐다.

김대중 정부는 우리 역사상 최초의 수평적 정권교체로 탄생했다. 보수 언론은 집권 경험이 없으니 민주 세력은 무능하다는 프레임을 씌웠다. '잃어버린 10년'이 그것이다. 이런 프레임은 민주세력이 집권 경험이 없었고, 반면 언론의 영향력은 막강할 때의 일이다. 지금은 '무능한 보수 이미지'가 더 강하다. 이 땅에서 보수 정부를 지탱한 힘이 박정희의 성공신화에서 비롯됐다면, 이명박 정부의 허망했던 747공약과 박정희의 생물학적 딸이자 정치적 적자인 박근혜의 탄핵은 박정희 신화에 종말을 고했다.

김대중, 노무현 정부와 문재인 정부의 가장 큰 차이는 언론 환경의 변화다. 문 정부 하에서 국민은 마음만 먹으면 SNS란 무기를 가진 언론인이 됐다. 의제설정도 하고, 가짜 뉴스도 뒤집을 수 있으며, 국내 언론과 완전히 다른 외신의 보도를 직접 전하기도 했다. 다양한 교차 검증 속에서 거짓이 설 자리를 잃고 정치는 점점 더 투명해졌다. 투명한 환경에서 민주진영이 가장 경계해야 할 건 위선이다.

기본적으로 보수정당은 인간의 탐욕을 자연스럽게 바라보며 국민의 탐욕에 부응하는 비전을 제시한다. 약육강식의 시장경제와 공정한 무한 경쟁 담론이 그것이다. 따라서 보수정치인이 부모로부터 물려받은 부로 정치를 해도 크게 비난받지 않는다. 오히려 서민이나 젊은층은 그들처럼 부자가 되고 싶어 하고, 그들을 지지함으로써 자신도 명품이 된다는 착각에 빠지기도 한다.

반면, 진보진영의 정치인들은 인간 본성을 거스르는 꿈과 비전을 제시한다. 진보 정치인은 함께 나누고 함께 잘살자고 말한다. 진보의 비전은 인간의 탐욕적 본성에 역행한다. 그러한 목표 도달에 필요한 삶이 현재에서도 실천 가능하다는 걸 증명할 때 비로소 비전의 진정성을 인정받을 수 있다. 내 차는 페라리라고 자랑했는데 실제로 보니 티코였다면 기대가 컸던 만큼 국민이 실망하는 건 당연하다. 그래서 진보 정치인은 겉과 속이 같고, 말과 행동이 같아야 한다. 일관성을 목숨처럼 여기지 않는 진보 정치인에게 국민은 배신감을 느낄 것이기 때문이다.

문재인 정부 임기 내내 가장 많이 들었던 단어가 '내로남불'이다. 우리 사회에서 내로남불은 제 눈의 들보는 보지 못하면서 남의 눈의 티끌을 탓하는 보수정당 정치인이나 보수언론의 이중잣대를 비난할 때 주로 사용했었다. 그런데 과거 민주 정부에서 찾아볼 수 없었던 민주당의 위선이 유독 문재인 정부에서 많이 드러나게 된 이유는 무엇일까. 김대중, 노무현 정부에서는 권위주의, 무능, 오만, 독선으로 공격받기는 했지만, 위선적이라는 비판은 들은 적이 없다. 나는 문재인 정부나 민주당 인사들이 이 부분을 심각하게 받아들이지 않는 게 오늘날 정치 퇴행의 본질이라고 생각한다.

문 전 대통령은 2021년 4월 7일, 서울·부산시장 재보궐 선거에서 참패한 후, "국민의 질책을 엄중히 받아들인다"라며 겸허한 견해를 밝혔다. 그러나 2021년 6월 3일, 더불어민주당 초선 의원들을 청와대로 초청해 문 전 대통령은 "성과가 많은데 내로남불 프레임에 갇혀 안 보인다"라며 "부정적 프레임이 성과를 덮어 버리는 문제에서 벗어나야 한다"라는 취지의 주장을 했다고 언론은 보도했다.• 문 전 대통령은 퇴임 전 JTBC와의 인터뷰에서도 "저쪽의 문제는 더 가볍게 넘기고 이쪽은(여당은) 보다 적은 문제가 훨씬 더 크게 드러나는 그런 이중잣대가 한편으론 문제라고 생각된다"라고 했다. 나는 검찰과 언론을 비난하는 민주당 인사들의 불만도 타당하고, 이중잣대가 문제라는 문 전 대통령의 주장에도 공감한다. 지난 20여 년간 바로 이런 주장을 하기 위해 내가 여러 권의 책과 논문, 칼럼을 쓰고, 팟캐스트에 출연도 하며, 강연을 다녔으니 말이다.

그런 기울어진 운동장과 이중잣대 속에서도 문 전 대통령은 임기 초 80% 이상의 지지도를 누렸고, 임기 중반, 퇴임 무렵까지 역대 대통령 중 가장 높은 지지를 받았다. 대선 승리는 물론, 지방선

• 이유미. 〈문 대통령 '성과 많은데 내로남불 프레임에 갇혀 안 보여'〉 〈연합뉴스〉, 2021. 6. 3.

거 압승, 총선 압승도 언론과 검찰의 이중잣대 속에서 이룬 결과였다. 하지만 내로남불 비난에 국민 다수가 동의하는 것도 현실이다. 그런 비난에도 불구하고 잘한 건 잘했다고 인정해 준 결과가 퇴임 직전 문 전 대통령의 50%에 달하는 높은 지지도다. 선거에 패하면 이중잣대와 프레임이 문제이고, 선거에 이기면 우리가 잘해서 이겼다는 것인가? 선거에서 표를 몰아준 국민도, 선거에서 심판한 국민도 다 같은 국민이고, 똑같은 환경에서 벌어진 일이다.

과연 국민은 이중잣대와 기울어진 운동장에 둔감해 합리적 판단을 할 수 없는 존재일까. 1991년 미국 유학에서 돌아온 이후 선거 분석을 계속해 왔지만 한 번도 민심이 부당하다고 느낀 적은 없었다. 내가 투표한 후보가 탈락하거나 이길 때도 있었지만 집합적으로 투표 결과에 드러난 민심은 늘 시대정신을 반영했다. 민주당이 선거에 패할 때만 기울어진 운동장을 불평해 봐야 논리적으로 앞뒤가 맞지 않는다. 국민 지지도의 높낮이는 대체로 합리적인 이유가 존재했다. 특히나 선거 결과는 일관된 잣대에 의해서만 설명 가능하다.

국민은 민주당이 잘해서가 아니라 잘해 보라는 기대로 표를 몰아준 게 아닐까. 이제 와서 말해 봐야 소용없지만, 민주당의 최종 후보로 이재명이 당선되지 않았다면 대선 결과는 달라질 수 있었다고 본다. 비록 문재인 정부에 내로남불은 있었지만, 반드시 정권 교체를 해야 한다고 생각지 않은 국민도 절반은 됐기 때문이다. 오히려 일을 잘해 보라고 힘을 몰아줬는데 그걸 제대로 써보지도 못하고 남 탓이나 하고 있으니, 그렇다면 야당이나 하라고 권력을 뺐은 것은 아닐까.

문재인 정부와 민주당의 문제는 두 가지로 요약된다.

① 문재인 정부 인사들은 2007년 대선 결과를 노무현 실패론으로 해석하지 말았어야 했는데 쓸데없는 반면교사로 박근혜 탄핵과 싹쓸이 선거 승리라는 좋은 조건에서도 국민의 기대에 부응하지 못했다.

② 2022년 대선 경선에서 후보만 잘 뽑았다면, 경선 과정에 잡음이 없고 공정했더라면, 대선 기간 이재명 후보에 대한 법인카드 폭로만 없었더라면, 대장동과 법인카드 의혹에 대응만 제대로 했다면, 이 중 어느 하나라도 없었다면 결과는 달라졌을지 모른다. 그런데 민주당은 대선 패배의 교훈을 경선이나 후보에게서 찾기보다는 아직도 문재인 대통령이나 2번 찍은 유권자에게서 찾고 있다. 거대 야당 민주당이 자신들의 책임을 남에게 돌리고 있으니 지금도 여전히 실패하는 것이다.

정치인이나 정당만의 문제는 아니다. 일반 개인도 남 탓하는 사람 치고 잘되는 걸 못 봤다. 잘되면 내 탓, 잘못되면 남 탓하는 사람은 타인의 신뢰를 얻기 어렵기 때문이다. 모든 게 내 탓이라며 낮은 곳에서 성찰할 때 국민도 닫힌 마음의 문을 열 것이다. 사람이 동물과 다른 건 성찰의 힘에서 나온다고 생각한다. 성찰이란 다른 편이 또는 다른 사람이 우리 편이나 내가 했던 행동을 했다면 나는 그것을 어떻게 바라볼 것인가? 역지사지의 마음을 가져보는 것이다.● 리더십 교육에서 가장 효과적인 건 상사와 부하가 서로 입장 바꾸기를 해 보는 것이다. 사람은 성찰을 통해 비로소 알을 깨고 나오는 성장을 경험한다. 노무현 대통령은 부산에서 3연패를 했지만 '농부는 밭을 탓하지 않는다'라고 했다. 대통령으로서 낮은 지지도를 경험했지만, 국민을 원망한 적은 없다. 언론의 문제점을 지적하기는 했지만, 언론 탓을 한 적은 없다.

선거학자도 마찬가지다. 유권자가 누구를 찍든 유권자가 잘못 판단했을 거라는 가정 자체를 하지 않는다. 유권자는 바보가 아니라는 가정하에 왜 특정 후보를 찍었는지 연구하는 게 선거학자의 기본 자세다. 병균이 있다고 모든 사람이 병에 걸리는 건 아니다. 면역체계가 튼튼한 사람은 어떤 역병이 와도 비켜 가고, 면역체계가 취약한 사람만 병에 걸리게 돼 있다. 병에 걸리면 환경을 탓할 게 아니라 자신의 면역체계를 돌아보고 약한 부분을 강화해야 건강을 찾을 수 있다. 환경이 중요하지 않다는 게 아니라 단시일 내에 바꿀 수 없기 때문이다. 나는 유권자의 집합적 판단은 항상 합리적이라는 가정을 토대로 미국과 한국의 선거를 분석했기에 선거 결과를 비교적 정확하게 예측할 수 있었다고 생각한다.

민주당이 스스로 잘못을 반성해도 화가 난 유권자가 다시 마음을 열지 모르는 상황에서 대선에 패한 민주당 지지자들은 이찍남(2번 찍은 젊은 남성을 폄훼하는 용어)이라며 유권자를 모욕하고 비난했다. 정치인이나 정당이 유권자를 비난해서 얻을 수 있는 건 없다.

● 강준만, 〈성찰을 모르는 사람이 꼰대다〉, 〈UPI뉴스〉, 2021. 11. 24.

사람은 비난하고, 가르친다고 태도를 바꾸지 않기 때문이다. 오히려 마음의 문을 꽉꽉 닫을 것이다. 민주당이 아직 제대로 성찰하지 않았기에 발전도 기대하기 어렵다. 그래서 나는 2024년 4월 총선 전망도 그리 밝지 않다고 본다. 윤석열 대통령이 일을 잘하고 지지도가 높아서가 아니다.

원래부터 우리나라 민주당 지지자들은 까다로운 유권자였다. 이들은 높은 교육수준과 함께 정치의식 수준 또한 높다. 그들은 민주당을 진심으로 지지할 때 어떤 전문가보다 더 전문적인 홍보를 해주지만, 민주당이 민주당다움을 잃어버렸다고 판단하면 맞서 싸우는 것도 마다하지 않는다. 즉, 민주당 지지자들에게 묻지마 지지란 있을 수 없다. 민주당이 실망스러울 때는 기권으로 심판해 왔다. 그렇다고 어차피 그들이 보수당에는 표를 주진 않을 거라고 안심해선 곤란하다.

20~30대 남성들은 이미 또래 여성과는 조금은 다른 투표 행태를 보여 주기 시작했지만, 여전히 2017년 대선, 2018년 지방선거, 그리고 2020년 총선에서 문재인 후보와 민주당에 압도적으로 표를 몰아줬다. 그들이 등을 돌리게 된 건 문재인 정부에 실망했기 때문이다. 이대남은 운동권에 대한 부채의식이나 독재에 대한 경험이 없기에 보수당을 찍으면 안 된다는 터부조차 없다. 40~50대가 기권으로 민주당을 심판하는 것과 달리 20~30대는 저항선이 없어 민주당 심판을 위해 얼마든지 국힘에 표를 줄 수 있다. 그들을 비난한다고 표가 다시 돌아오지는 않는다. 그런 결과가 현실화된 게 2021년 서울·부산시장 재보궐선거, 2022년 대선 결과였다.

문재인 정부는 스스로 성찰하는 힘을 잃어버린 민주당을 낳았다. 그 계기는 물론 조국 사태였다. 처음에 잘못 끼워진 단추를 바로 잡을 기회는 수없이 많았지만 그럴 때마다 민주당은 주춤거리기만 했지 멈추지 않았다. 잘못했다고 사과했다가는 다시 제자리로 돌아갔다. 이런 탄력성은 소위 말해 극렬 지지자들 덕분이다. 이들이 민주당 게시판과 SNS를 점령함으로써 '과대 대표'되고 있다. 거기엔 나의 책임도 작지 않기에 뒤에서 반성문을 쓰겠다. SNS 시대에 개인이 언론이 되어 기성 언론을 견제하는 것까지는 좋은데, 상식과 명분 없는 뻔뻔한 주장을 계속하는 건 민주당에 대한 국민의 기대와 거리가 한참 멀다. 민주당의 주요 정치인은 SNS의 당파적 여론에 취해 국민 다수의 민심과 멀어졌다.

트럼프 집권의 정치적 결과가 소수자 혐오에 대한 저지선이 뚫린 거라면, 문재인 정부의 정치적 결과는 명분을 잃은 뻔뻔함과 파렴치가 민주당의 일상이 된 것이다. 이는 어떤 면에서는 트럼프 집권의 정치적 결과보다 더 해악일 수 있다. 트럼프는 보수진영이지만, 더불어민주당은 비전과 실천의 통일성을 증명해야 하는 진보진영이기 때문이다.

2023년 2월 6일 〈김어준의 겸손은힘들다 뉴스공장〉에 얼굴을 공개하며 나타난 조민의 '떳떳하다'는 주장은 가뜩이나 궁지에 몰린 민주당에 씻을 수 없는 낙인을 찍고 말았다. 조민을 안타깝게 생각할 수도 연민을 느낄 수도 있다. 삶의 자세와 침착한 인터뷰 태도를 보며 "대견하다, 단단하다, 잘 견뎠다"라고 격려할 수 있다고 본다. 나도 같은 마음이니까. 하지만 "넌 억울하다, 잘했다, 떳떳하다"라고 응원하는 민주당 지지자들은 국민에게 또 한 번 빅엿을 날린 셈이다.

"명분은 개나 줘버려!"

3

진영 간 갈등보다 심각한 진영 내 갈등

가족, 친구, 동료 모임에서 정치토론이 없어진 이유

지난 2022년 대선, 우리는 역대 최초의 그리고 최악의 비호감 대통령선거를 치렀다. 양 후보의 격차는 24만 7,077표, 불과 0.73% 포인트 차이로 역대 가장 팽팽했다. 따라서 투표율도 77.08%로 높은 편이다. 그러나 다수의 국민은 누구를 당선시키기 위해 소중한 한 표를 행사한 게 아니라 누군가가 대통령이 되는 걸 막기 위해 투표소에 갔다.

항상 찍고 싶은 후보가 있었던 과거 대선과는 대조적이다. 심지어 김대중, 김영삼 두 후보가 격돌한 1992년 대선에서 나는 김대중 후보를 찍었지만, 김영삼 후보가 당선돼 먼저 개혁하고 김대중 후보가 차기에 당선되는 것도 나쁘지 않은 것 같아 편한 마음으로 투표했다. 누가 돼도 좋았던 시절이 있었다니 꿈만 같다. 그 후 대선에서도 늘 가슴 졸이며 응원하는 후보가 있어 새벽부터 줄을 서서 투표했다. 2007년 대선엔 가족 중 유일하게 우리 부부만 투표했다. 패배할 걸 뻔히 알면서도 끝까지 최선을 다하는 자세로 표를 찍었지만, 투표 의욕이 없다는 다른 식구들에게 투표를 강요하지는 않았다. 그래도 2022년 대선처럼 누군가를 혐오하고 제거하기 위해 투표하지는 않았다.

2022년 대선에서 다수 국민이 상대 후보의 당선을 막기 위해 투표를 했던 만큼 누가 대통령에 당선되도 적대와 혐오의 정치는 피할 수 없었을 것이다. 윤석열 대통령은 역대 대통령 중 임기 초 지지도가 최하위다. 이명박 전 대통령도 임기 초 미국산 쇠고기 수입 조건에 반대하는 촛불시위로 곤욕을 치렀지만, 윤 대통령처럼 꾸준히 낮지는 않았다. 윤 대통령의 낮은 지지도는 스스로 자초한 면이 없지 않지만 양 진영의 극단적 대결도 한몫 거들고 있다. 지난 대선에 민주당이 승리했어도 양 진영의 극한 대결은 피할 수 없었을 것이다.

1991년 귀국 이후 한국정치를 꾸준히 지켜봤지만, 지금처럼 양당이 극단적으로 대결한 적은 없었다. 김영삼 임기 중에는 야당도 원하는 개혁을 신속하고도 과감하게 했기에 노동법 개혁을 제외하고는 여야가 그렇게 강하게 부딪칠 일이 없었다. 김대중 정부는 IMF 위기였음에도 불구하고 보수언론의 지원사격을 받는 야당과의 갈등이 작지 않았다. 그러나 민주당과 자민련이 여당을 구성했기에 여야 간 이념적 갈등도 심하지 않았다. 노무현 정부 시절에는 전 보수세력이 총결집해서 공격한다는 느낌을 받았는데 아무래도 보수 일변도 사회에서 만년 야당이었던 민주당이 단독으로 집권하면서 진보 색채가 강해지니 갈등이 심화됐다고 본다. 한쪽이 우위인 위계 사회에는 갈등이 생길 일이 별로 없다. 강한 쪽이 약한 쪽을 억누르면 되니까. 양 진영의 권력이 평등해질수록 갈등은 더 심화되는 법이다. 그러나 노무현 정부까지만 해도 진보세력이 보수세력에 맞먹게 대등하지는 못했다. 모든 권력은 여전히 보수의 손에 있었다.

이명박, 박근혜 정부는 기득권의 협력과 비호를 받으면서도 2008년 촛불집회와 세월호 사건 등으로 국민의 체계적인 저항에 제대로 대응하지 못했다. 그러나 민주당 정치인이나 지지자들은 민주진영의 힘이 얼마나 강화됐는지, 국민적 지지가 얼마나 확대됐는지 미처 깨닫지 못했다. 그 후 탄핵으로 보수당은 분열됐고 보수의 뿌리까지 뽑혔다. 문재인 정부처럼 임기 초 태평성대를 누린 정부는 민주화 이후 여야를 통틀어 처음이었다. 물론 지지도와 인기에서 김영삼 대통령 임기 초와 비슷하기는 했지만, 김 대통령은 여전히 권위주의적인 리더십을 발휘했고 문 대통령은 민주적인 분위기에서도 범국민의 자발적인 지지를 확보했다.

이런 태평성대 가운데 양 진영의 극단적 대결은 뜻하지 않게 조국 사태로 촉발됐다. 발단은 조국을 지키는 서초동 시위였다. 나도 처음엔 서초동 시위에 찬성했다. 다만, 시위 목적을 '조국 수호'가 아니라 '검찰개혁'으로 해야만 우리가 이길 수 있다고 SNS 댓글에서 제안했다. 문 대통령이 몇 차례 임기 초 위기를 겪을 때 도움이 되려고 애쓴 후 나는 1년 반 정도 SNS를 떠나 있었다. 조국 사태로 다시 돌아왔을 때 SNS는 '대깨문'(대가리 깨져도 문재인), '문꿀오소리'(문재인을 공격하면 누구든 물어 뜯다는 의미) 들이 점령한 뒤였다. 그들은 과거 나와 호흡을 맞추던 문파가 아니었다.

어떤 논리도 통하지 않았다. 민주당에 포퓰리스트 리더는 없었지만, 지지자들은 포퓰리스트 지지자의 행태를 그대로 닮아갔다. 박지현은 이들을 '팬덤'이라 불렀고, 어떤 이는 '훌리건', 나는 '갑질'이라 칭했다. 어떤 용어로 불리든 반지성적 언어폭력, 흑백논리의 포퓰리즘에 경도된 민주당 당원 행태가 문재인 정부 시기를 가장 잘 설명한다고 할 수 있다.

2012년과 2017년 대선에서 문재인 후보 지지를 하지는 않았지만, 나의 모든 걸 쏟아붓고 맹렬하게 문 후보의 승리를 위해 뛰었던 이유는 문 대통령이 좌파 경제정책 이외의 분야에서는 성공할 것이라 믿었기 때문이다. 내가 노 대통령과 비교해 문 대통령의 가장 큰 장점으로 꼽은 건 탈당파적이고 온건하며 신중한 태도였다. 노 대통령은 평생 독재에 맞서 싸우다 보니 분노와 갈등이 내재화됐다고 했다. 대통령이 되어 대화와 타협의 정치를 해 보려 했지만, 투쟁으로 쌓아 온 당신의 이력이 걸림돌이 된다고 한탄하곤 했다. 그래서 한나라당이 원하면 정권을 통째로 줄 테니 선거제도를 바꾸고 대연정을 하자고 제안했다. 이와 달리 보수세력의 붕괴 후에 당선된 문 대통령은 탈당파적이라서 모두의 대통령이 될 것을 믿어 의심치 않았다. 노 대통령 장례식장에서 백원우 전 의원이 이명박 당시 대통령에게 고함을 쳤을 때 상주로서 그 앞에 머리를 숙이며 사과의 뜻을 표한 문 대통령이기에 그렇게 할 수 있으리라 믿었다.

내가 전혀 예상치 못했던 일은 문 대통령의 조국 임명 강행이었다. 누구보다 도적적 기준이 높고, 절대 무리하지 않으며, 국민적 여론에 귀를 기울이는 문 대통령이 그런 선택을 하리라고는 꿈에도 생각지 못했다. 거기에서부터 문재인 정부의 비극은 시작됐다. 조국 사태는 탄핵을 받아들이고 반성하던 보수 세력에게 다시 살아날 명분을 줬다. 탄핵이 정유라의 입시 비리에서 시작했음을 벌써 잊었는가. 문 대통령에게 기대했던 중도·보수성향 유권자에게 배신감을 안겨 줬다. 내가 한 논문에서도 밝혔듯이 새누리당이 분열되고, 선거에 참패했으며, 정당 시스템은 무너졌지만, 새누리당에 대한 유권자의 지지는 견고했다.● 명분만 있으면 정당지지도는 금세 회복될 수 있다고 경고했다. 광화문 집회에 직접 나가 참가자를 둘러보며 보수세력의 집권이 10년 내에는 확실하겠다고 생각했다. 그들은 기존의 태극기 부대와 달랐다. 전국에서 자발적으로 온 이도 많았고, 기존의 보수 집회와는 달리 가족 단위가 많았다. 처음 집회에 나온 것 같은 평범한 사람들이 상당수 눈에 띄었다.

결국, 양당의 극단적 대결의 실마리는 문재인 정부가 조국의 법무부 장관 임명 강행으로 제공한 셈이다. SNS의 발달, 포퓰리즘 분위기, 언론의 갈등 조장 등이 전 세계 여론의 양극화를 초래한 상수이기도 했다. 사실 진영 간 갈등이 거의 사라졌던 문재인 정부 초기가 예외였지, 민주화 이후 어느 정부에서도 진영 간 갈등은 정도의 차이만 있을 뿐 늘 존재했다. 양당제인 다른 나라도 정치의

● 조기숙, "한국 정당 재편성의 역사와 기제 : 세대교체, 전환, 혹은 동원", 〈한국정당학회보〉, 2020.

양극화는 새삼스럽지 않다. 진영 간 갈등보다 심각한 문제는 민주당 당내 갈등이라고 할 수 있다.

내가 노무현의 사람이 되면서 새롭게 돈독한 인간관계를 맺었던 네다섯 집단이 조국 사태로 인한 내부 갈등으로 뿔뿔이 흩어졌다. 몇몇이 이탈한 모임도 있고, 반으로 쪼개진 모임도 있으며, 더는 만나지 않는 모임도 생겼다. 거기에 코로나까지 겹치면서 조국 사태를 계기로 멀어진 거리는 지금도 좁혀지지 않고 있다. 아마도 영원히 화해는 불가능할 것 같다. 가치관을 바꾸는 건 종교를 바꾸는 것만큼이나 불가능한 일이기 때문이다. SNS 친구도 절반 이상 물갈이됐다. 개인과 가족의 행복을 위해 더는 가정이나 친구 모임에서 정치 토론을 하지 않게 됐다. 민주당 지지자 사이의 격한 당내 갈등을 딛고 2022년 대선에서 민주당의 정권 재창출은 기적을 바라는 것과 다름없었다.

4

패할 수 없는 선거를 패하고도 성찰 없는 민주당

민주당의 지난 대선 패배가 더욱 뼈아픈 건 패할 수 없는 선거를 패했다는 점이다. 이해찬 전 민주당 대표의 20년 집권설이 허세는 아니었다. 인구분포를 보면 충분히 가능한 시나리오였다. 그러면 왜 민주당은 패할 수 없는 선거에서 패하고도 패배의 이유를 성찰하지 않는가?

조국 사태 이전에는 국힘 또는 보수진영을 한 번도 정치적인 대안이라고 생각해 본 적 없는 유권자들이 상당수 있었다. 젊은 시절 민주화 운동을 경험한 50대와 노무현의 출마와 집권, 그리고 서거를 경험한 40대들 다수가 그렇다. 현재 60대는 과거와 달리 대학교육을 받고 80년대 넥타이 부대들이 상당수 있어 60대라고 일방적으로 국힘을 지지하지는 않는다. 이 때문에 우리의 인구 구성은 2010년대부터 민주당에 유리한 지형이 만들어졌고, 이러한 지형은 당분간 이어질 수밖에 없는 상황이었다.

어느 나라나 젊은층은 진보정당을 지지하다 나이가 들면서 보수화되는 연령 효과가 발견된다. 우리도 예외는 아니다. 젊은층의 투표율이 올라가면 민주당이 이겼고, 그들의 투표율이 떨어지면 민주당이 패했다. 젊어서 민주화 운동과 노무현이라는 특별한 정치인을 경험한 40~50대 유권자들은 나이가 들어도 여전히 민주당을 지지한다. 이를 '세대효과'라 부르는데 우리 사회에서는 40~50대의 세대효과가 두드러진다. 문재인 정부와 민주당을 가장 견고하게 지지했던 집단도 이들이다. 이 때문에 민주당 이해찬 전 대표의 20년 집권설은 충분히 가능한 시나리오였다.

어쩌다 민주당은 탄핵을 당한 지 불과 5년 만에 탄핵으로 분당과 폐허, 합당을 겪은 보수당에, 그것도 정치 경험 0년의 초년생에게 정권을 빼앗겼는가. 이보다 더 큰 문제는 2022년 지방선거의 참패라고 할 수 있다. 박빙으로 민주당이 대선에 패했다면 곧이어 치른 지방선거에서는 양당의 재대결return match이 이뤄지면서 팽팽한 승부가 펼쳐지는 게 당연했다. 놀랍게도 5년 전 탄핵을 당한 후 정비도 제대로 안 된 국힘에게 민주당은 지방선거까지 참패를 당했다. 지방선거는 원래 투표율이 낮아 조직 동원이 선거 결과에 영향을 준다. 지역구의원, 지방의원을 압도적으로 확보한 민주당은 제대로 싸워 보지도 못하고 무릎을 꿇었다.

이보다 더 심각한 문제는 민주당이 당연한 지지를 기대했던 20~30대 남성들이 등을 돌린 것이다. 차세대를 재생산해야 인류 문명이 이어지듯 청년의 지지를 받지 못하는 정당은 지속할 수 없다. 사람은 나이가 들면 보수화되는 경향이 있기에 진보적 가치를 지향하는 민주당은 청년층의 지지를 확보하는 게 당연했고, 그 덕분에 최근 지역적 불리함을 딛고 다수당이 됐다. 막판에 박지현을 영입함으로써 대선 결과를 뒤집기 직전까지 민주당이 국민의힘을 추격했지만, 박지현이 민주당에 의해 버려진 현재는 여성 청년층 마저도 민주당 지지를 철회한 상태다.

게다가 지난 대선에서는 전통적 민주당 지지자들이 과거처럼 자발적이고 열정적인 선거운동을 하지 않았다. 심지어는 노골적으로 민주당 후보 비토 활동을 하거나 윤 후보를 지지하기도 했다. 참신하고 기발했던 문재인 선거홍보는 민주당에서 사라졌고, 오히려 윤석열 후보 측에서 터져 나왔다. 윤석열 정부가 연이은 외교적 실수, 이태원 참사, 일방적이고 강압적인 통치로 민심을 잃었지만, 민주당은 여전히 국민에게 희망을 주지 못하고 있다. 2024년 총선은 물론, 2027년 대선을 바라봐도 보수 정부가 크게 실패해서 반대급부를 누리기 전에 민주당에 다시 기회가 올지 의문이다. 젊은 세대를 잃은 정당은 미래가 없다. 민주당은 지금 정체불명의 아노미에 빠져 있다.

그렇다면 민주당은 왜 2022년 선거에 패배했는가. 내가 꼽는 요인은 크게 세 가지다.

첫째, 민주당의 정체성 상실과 분열이다. 민주당의 명분과 가치가 무너져 당이 내분에 휩싸였기 때문이다. 민주당이 이겼던 경우는 선거 전에 이미 민주당 정당 지지율은 40%를 훨씬 웃돌았고 국힘을 앞섰다. 중도층 중에는 보수편향 중도층이 더 많기에 정당지지도에서 이겨야 민주당은 그나마 선거에서 이길 수 있다. 하지만 민주당을 찍은 유권자들도 이미 민주당에 대한 자부심을 잃었기에 선거운동을 열심히 하지 않았다. 민주당이 20~30대 남성의 지지를 잃고 가치 상실로 내분에 휩싸이게 만든 간접적인 책임을 문 전 대통령에게 묻는 것엔 동의한다. 그러나 문재인 대통령이나 정부에 대한 전반적인 평가가 정권교체의 직접적인 요인이었냐고 묻는다면 아니라고 답하겠다.

둘째, 후보 요인이다. 민주당에서 이재명처럼 도덕적으로나 법적으로 각종 의혹에 시달린 사람이 대선후보로 선출된 적은 없었다. 나는 이재명 후보를 자꾸 이명박이라고 부르는 실수를 연발했다. 더 재밌는 건 듣는 사람도 내가 이명박이 아니라 이재명 얘기를 한다는 걸 알고 맞장구친다는 점이다. 이재명이 국힘의 후보였다면 당연히 문제없이 당선됐겠지만 일부 민주당 지지자들에게는 받아들이기 쉽지 않은 선택이었다. 대선 후 갤럽조사에 따르면• 후보 평가 중에서 이재명이 윤석열에 가장 뒤지는 항목은 신뢰도였다. 이 후보는 6%, 윤 후보는 15%의 신뢰를 얻었다. 이 후보에게 투표하지 않은 가장 큰 이유로 신뢰성 부족/거짓말/도덕성 부족이 30%인데 반해, 윤 후보는 신뢰성 부족 3%, 가족 비리가 5% 나왔다. 물론 이런 결과를 그대로 믿어선 곤란하다. 하지만 무시할 수 없는 흐름이 있었던 건 분명하다. 경선 관리의 공정성 문제도 악재였다. 선호투표를 했을 때의 공식을 도입해 이재명 후보의 득표율이 반올림으로 50%가 넘었다며 결선투표를 실시하지 않은 건 민주당 정당사에 길이 남을 오점이다. 이 후보의 선거공약, 전략,

• 한국갤럽, 〈데일리 오피니언 : 제20대 대통령선거 사후 조사갤럽리포트〉, 2022. 3. 10.

홍보, TV토론 어느 것 하나 윤석열 후보를 압도하지 못했다. 이 후보는 시장, 도지사로서 보여 준 능력, 역량, 경륜 등이 가장 큰 장점이었다면, 정치경력 0년에 기본 상식도 없는 윤 후보는 민주당의 당내 갈등을 최대한 활용하는 선거전략으로 후보의 약점을 극복했다.

셋째, 민주당의 거대의석이 최대 걸림돌이었다. 유권자들에게는 약 170석 민주당과 이재명 대통령의 결합, 그리고 약 100여 석 국힘과 윤석열 대통령의 결합 사이에서의 선택이었다. 후보가 좋아서 찍은 게 아니라 더 싫은 후보를 제거하는 선거에서 중도층 유권자에게 누가 더 위협적이겠는가? 윤석열의 폭주는 민주당이 막을 수 있지만, 이재명의 폭주는 누가 막을 수 있는가? 거대 여당과 '이재명은 합니다'의 이재명이 결합했을 때 부동층은 가공할 만한 공포를 떠올리며 좀 더 안전한 쪽에 투표하지 않았을까. 나도 민주당이 거대의석만 아니었다면 몇 가지 불편함에도 이 후보에게 표를 줬을 것이다.

이 세 가지가 내가 생각하는 민주당의 대선 패배의 직접적인 원인이다.

조국 사태의 가장 큰 해악은 지지자들이 잘못을 잘못이라 인지하지 못하는 뻔뻔함이 민주당의 일상이 된 것이다. 도덕적으로나 법적으로 논쟁의 여지가 많은 이재명을 경선에서 선출한 것까지는 이해할 여지가 없지 않다. 대장동 문제가 경선 초기부터 제기된 건 아니기 때문이다. 그러나 그 후 언론에서 수많은 의혹이 제기된 후

〈그림 1〉 이재명 후보 득표율과 지방선거 투표율의 관계•

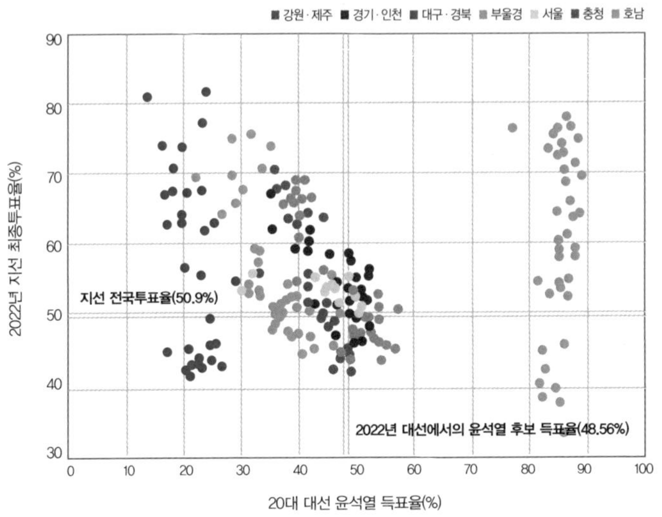

자료 : 중앙선거관리위원회 선거통계시스템(http://info.nec.go.kr), 소수점 둘째자리에서 반올림
비고 : 각각의 점은 하나의 기초자치단체를 의미

에도 송영길 의원 지역구를 빼서 이재명 후보에게 금배지를 달아 주기 위해 지방선거 참패를 받아들인 민주당의 도덕 불감증은 이해할 여지가 전혀 없다.

위의 〈그림 1〉은 2022년 지방선거에서 호남을 제외하면 지역구 득표율이 이재명 득표율과 반비례함을 명백히 보여 준다. 민주당 지지자들이 지방선거에 불참함으로써 이재명과 민주당을 심판한 것이다. 그런데도 민주당은 이재명을 당대표로 선출해 방탄 국

• 한국리서치 정기조사, 〈여론 속의 여론, '호남 제외, 이재명 후보 득표율 높은 지역일수록 지선 투표율도 낮아'〉, 2022. 6. 3.

회를 이어가고 있다. 그로 인해 민주당의 지지도는 연일 추락 중이다.[••] 이 대표와 당에 대한 비판을 하면 '수박'(겉과 속이 다른 이낙연 지지자를 일컫는 말)이라며 국힘으로 가라고 매도한다. 이게 민주당의 기둥이 무너지고 있다는 증거다.

●● 신주영, 김윤나. 〈이재명 '방탄' 논란에 고심 깊어진 민주당…수도권 지지율 위태〉, 〈경향신문〉, 2023. 2. 29.

2장

노무현 정부 평가,
왜 바뀌었을까?

1

정부 신뢰보다 언론 신뢰가 높았던 참여정부

좌우 언론과 학자들은 이구동성으로 참여정부가 실패했다는 데 합의했다. 그런데 왜 노무현은 가장 존경받는 대통령으로 각종 여론조사에 등극하는 것일까. 언제 어떻게 노 전 대통령에 대한 평가가 바뀌었을까? 대통령으로서 한 번 실패했던 분이 갑자기 국민에게 가장 존경을 받는다면 여론조사는 일관성이 있는 것일까? 이런 여론조사 결과를 믿어도 되는가? 노무현은 실패한 적이 없으니 다른 정부를 겪어 본 국민이 제대로 평가한 것 뿐이다.

나는 '참여정부 실패론'이 만들어진 과정을 분석하고 그것이 왜 허상인지 밝히기 위해 2007년 초《마법에 걸린 나라》를 썼다. 참여정부 실패론이 만들어진 가장 큰 이유는 김대중 정부와 비교해도 매우 불리했던 참여정부의 언론 환경에 있었다. 김대중 정부에서는 '조중동'(조선, 중앙, 동아) 대 '한경대'(한겨레, 경향, 대한매일)라는 신문의 진영 간 대결이 있었다. 한경대는 조중동에 맞서며 정확한 뉴스 전달에 애썼다. DJ 정부에서는 당대표를 대통령이 임명하던 권위주의 문화가 여전히 팽배했다. 적어도 방송은 정권의 눈치를 봤기에 참여정부 때처럼 노골적으로 반정부적이지는 않았다.

언론인이자 정치와 여론을 꿰뚫어 보았던 미국의 철학자, 월터 리프만Walter Lippmann은 오래전 '여론은 언론의 반영'일 뿐이라고 일갈했다. 리프만에 따르면 여론은 대중매체가 제공하는 정보에 의해 사람들의 의식 속에 만들어지는 이미지다. 이런 이미지는 의사환경pseudo-environment의 영향을 받아 자신이 쉽게 이해할 수 있는 방향으로 선입견과 편견으로 구성된다. 이미지는 진실이 아닐 가능성이 크다는 말이다. 나는 참여정부가 바로 이런 언론 환경에 있었다고 생각한다. 그 대표적인 증거는 참여정부 시절에는 언론 신뢰가 정부 신뢰보다 높았다는 점이다.•

선진 민주국과 신생 민주국의 차이는 국민이 정부와 언론에 각각 다른 신뢰 수준을 갖는다는 데 있다. 선진국의 특징은 '높은 정부 신뢰, 낮은 언론 신뢰'로 요약된다. 반대로 독재를 막 벗어난 신생 민주국은 '높은 언론 신뢰, 낮은 정부 신뢰'를 보인다. 가령 BBC, 로이터, 미디어센터가 글로브스캔과 함께 세계 10개국의 독자 1만여 명을 대상으로 참여정부 시절 실시한 조사에 따르면, 미국은 정부에 대한 신뢰가 67%, 언론에 대한 신뢰가 59%이고, 영국은 각각 51%, 47%로 나온다.•• 반면, 나이지리아, 인도네시아, 인도, 브라질 등 신생 민주국에서는 정부보다 언론에 훨씬 더 높은 신뢰를 보내는 것으로 나타났다. 이는 참여정부 당시 OECD 보고

• 아래 부연 설명은 조기숙, 《마법에 걸린 나라》, 지식공작소, 2007, 80~84쪽 발췌, 수정·요약.
•• 민경진, 〈한국, 인터넷 매체 신뢰 지수 세계 최고〉, 〈오마이뉴스〉, 2006. 5. 5.

서에서 발표된 결과와도 일치한다.

왜 신생 민주국에서는 언론 신뢰가 정부 신뢰보다 높을까? 한편으론 독재 시대의 문화적 잔재가 남아 있으면서도, 다른 한편에서는 언론의 자유가 보장되자 나타나는 부작용이라 생각된다. 정부는 아직 유능한 시스템을 갖추지 못했는데, 언론은 자유롭게 정부를 비판하니 정부 신뢰가 실추된다. 게다가 신생 민주국에서는 과거 독재 정부에 저항했던 용감한 언론에 대한 향수가 남아 있어 언론 신뢰가 상대적으로 높다. 참여정부에서 언론자유도는 아시아에서 1등, 세계에서 31위였는데 이건 미국과 일본을 앞서는 순위였다.

반면에 선진 민주국은 국민의 자유로운 선거로 당선된 수상이나 대통령이 정부를 운영하기에 국민은 정부를 믿고 따른다. 민주국가는 국민으로부터 최소한의 동의와 신뢰를 얻지 못하면 국정운영 자체가 불가능하다. 따라서 자신이 선출한 지도자와 정부를 믿고 지지해 주는 게 민주국가 시민의 미덕이기도 하다. 선진 민주국은 시스템도 잘 정비되어 있어 행정 능력도 뛰어나니 국민으로부터 높은 신뢰를 받는다.

선진 민주국의 국민은 왜 언론을 정부보다 믿지 못하는가. 사실 선진국의 주요 신문은 우리 언론과는 비교될 수 없을 만큼 정확하고, 깊이 있으며, 성실한 보도를 한다. 그러나 이들 나라의 케이블방송, 공중파방송, 잡지, 타블로이드 등이 상업화돼 정치인을 희화화하고 비판하며 부당하게 왜곡하기도 한다. 이들 국가의 언론시장은 독과점이 없으니 언론의 오보나 왜곡이 다른 언론의 교차 검증으로 걸러지고 밝혀진다. 선진국 국민은 언론의 보도를 액면 그대로 믿지 않고 적절히 불신하는 경향이 있다. 무엇보다 중요한 건 선진국에선 어려서부터 언론을 비판적으로 받아들이도록 학교에서 체계적인 언해media literacy 교육을 한다는 점이다. 언론을 향한 적절한 견제는 언론에 대한 시민들의 적절한 불신에서 비롯된다.

참여정부 임기 말이었던 2006~2007년경 우리나라 상황은 어땠을까? 언론의 신뢰가 정부 신뢰보다 높은 것이 대체적인 경향이었다. 위의 같은 조사에서는 우리의 정부 신뢰, 언론 신뢰는 모두 45%로 나왔다. 하지만 그 후 KDI 조사에서는 언론의 신뢰(10점 만점 중 4.9)가 정부 신뢰(3.3)보다 상당히 높았다. 당시만 해도 만개한 민주주의를 누렸지만, 여전히 언론 신뢰가 정부 신뢰보다 높았던 이유는 정부의 역량이 아직 고도화되지 못한 것도 한 이유일 수 있다. 더 큰 이유는 언론이 동종업종 봐주기로 다른 언론의 왜곡 보도를 바로잡지 않는 것이다. 당시 언론사 간 기사 담합은 아주 흔한 일이었다. 김대중 정부 때와 달리 참여정부는 경영이 어려웠던 언론사의 재정지원도 해 주지 않으면서, 촌지와 가판, 기자실까지 없애는 각종 개혁을 추진했다. 보수, 진보, 인터넷, 신문, 방송을 가리지 않고 언론은 정부에 적대적이거나 비판적이었다.

결과적으로 참여정부 시절의 언론 환경은 높은 언론 신뢰, 낮은 정부 신뢰로 정리된다. 참여정부 당시 보수언론은 자신들이 정부보다 높은 신뢰를 받는다며 자랑했는데 그건 자랑거리가 못 된다. 우리가 당시만 해도, 독재 시대 문화를 완전히 벗어나지 못한 신생 민주국이라는 증거이기 때문이다. 그런데 더 흥미로운 건 오피니언 리더들은 일반인보다 언론 신뢰가 더 높았다는 사실이다. 나는 노 대통령의 서거 이후 고학력자들이 민주당의 높은 지지를 견인하는 경험적 증거를 발견했다. 신문을 자주 읽던 고학력자, 전문직 30대 남녀가 노 대통령 서거 이후 나도 강사로 참여했던 각종 강의를 들으며 열심히 노무현을 공부했다. 과거 이들은 좌우 언론의 영향으로 노무현이 일을 잘 못 한다고 생각했는데 노 대통령의 죽음으로 각성하게 되자 언론에 비판적이 된 것이다.

문재인 정부 시절 이들은 SNS에서 자신을 자랑스럽게 '노무현 키즈'라고 밝히곤 했다. 20대에 노무현에 매료돼 그를 찍었지만, 생업에 바빠 임기 내 무관심하다, 서거 후에야 30대가 돼 노무현에 대한 학습을 열심히 한 집단이다. 이들은 40대가 돼서는 문재인 정부를 어떤 상황에서도 흔들리지 않고 지지해 준 버팀목이었다. 내가 문재인 정부는 노무현 정부의 유산을 물려받았다고 주장하는 가장 큰 이유다. 노 대통령의 서거 전과 이후의 언론 환경은 180도 달라졌다.

2

참여정부 실패론은 어떻게 만들어졌는가?

참여정부가 실패했다는 데에 나는 한 번도 동의한 적이 없다. 그래서 안희정의 폐족 발언은 잘못됐다고 따졌다. 안희정 전 지사는 "나도 동의하지 않지만 그래도 패자는 겸손한 모습을 보이는 게 도리"라고 생각한다기에 그냥 넘어갔다. 참여정부 실패론은 지적으로 태만한 좌우 언론과 학자의 합작품이다. 그러나 그 논리적 근거나 증거는 너무 부실해 따지기도 민망할 지경이다. 나는 참여정부가 옳은 길을 갔고, 노무현 대통령은 역사적으로 재평가받을 것임을 당시에도 일말의 의심을 하지 않았다.

노무현 대통령이 가장 힘들어했던 주장은 '노무현 때문에 이명박이 당선됐다'라는 것이었다. 좌우 언론, 학자는 물론 일부 친노까지 동참했던 참여정부 실패론이다. 지역주의 극복을 하지 못한 회한은 있었지만, 대통령으로서 이만하면 일을 잘했다고 노 대통령은 생각했다. 참여정부평가포럼을 만든 것도 대통령으로서 성공했다는 자신감에서 비롯됐다. 언론의 부당한 평가에 지지자들이 당당히 맞서주기를 바라는 마음이 간절했다.

일부 친노는 양극화를 해결하지 못한 걸 반성했으며, 심지어 이명박 정부는 참여정부에서 나왔던 통계와는 달리 양극화가 참여정부에서 더 심화됐다고 주장하기도 했다. 하지만 이는 사실이 아니다. 뒤에 나오는 77쪽 〈그림 2〉를 참고해 보면 참여정부 임기 말에 분명히 지니 계수(가처분 소득을 사용한 양극화 지수)는 하강하기 시작했고, 무엇보다 출산율이 증가하고 있었다. 참여정부와 이명박 정부 둘 중 하나의 통계는 잘못된 게 확실하다. 이명박 정부 시절 이한구 의원은 참여정부보다 이명박 정부에서 국가채무, 청년실업률, 사교육비가 증가했다며 비판했다. 다음은 언론에 보도된 이한구 의원의 발언 내용이다.•

— 이 의원은 2007년 말 631조 원이던 가계부채가 2009년 6월 698조 원으로 크게 늘었고, 2007년 299조 원이던 국가 직접 채무는 2008년 308조 원으로 악화됐다고 지적했다.
서민 생활과 큰 관련이 있는 청년실업률은 이명박 정부의 일자리 창출 노력에도 2006년 7.9%에서 2009년 3분기 8.1%로 상승한 것으로 나타났다. 사교육비도 2007년 20조 원에서 2008년 20조 9,000억 원으로 증가했다.

이명박 정부에서 참여정부보다 양극화가 해소됐다는 주장을 복지 이전의 통계를 사용한 게 아닌지 의심된다. 양극화 관련 자료의

• 선대식, 〈이한구 'MB정부, 참여정부 때보다 나빠진 것 많다'〉, 〈오마이뉴스〉, 2009. 10. 23.

국제비교(지니계수)는 2011년부터 통계청에 존재하는데 2011년에 0.388로 가장 높았고 2012년도 0.385로 비슷했다. 박근혜 정부에서 조금씩 감소하다 2016년 다시 0.355로 올라간다. 그 후 문재인 정부에서 지속적으로 감소했다. 문재인 정부에서 부동산 폭등으로 자산의 양극화는 가져왔지만 가처분 소득으로 계산하는 양극화 지니계수는 문 정부에서 최저임금의 충격적 인상에도 불구하고 감소한 게 분명하다.

최장집 교수는 "참여정부가 실패했다면 정권교체 되는 게 당연하다. 한나라당이라고 안 될 것은 없다"라고 주장해 참여정부 실패론에 불을 붙였다.[●●] 참여정부 실패의 기준이 뭐냐고 〈오마이뉴스〉를 통해 최장집 교수에게 공개 질문했다. 그는 한 인터뷰에서 간접적으로 내 질문에 답했다.

① 노무현 대통령의 지지도가 낮았으니 실패했다는 것이다. 이건 학자가 해서는 안 될 말이다. 전형적인 개체주의적 오류individualistic fallacy를 범하고 있기 때문이다. 가령, 설문 조사에 응한 사람이 참여정부의 경제 파탄 때문에 대통령을 지지하지 않았다고 해서 이 의견을 취합해 거시적 차원에서 '정부의 경제정책 실패'라고 추론하는 건 대표적인 논리적 오류다.

●● 백낙청, 〈최근 진보논쟁서 정치·민생과 직결된 남북문제 누락〉, 〈한겨레신문〉, 2007. 3. 6.

② 정권교체를 당했으니 실패했다는 주장은 바로 뒤에서 별도로 다루겠다.

노 대통령이 지지도가 낮았던 데에는 그럴 만한 이유가 있다. 《마법에 걸린 나라》에서 나는 노 대통령의 지지도가 낮았던 이유로 다섯 가지를 지적했다.

① 민주당의 분당과 보수언론의 이간질로 호남의 지지를 잃었던 게 가장 컸다.
② 당시엔 언론의 신뢰도가 정부 신뢰보다 높아서 언론의 왜곡보도를 모두 믿었고, 방송도 보수언론 못지않게 반정부적이었다.
③ 민노당의 최초 원내 진입으로 국민은 같은 편이 분열했다고 느꼈다.
④ 유일하게 대통령이 국민과 공감할 수 있는 민생 행보와 현장 방문을 쇼라고 거부함으로써 감성적 홍보의 기회를 얻지 못했다.
⑤ 당시에는 부동산 정책이 실패했던 게 사실이니 이것 또한 부정적인 영향을 미쳤다. 그러나 이후 국회에서 종부세법이 통과되면서 이명박 정부 내 부동산 하락장에 기여했기에 뒤에서 다시 말하겠지만 학자들로부터 높은 평가를 받기도 했다. 따라서 낮은 지지도는 참여정부 실패론의 근거가 될 수 없다.

게다가 같은 여론조사라 하더라도 여론과 민심은 근본적으로 다르다. 평상시의 여론과 선거 때의 여론은 겉모습은 같아 보여도 질적으로는 완연히 다르다. 리프만이 말했던 여론은 평상시 우리가 흔히 접하는 여론조사 결과에 나타난 모습이다. 유권자는 언론이 만들어 낸 단편적 이미지를 이해하기 쉬운 방식으로 받아들인다. 만일 보수언론이나 진보언론도 한목소리로 노무현이 실패했다고 주장하고 그 이유로 낮은 지지도를 꼽는다면, 그리고 설득력 있는 반대 논리나 증거가 없다면, 대부분의 사람은 이를 진실로 믿게 된다. 심지어 정치학 교수들도 언론이 만든 이미지를 확증하는 논문을 써서 출간하기도 했다.

당시 좌우 학자는 좌우 언론과 마찬가지로 서로 다른 이유로 노무현 실패론을 주장했다. 우파는 노무현이 경제를 파탄냈다고 주장했고, 좌파는 밥 먹여 주지 못했으니 진보 정부로서 실패했다고 주장했다. 참여정부 내내 인천공항은 해외로 나가는 관광객으로 발 디딜 틈이 없었다. 참여정부는 1인당 국민소득이 1만 달러 조금 안 되게 시작해 임기 말에는 2만 3,000달러였다. 1인당 국민소득을 1만 달러 이상 올린 참여정부는 민주화 이후 보수와 진보 정부를 통틀어 가장 높은 성장을 이뤘다. 세계적 호황에 힘입은 결과라고 주장하는 이도 있겠지만 어쨌든 경제 파탄을 내지는 않았으니 우파의 주장은 터무니없었다.

좌파의 주장은 일리 있었나? 참여정부가 양극화를 확실히 해결하지는 못했지만, 복지를 고려한 지니계수는 77쪽 〈그림 2〉처럼 개선되고 있었다. 오히려 경제성장이 4.8%로 OECD 중에서 가장 높았던 것이 양극화 이유였다. 민주당의 정책통인 최병천 신성장 경제연구소 소장은 그의 저서 《좋은 불평등》에서 민주화 이후 양극화는 중국특수로 인한 높은 경제성장으로 인해 만들어진 좋은 불평등이라고 주장한 바 있다. 당시 청와대에 제출된 국책 연구소의 양극화 관련 보고서도 참여정부 시기 불평등은 하위 계층의 소득 감소에 의한 게 아니라, 상위 20% 계층의 급격한 소득상승이 이유라고 주장했다.

이명박 정부를 경험한 국민은 노무현 시대의 경제정책을 비판하지 않는다. 노 대통령은 사후에 재평가된 게 아니라, 촛불집회 당시에 이미 과반이 넘는 유권자가 성공한 대통령으로 평가했다. 노 대통령에 대한 평가는 이명박을 경험해 본 국민에 의해 이미 생전에 이루어졌다. 죽음으로 부활한 게 아니다.

그렇다면 왜 노무현 정부 시절 좌우 언론과 학자는 한목소리로 경제 실패론에 합의했을까? 이에 대해선 이미 《왕따의 정치학》에서 충분히 설명했지만 짧게 요약해 보겠다.•

노무현은 우리 사회 기득권층이 볼 때 이단아였기에 왕따를 당했고 핍박받았다. 인간 사회에서 왕따의 정치학은 원초적이다. 계급의 등장은 특정 집단을 한정된 재화의 분배에서 배제시킴으로써 지배계급이 좀 더 큰 몫을 차지하기 위해 만들어진 합법적 제도였다. 인류의 진보와 함께 노예제도, 카스트제도, 양반제도는 사라졌

• 조기숙, 《왕따의 정치학》, 위즈덤하우스, 2017.

〈그림 2〉 소득분배 개선 효과: 지니계수

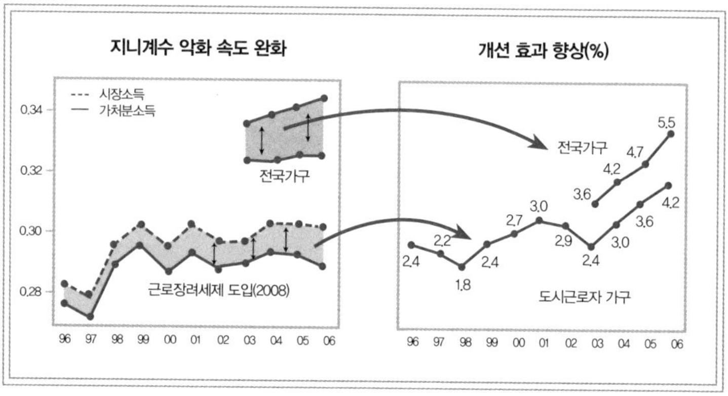

출처 : 참여정부 청와대 사회정책수석실

다. 그러나 여전히 재화분배에서 유리한 위치를 점하기 위해 다수가 담합하여 은밀하게 소수를 탄압하는 게 왕따 현상이다. 최근 이민자나 외국인을 적대시하는 포퓰리즘도 먹고살기 힘드니 다시 고개를 드는 일종의 왕따 현상이라 할 수 있다.

대한민국 원조 왕따는 빨갱이였고, 박정희 시대에는 호남이 배제의 대상이었다. 호남 차별에 빨갱이가 빠지지 않고 등장하는 이유도 기득권이 왕따의 메커니즘을 잘 알고 있기 때문이다. 노무현은 호남이 지역적 기반인 민주당 간판을 경상도에서 끝내 포기하지 않았다. 노 후보가 만일 무소속으로 부산에 출마했다면 진즉에 당선됐을 것이다. 그러나 그는 지역주의라는 부당함에 굴복하지 않았다. 호남을 배제하는 가해의 주체는 영남 지역주의인데 감히 영남에서 호남당의 깃발을 날리는 노무현을 영남 중심의 기득권은 용서할 수 없었다.

원래 왕따 현상에서 왕따를 방어하는 사람은 더 큰 보복을 받게 된다. 이문열의 《우리들의 일그러진 영웅》의 주인공인 한병태가 극심한 탄압을 받았던 이유다. 제1 방어자를 응징하지 못하면, 제2, 제3 방어자가 나타나 연대의 힘으로 가해자에게 도전할 것이기 때문이다. 이 때문에 약자는 자신은 방어자가 아님을 증명하고 가해자에게 충성을 맹세하기 위해 왕따 피해자에게 더 심한 가해를 하는 동조자가 되기도 한다. 영남사람보다 일부 충청도인들이 호남과 다름을 보여 주기 위해 은근히 호남인을 더 차별한다는 실제 경험담을 들은 적이 있다. 노무현은 호남 방어자 진지를 영남에 구축했다. 그러자 가해자는 피해자(호남)와 방어자(노무현) 사이를 이간질했고 일부 성공했다.

나는 청와대에 근무할 때 전북대학교를 두 번 방문했는데, 신문기사만 보고 나와 참여정부를 비판하는 강준만 교수를 설득하기 위해서였다. 결국 "앞으로 조 교수는 비판하지 않겠다"라는 말만 듣고 돌아오는 내 발걸음은 힘이 없었다. 강 교수가 노 대통령의 진정성을 이해해 주길 바랐을 뿐, 내 평판에 관심 있었다면 청와대행 자체를 하지 않았을 것이다. 그다음 주, 노 대통령이 토요일 점심 식사를 같이하자고 해서 관저로 갔다. 강 교수와의 만남이 궁금하셨던 모양이다. 그때 더 적극적으로 강 교수를 청와대로 초청해 노 대통령을 만나게 할 자신이 없었던 내가 두고두고 후회스럽다. 두 분 모두를 존경하고 좋아했던 나로서는 〈조선일보〉 기사를 근거로 노 대통령을 비판하는 강 교수와 노 대통령을 만나게 했을 때 내가 그 결과를 감당할 수 있을지 자신이 없었다.

노 대통령은 대북 특검과 신건 국정원장 구속을 계기로 호남의 지지를 많이 잃었다. 검찰 특수부의 집요한 별건 수사행태를 알았기에 노 대통령은 수사의 범위와 인원에 한계를 짓는 특검이 낫다고 판단해 거부권 행사를 하지 않았다. 신건 국정원장 구속을 앞두고서는 노 대통령이 검찰에 구속하지 말아 달라고 공개적인 사정을 하면 어떻겠냐는 의견을 제안했었다. 참모들이 모두 반대해 성사되지 않았지만, 그 뉴스가 나온 날 대통령은 종일 전화해서 호남 민심이 어떠냐고 내게 물어보셨다. 아무것도 할 수 없었던 나는 눈물만 흘렸다. 당시 호남을 지역 기반으로 하는 민주당은 호남 유권자와 노 대통령 사이에서 오해를 부추겼다. 그런데도 호남의 다수 유권자는 노 대통령을 굳건히 지지해 주었다. 노 대통령은 영남 땅에 민주당의 뿌리를 조금씩 착근시켰다. 영남에서 유권자의 세대교체가 이루어진 결과 노무현 시대 이후 꾸준히 영남에서 민주당 의석수를 늘리고 시장, 도지사를 당선시켰다.

주류를 지향했던 대다수 교수는 노무현이 왕따 당하는 걸 방관하거나 동조했다. 언론에 대해 비판적인 생각이 없으니 좌우 언론의 합창을 그대로 믿었다. 근거 없는 언론 보도에 기초해 당시 노무현과 참여정부를 비판하는 학자들에게 나는 분노했었다. 원래 기자나 학자 등의 지식인은 기득권과 권력에 대해 비판의식을 가지는 게 당연했다. 그러나 언론학자들은 왜곡 보도를 담합함으로써 정확한 보도를 한 기자를 물 먹이고 왕따시키는 언론 환경에 대한 이해가 없었다. 기자뿐만 아니라 앵무새처럼 참여정부 실패론을 외치는 학자들도 자격이 없다고 생각했다.

그랬던 내가 문재인 정부 시절 한 번을 제외하곤 언론 탓을 거의 하지 않았다. 참여정부와 문재인 정부의 언론 환경은 완전히 달랐기 때문이다. 노 대통령의 서거를 계기로 한국 유권자는 다시 태어났다.

3

정권교체에 노무현의 책임은 얼마나 될까?

한 참여정부 인사가 이런 말을 했다.

"노무현은 너무 일을 잘했어. 잘못한 게 하나도 없어. 딱 하나 잘못한 게 있다면 정권 재창출에 실패한 거야. 아무리 잘하면 뭐해. 정권을 뺏기면 다 무의미한 거지."

최장집 교수가 노무현 실패론의 근거로 낮은 지지도 말고 들었던 또 하나의 근거는 정권교체다. 재선출마의 기회가 원천적으로 봉쇄된 현직 대통령에게 차기 대선 패배의 책임을 묻는 건 논리적으로나 경험적으로나 근거가 없다. 앞에서도 설명했지만, 현직 대통령의 지지도는 차기 대선 후보의 선택과 무관하다. 나는 "노무현 때문에 이명박이 당선됐다"라는 좌우 학자의 주장이 틀렸다는 걸 경험적 증거로 반박하는 논문을 2011년 한 학술지에 게재했다.•

• 조기숙, "정당 재편성이론으로 분석한 2007 대선", 〈한국과 국제정치〉, 2011.

재선에 출마한 현직 대통령의 경우, 자신의 지난 4년에 대한 평가가 유권자의 투표에 영향을 미친다. 그러나 현직이 임기 제한에 걸려 퇴임하고, 양당 모두 새 후보가 맞붙는 개방 경쟁open seat에서는 정당일체감만 영향을 미친다. 현직 대통령의 평가는 차기 대선 투표에 직접적인 영향을 주지 않는 것이다. 유권자는 새로 등장한 두 후보를 비교하며 미래지향적인 전망적 투표를 할 뿐, 과거를 평가하는 회고적 투표는 하지 않기 때문이다. 이는 미국과 한국 양쪽에서 밝혀진 연구 결과다.●

이렇게 잘못된 주장이 계속 나오는 데엔 학자들의 책임이 크다. 2007년 대선 이후 노무현 때문에 이명박이 당선됐다는 논문이 학회지에도 등장했으니 말이다. 그런 논문이 검증을 위해 사용한 경험적 모형에는 한나라당 지지(또는 정당일체감) 변수가 통제되지 않았다. 즉, 모형오류인 셈이다.

한국정당학회 2020년 총선 토론회에서 나는 다음과 같은 발표를 했다.

"노무현 때문에 이명박이 당선됐다는 건 착각이다. 그런 논문을 발표한 학자들의 모형에는 '한나라당 지지'라는 정당일체감 변수가 생략돼 있다. 과거에 우리는 '여야' 개념을 외국의 정당일체감

● Lanoue, David J. 1994. "Retrospective and Prospective Voting in Presidential-Year Elections." Political Research Quarterly, 47-1 : 193-205.
조기숙, "'정당 지지'에 기초한 선거 예측 종합모형 : 19대 총선의 구조를 중심으로", 〈한국정치학회보〉, 2013.

대신으로 통제변수로 사용했었다. 수평적 정권교체를 이룬 후 '여야' 개념은 적실성을 상실했다. 노무현 정부 5년간 한나라당은 정당 재편성을 이룩했다. 지역주의에서 벗어나 '발전주의' 이념을 중심으로 시장·복지 담론에 기초한 보수정당으로 재편된 것이다. 선진화재단의 보수주의 담론운동과 노무현의 분배·복지 담론은 새누리당이 보수정당의 정체성으로 재탄생하는 데 이바지했다. 한나라당 정당일체감을 통제하면 노무현과 이명박 당선의 상관관계는 없는 것으로 나타났다."

"참여정부 시절의 새누리당, 2010년 민주당에서 시작된 정당 재편성을 인정하지 않으면 2020년 총선에 대한 분석이 불가능하다. 무엇보다 내가 2011년 논문에서 주장한 예측, 즉 향후 정당의 양당화가 진행될 것이며, 무당파가 감소하고, 투표율이 상승할 것이며, 지금은 소수당인 민주당이 결국은 다수당이 될 것이라는 주장이 모두 현실화됐는데 왜 아직도 내 주장을 거부하는가?"

그때 토론자였던 한 교수는 상당히 실력 있는 선거전문가였음에도 불구하고 이런 반박을 했다.

"모든 책임은 대통령이 지는 것이라 이명박 당선은 노무현 때문임이 분명하고, 미국 대통령도 경제지표만 가지고 예측모형을 만들 만큼 대통령이 책임지는 게 당연한데 왜 별도의 이론이 필요한가? 정권을 빼앗겼으면 전임 대통령 책임이지 어떻게 무관할 수가 있는가?"

나도 물러서지 않았다.

"미국 대통령도 재선에만 현직에 대한 평가가 유용하지 양당에서 새로운 후보가 출마한 경우에는 전직 대통령은 관계가 없으므로 국민은 전망적 투표를 한다. 클린턴과 오바마의 높은 임기 말 지지도에도 불구하고 아들 부시와 트럼프가 당선됐는데 그러면 클린턴과 오바마는 실패한 것이냐. 게다가 경제모델은 부시와 트럼프의 당선을 예측하지 못해 이미 실패했다."

결국, 사회를 보던 서울대 강원택 교수가 끼어들어 우리 사이를 중재했다.

"2007년 대선에 분명히 과거와 다른 뭔가가 있었다. 역사상 처음으로 국가·시장 쟁점이 등장했고, 그 이후 변화도 심상치 않다. 우리가 관심을 가지고 다시 들여다볼 필요가 있다."

그런데도 내게 반박했던 학자는 끝내 승복하는 표정이 아니었다. 지식인이나 일반인이나 다 비슷한 존재인 것 같다. 자기 생각이 틀렸다는 증거를 아무리 보여 줘도 믿지 않는 것. 최근 선거모형에서 정당일체감 없는 모형은 논문으로 출간되는 걸 보지 못했다. 왜 노무현 평가모형에서만 정당일체감을 통제하지 않고도 그 결과가 맞다고 우기는 것일까?

지엽적으로는 여전히 저항하는 사람이 있어도, 대세를 거스를 수 없기에 탈진실 시대의 진실도 발견되는 것 같다. 선거 결과도 마찬가지다. 국민의 대다수가 비이성적이고 사적인 이유로 투표를 해도, 국민의 10~15% 정도만 이성적인 투표를 하면 선거 결과는 이들 부동층이 결정하게 된다. 작은 수에도 불구하고 부동층이 선거 결과를 좌우하는 건 이들은 체계적이고 이성적인 이유로 투표 선택을 하기 때문이다. 선거전문가들은 그들의 체계적인 선택 이유를 분석하도록 훈련받았다. 선거 결과가 집합적으로 합리적이라고 해서 다수의 국민이 합리적이라는 의미는 아니다. 단 10~15% 정도의 유권자가 합리적 결과를 가져오는 데 기여한다는 말이다.

정권교체는 현직 대통령의 지지도와는 무관하다. 다수의 노 전 대통령 지지자들이 정동영보다는 이명박을 찍었다. 경험적 분석에서도 노무현 평가와 이명박 지지 사이엔 인과관계가 없는 것으로 드러났다. 역사에 만약은 없다지만 당시 정동영이 아니라 노무현이 재선에 출마해 이명박과 맞붙었다면, 노무현이 이겼을 거라고 확신한다. 문재인이 재선에 출마해 윤석열과 맞붙었어도 당연히 문재인이 승리했을 것이다.

노무현이 이명박을 이겼을 거라고 장담하는 이유는 선거 때에는 평상시 여론과 달리 오랜 공론과정을 거쳐 민심이 그 실체를 드러내기 때문이다. 어떤 주제가 수면 위로 부상하자마자 벌인 여론조사 결과를 곧이곧대로 믿는 건 곤란하다. 여론조사는 오랫동안 생각해 온 인간 심층의 내면을 조사하는 게 아니라, 한 번도 생각해 본 적 없는 주제에 대해 그저 떠오르는 대로 답한 결과에 불과하기 때문이다. 그 주제가 사회적으로 논란이 된 후 한 달 정도의 공론화 과정을 거치면 같은 설문으로도 완전히 다른 여론조사 결과가 나온다. 대통령 후보들이 생방송 TV토론에서 논쟁하고, 언론의 사설과 칼럼으로 갑론을박이 이뤄진 다음에야 다수 유권자가 나름 자신의 의견을 갖게 되기 때문이다.

나는 참여정부 청와대 근무 시 '여론과 민심은 다르다'라는 글을 청와대 블로그에 올렸다. 앞에서도 강조했듯이 평상시 여론은 언론의 반영 이상도 이하도 아니라는 리프만이 옳다. 그러나 선거 기간에는 유권자가 평소에 듣지 못했던 정보를 논쟁적인 토론을 통해 접하고, 선거법에 따라 양쪽 후보자의 의견이 어느 정도 공평하게 대변되도록 언론 환경이 변한다. 양쪽의 지지자들이 동원되면서 서로 다른 논리를 설파하고 유권자는 누가 더 설득력 있는지 평가할 기회를 얻는다. 유권자도 적극적으로 정보를 수집하고, 후보들의 발언은 집중적인 주목을 받는다. 특히 생방송 TV토론은 후보의 인성을 투명하게 실시간으로 유권자에게 전달한다. 그래서 선거 결과는 민심을 측정하는 가장 정확한 척도라는 데 선거 연구자들은 이견이 없다.

여론이 바람의 세기와 방향에 따라 휘둘리는 파도라면, 민심은 빙하 아래 심층을 흐르는 해류라고 할 수 있다. 여론은 가변적이고 변덕스럽지만, 민심은 일정한 방향성이 있어 시대정신을 반영한다. 내가 노무현 대통령이 퇴임 후 성공한 대통령으로 평가받을 것이라 믿어 의심치 않았던 이유는 여론과는 다른 민심을 매월 실시하는 여론조사 결과에서 읽었기 때문이다. 선거 결과가 아니더라도 여론조사로 민심을 측정하는 방법이 없지 않다. 가령, 감성, 이성 등 다차원의 질문을 포함해 지속적으로 같은 설문을 오랜 기간 반복하면 민심의 향방도 잡아낼 수 있다. 국민이 노 대통령에 대해 가진 가장 큰 불만은 '나 같은 서민들의 문제에 대통령이 관심이 없는 듯하다'라는 것이었다. 대통령과의 심리적 거리가 멀어서 생긴 감성적 불만이 대통령의 낮은 지지도의 한 원인이었다. 노 대통령은 시장에 가서 막걸리 마시며 정치쇼 하는 민생 행보에 대해 극도의 거부감을 보였다. 그래도 나는 국민의 불만을 알고 있기에 회의 시간에 여러 번 대통령께 꾸지람을 들으면서 계속 민생 행보를 건의했지만 실패했다.

그러나 '노무현의 개혁이 올바른 방향으로 가고 있느냐?'라는 질문이나 각종 개혁정책을 지지하는지 묻는 설문에 70~80%가 '그렇다'라고 응답하여 높은 지지를 보였다. 보수정당 지지자들조차 노무현이 옳은 길을 가고 있다는 데에는 의심의 여지가 없었다. 내가 노무현의 재평가를 확신했던 이유는 바로 이런 민심에 기초한 것이었다.

4

대통령 노무현, 한국정치에 남긴 유산

내가 청와대 근무를 시작한 2005년 초반 노 대통령과의 개인 면담에서 이런 부탁을 했다.

"우리에게 가장 중요한 목표는 정권 재창출 아닌가요? 그러기 위해선 대통령의 지지도를 올려야 하고, 대통령의 지지도를 올리려면 민생탐방을 통해 국민과 감성적으로 소통하는 게 필요합니다."

노 대통령은 내게 이런 답변을 했다.

"선진 민주국가를 보면 아무리 성공한 정부도 두 번 집권하면 정권이 넘어가더군요. 왜 넘어가는지는 모르겠어요. 국민이 그냥 지겨워하는 것 같기도 하고… 현 정부가 큰 오류가 없어도 한번 바꿔보자는 견제의 마음이 생길 수도 있겠지요. 우리도 다음번엔 정권이 넘어갈 확률이 매우 높습니다. 우리가 정권을 다시 찾아왔을 때 성공시킬 수 있는 시스템을 만드는 게 나에게는 가장 중요합니다."

나도 노 대통령에게 지지 않았다.

"시스템을 아무리 잘 만들어도 그것을 운영하는 건 결국 사람 아닌가요? 정권이 넘어가면 대통령이 만든 시스템도 한나라당이 무너뜨릴 텐데 정권 재창출을 하지 못하면 무슨 의미가 있겠어요?"

그러자 노 대통령은 당시 내게는 매우 충격적인 말씀을 했다.

"나에게 성공한 대통령이 되라고 강요하지 마십시오. 나는 대통령으로서 그런 목표를 갖고 있지 않습니다. 물론 내가 성공할 수 있다면 좋지만 정권이 넘어갈 가능성이 매우 크다면 내가 어떤 역할을 해야 할까요? 나는 대통령이 아니라 국민이 성공하는 나라를 만들고 싶습니다. 내 실패를 통해 국민은 교훈을 얻고, 그런 학습을 통해 국민이 성공하는 나라를 만드는 게 내 목표입니다."

노 대통령의 목표는 성공한 대통령이 되는 게 아니라 국민이 성공하는 나라를 만드는 것이었다. 그때는 이해가 안 됐는데 노 대통령이 돌아가신 후에야 그 뜻을 이해할 수 있었다.

김대중, 노무현 두 대통령의 연설을 비교한 강원국 작가(김대중, 노무현 연설비서관)의 책에서도 노 대통령의 이런 목표를 짐작할 수 있다.

"김대중 대통령은 '국민의 눈높이'를 강조했다. 노무현 대통령은 조금 달랐다. '국민의 눈높이'를 넘어 '역사의 눈높이'에 맞춰야 한다고 생각했다. 이승만을 찍어 준 국민의 눈높이와 4·19 혁명을 일으킨 역사의 눈높이를 구분해야 한다는 것이었다."•

앞에서 언급했던 2020년 한국정당학회 주최 선거 분석 자리에서 나는 다음과 같은 주장을 했다.

"탄핵으로 보수당이 완전히 무너진 것처럼 보이지만 그렇지 않습니다. 민주당은 2010년 이후 정당 재편성이 시작됐지만, 보수당은 훨씬 이전인 노무현 정부 때부터 정당이 공고화되기 시작해 유권자 속의 보수정당은 아직 건재합니다. 보수정당이 조금만 잘하면 과거의 지지도는 금세 회복됩니다. 정당지지도의 견고성 면에서 민주당보다 우위에 있습니다."

내가 이런 이야기를 했던 이유는 학문적 연구 결과이니 학회에서 발표하는 게 당연하기도 했지만, 거대 여당이 됐다고 경거망동하기 쉬운 민주당을 향한 경고이기도 했다. 한편으로는 희망을 포기하고 무기력한 자유한국당이 제대로 된 야당으로서 정부·여당을 견제하기를 바라는 마음에서였다.

내 주장은 현실이 되어 새누리당은 그로부터 불과 2년 만에 정권교체를 이뤘다. 7년 후라고 생각했는데 이렇게 정권교체를 빠르게 해 낼 거라고 예측하지 못했다. 빠른 회복의 동력은 물론 이준석과

• 강원국, 《대통령의 글쓰기》, 메디치미디어, 2014.

20~30대 남성들 덕분이다. 나도 이 점을 놓치고 있었기에 자성한다.

내가 학회에서의 논쟁을 여기에 장황하게 늘어놓는 이유는 정치가 한 건의 선거 결과에 따라 실패와 성공으로 결판나는 게 아니라는 말을 하기 위해서다. 정치는 연속으로 일어나는 과정이다. 특히 정치는 역사적 맥락과 밀접해서 한 정부의 성공과 실패를 대선 패배 하나로 딱 잘라내 말할 수 없다. 특히 진보주의자일수록 과정의 중요성을 인식하고 노무현이 한국정치에 장기적으로 미친 영향에 주목해야 한다는 말이다. 정당에 대한 애정, 지지도는 하루아침에 형성되지 않는다. 일반인은 물론 정치인도 이 점을 망각하거나 알지 못해 수많은 실패를 거듭했다. 뒤에서 말하겠지만 문재인 전 대통령도 같은 실수를 했다고 생각한다.

노무현은 누구보다 정치 과정의 역사성을 잘 이해했기에 시스템 구축에 심혈을 기울였다. 누군지 기억나지 않는데 한 진보 교수가 이런 주장을 했다.

"국민은 배고프다고 밥 달라는데 노무현은 부엌의 구조를 바꾸자고 했다."

국민과 감성적 소통이 부족했다는 지적이라면 공감한다. 하지만 이는 진보진영의 대표적으로 잘못된 인식이다. 우선, 참여정부가 국민을 배고프게 했는지 의문이다. 이명박 정부의 키워드는 생존이었고 박근혜 정부가 헬조선이었다면, 노무현 정부는 웰빙이었다. 민주화 이후 민주주의를 최고 단계로 꽃 피운 정부이고, 가상 많은 경제성장을 이뤘다. 법을 통과시키고 시스템 구축하는 데 시간이 걸리다 보니 지체되서 이명박 정부 때 비로소 시행된 복지가 많았을 뿐이지 노 대통령은 할 수 있는 복지란 복지는 다 해 놓았다. 사회투자를 획기적으로 확대함으로써 복지의 토대를 만들었다. 복지가 포함된 가처분소득에서는 분명히 양극화가 완화되고 있었다. 차상위계층이란 개념을 최초로 만들고 조사하기 시작해 그들에 대한 기초생활보장을 급격히 늘렸고, 노령장기연금 도입, 육아수당, 아동투자 확대, 근로장려세제EITC 도입 등 이루 말할 수 없는 복지가 이뤄졌다. 아쉬운 점은 노 대통령의 일하는 방식이 통계부터 만들고 자세히 조사한 후에 시뮬레이션해 가면서 결과를 책임질 수 있는 정책만 만든다는 점이다. 그 결과 이명박 정부에 와서야 국민들이 그 많은 복지 정책의 수혜를 경험하기 시작했다.

오세훈 시장이 처음 서울시장에 취임했을 때 사석에서 이런 말을 했다고 한다.

"내가 시장으로 복지를 하려고 봤더니 노무현 대통령이 얼마나 촘촘히 해 놓았는지 새롭게 할 게 없더라."

그런데도 일부 민주·진보 진영 인사들은 좌파에 경도돼 참여정부가 국민의 밥 문제를 해결하지 못했다고 비판했다. 민생 현실에 대한 평가도, 이념적 지향도, 참여정부에 대한 평가도 다 틀렸다. 설령 국민이 배고프다고 울었어도 시스템 혁신은 매우 중요하다. 이게 노 대통령을 비난할 사안인지 모르겠다.

노 대통령의 서거로 민주진영은 화려하게 부활했다. 민주당 지지도를 이끈 이들은 30~40대 수도권 고학력자들이다. 이들은 검찰과 언론이 합작으로 노무현을 죽음으로 이끌었음을 깨닫고 정치고관여층이 됐다. 언론에 대한 비판적 시각도 갖게 됐다. 언론 환경은 노무현 생전과 사후로 나뉜다. 국민이 더는 언론을 믿지 않게 됐다. 이들은 기자들과 집단으로 싸워 왜곡된 기사를 바로잡고 오보에 대한 사과를 받아내기도 했다.

노 대통령은 실패해서 정권교체를 당한 게 아니라, 정권교체가 될 것을 미리 알고 필요한 일을 준비하기 위해 지지도에 신경 쓰지 않았다. 인기를 잃더라도 해야 할 일을 했다. 임기 중에는 장기 국가발전계획인 〈비전 2030〉을 발간해 중비용 중복지를 위한 세금 문제를 담론화했고, 퇴임 후에는 고비용 고복지가 가능한 진보의 미래를 위한 책을 집필 중이었다. 그래서 지금 다수의 국민이 그분을 그리워하고, 가장 존경하는 대통령이라고 평가하는 것이다.

문재인 정부 내 흔들리지 않고 문 정부를 지켜 준 건 노무현 키즈들인 40대다. 정권이 넘어갈 것을 알고 시스템 구축을 열심히 했던 노 대통령은 위기관리센터, 질병관리센터 등 문재인 정부 성공의 초석을 놓았다. 노 대통령이 양극화를 해소하지 못해 정권교체를 당했다고 문재인 정부의 핵심 구성원들이 생각했는데, 바로 이것이 문재인 정부 비극의 시작이었다. 결국 문재인 대통령도 참여정부의 선거 결과와 여론을 잘못 해석했다고 본다. 이것이 민주화 이후 최고의 조건을 갖췄음에도 문재인 정부가 국민의 기대에 흡족하게 부응하지 못한 가장 큰 이유라고 나는 생각한다.

3장

문재인 정부는 노무현 실패론자의 모임인가

1

문재인이 노무현 실패론자?

설마 문재인 전 대통령이 자신도 몸담았던 참여정부를 실패했다고 생각한다고? 당연히 문 대통령은 참여정부가 대체로 성공했다고 믿는다. 하지만 양극화 해결에 실패해 정권교체를 당했다고 생각한다는 게 내 추론이다.

문 대통령이 노무현재단의 이사장을 맡고 있을 때였다. 이명박 당선이 노무현 정부 실패의 증거가 될 수 없음을 밝히는 내 논문을 노무현재단 상임위원회 후에 위원들에게 돌리자 당시 문 이사장은 빙그레 웃기만 했다. 한때 노 대통령의 경호실장으로 불리었던 내가 여전히 그 충심을 버리지 못하고 노 정부의 성공에 집착하는 거로 그의 눈에 비친다는 걸 깨달았다. 그는 내 연구 결과에 관심도 없었고, 별로 동의하는 느낌도 받지 못했다. 내가 대선 결과 해석에 집착하는 이유가 차기 민주 정부의 성공을 위한 것임을 전혀 모르는 것 같았다.

공교롭게도 정권교체 후에 윤석열 당선에 대한 책임을 묻는 손석희 대기자의 질문에 "우리 정부에 대한 평가도 작용했겠죠"라며 일부 책임을 인정하면서도 문 대통령은 다음과 같은 취지의 반론을 제기했다.

"링 위에 올라가 본 적도, 후보에 대해 입도 뻥긋할 수도, 우리 정부에 대한 비판을 방어할 기회도 없었는데 내게 패배의 책임을 묻는 건 좀 억울한 느낌이 든다."

정확한 지적이다. 대선 직전 문 대통령의 높은 지지도는 그가 대선 패배에 직접적인 책임이 없음을 증명한다. 후보 단일화가 이루어지기 전 3월 3일 발표한 4개 여론조사 기관이 공동으로 2,000명의 표본을 조사한 지표조사• 결과에 따르면, 이재명 40%, 윤석열 40%, 안철수 9%로 나왔다. 문재인 대통령의 국정 운영 평가는 긍정 46%, 부정 49%였다. 20대 대선에 대한 인식은 국정 안정론 42%, 정권 심판론 45%로 나왔다. 국민이 오로지 정권심판·견제 쟁점 하나로 대선에 투표한다고 가정하는 어리석은 사람은 없으리라 본다. 문 전 대통령이 재선을 위해 후보로 출마할 수 있었다면 자신의 업적을 홍보하고 야당의 터무니 없는 공격을 방어함으로써 당연히 재선에 성공했을 거라 믿는다. 노무현이 이명박과 대결했다면 당연히 이겼을 거라 믿는 것과 같은 이치다.

• NBS 전국지표조사보고서, 제67호 20대 대선특집조사, 여론조사공표 금지 전의 마지막 조사결과, 2022. 3. 3.

2012년 대선을 앞두고 문 후보와 대화할 기회가 있었다. 기억에 의존해 복원해 본다.

나 : 후보님, 지금 정책으로는 선거에 이기기 어렵습니다. 너무 좌클릭하셨어요. 수도권 30~40대 대졸자, 수도권 중상층이 이 당 저 당을 오가며 대선 결과를 좌우하는데 후보님 공약이 너무 좌파적입니다. 그렇게 해서는 이기기 어렵습니다.

문 후보 : 참여정부가 양극화 해결을 못 해서 선거에 패한 건 사실이지 않습니까? 좌파 정책 없이 어떻게 양극화를 해결합니까?

나 : 선거에 일단 이기고 난 후에 하시고 싶은 분배 제대로 하면 되지 않나요?

문 후보 : 노 대통령처럼 나무에 올려놓고 흔드는 것 더는 당하지 않으려고요. 선거에서 떨어지는 한이 있더라도….

나 : 우리 핵심지지층은 중산층이고, 후보님이 좌파 정책을 공약한다고 새누리당 지지층인 고연령, 저소득층이 후보님에게 표를 주지는 않습니다.

문 후보 : 그분들이 아직 경험이 없어서 그렇지 공약으로 자꾸 설득하면 생각의 변화도 가능한 거지요.

나 : (문 후보의 생각이 확고해서 사람들이 20대에 만들어진 생각을 바꾸는 게 불가능하다는 것을 정치학적인 분석으로 설득할 용기조차 못 내며) 30~40대 수도권 중산층 다수가 재벌회사 직원일 텐데 재벌개혁이란 말 대신에 경제정의라든지 프레임을 순화하면 어떨까요?

문 후보 : 재벌개혁 한다고 당당하게 말해야죠.

2012년 대선에서 민주당이 이기기 어렵다고 생각했던 건 이 대화에 기초한 추론이다. 대선 3일 전에는 김용민의 팟캐스트에 출연해 나만 유일하게 박근혜 승리를 예측하기도 했다. 문 대통령이 '참여정부가 밥 못 먹여 줘서 실패했다'라는 좌파지식인과 언론의 주장에 동조한다고 추론한 이유는 앞의 대화 때문만은 아니다. 문 후보가 오연호와 조국의 '진보집권플랜'에 호의적인 반응을 보인 게 또 하나의 이유였다.

2

오연호와 조국의 '진보집권플랜'

조국 교수를 띄운 건 〈오마이뉴스〉의 오연호 대표다. 2010년 11월 《진보집권플랜 : 오연호가 묻고 조국이 답하다》라는 책을 내고 전국 순회 북콘서트를 했다. 노무현 대통령의 서거로 겨우 민주당이 살아나 2010년 지방선거에서 좋은 성적을 거두자 다시 진보 재집권 플랜을 짜보자는 의도로 시작됐다.

오연호와 조국은 지금은 586이 된 386세대다. 386은 독재에 저항해 민주화를 성취하는 데 크게 기여했다. 아이러니하게도 그들의 문화는 권위주의적이다. 권위주의적인 독재에 맞서 싸우면서 권위주의 문화를 배웠고, 그것이 더 효율적임을 알았기 때문일 것이다. 386 운동권은 선악의 구분이 뚜렷하다. 자신들은 정의롭고, 상대는 악마화한다. 이들은 경제적으로 시장보다는 국가의 개입이 정의롭다고 생각한다. 또한 20세기 유럽의 기업과 노동의 균열에서 노동 쪽을 대변했던 진보적인 경제 이념을 지지한다. 21세기 정보화 사회가 도래하자, 노동이 쇠퇴하면서 과거의 진보주의가 적실성을 상실했기에 구좌파라 불린다. 보수언론은 노무현의 정신연령이 386이라고 주장하지만 틀렸다. 386이 구좌파라면, 노무현은 신좌파다. 386은 아직 20세기 과거의 해법에 머물러 있다면, 노무현은 21세기 새로운 해법인 전 영국 총리 토니 블레어Tony Blair의 제3의 길을 모색했다.

2012년 대선 과정에서 선거구호로 '국민이 잘사는 나라'를 문재인 캠프에 제안했었다. 국가는 선진국이 됐고, 1인당 국민소득도 3만 불이 돼 가지만 국민은 여전히 가난하다. 수출로 경제성장을 이룩했으나 서민들에게까지 떡고물이 돌아오지 않았다. 개인주의적이고 자유를 선호하는 신세대들에게 문재인 후보가 취임사에서 사용한 '우리나라 대통령'은 집단주의적이고 추상적이어서 울림이 없었다. 국가보다는 국민을 강조하는 개인주의 구호가 낫다고 판단했다. 선거 슬로건은 상대와 우리 편의 경계를 넘어 상대측에도 호감을 주면서 우리의 정체성을 살리는 게 좋다. '국민이 잘사는 나라'는 보수층이 좋아할 만한 슬로건인데, 분배를 잘하겠다는 메시지를 담고 있으니 민주당의 슬로건으로 좋다고 생각했다. 캠프 쪽에서 답이 왔다. "문 후보 정책이 국가의 역할을 강조하기에 적절하지 않다"라고 했다. 그들은 노무현이 제3의 길로 양극화 해소에 실패했으니 구좌파 정책을 제대로 해 보겠다고 결심한 것 같다. '사람이 먼저다'는 사람을 강조하는 노 대통령의 신좌파 구호처럼 들리지만, '먼저'라고 순서를 정하는 건 전형적인 근대적 사고의 산물이다. 서울시장 후보였던 한명숙의 '사람공화국'이 인본주의 느낌을 전달하는 데 비해 '먼저다'는 전형적인 운동권적 사고가 엿보여 마땅치 않았다. 박근혜의 '내 꿈이 이뤄지는 나라'가 더 신좌파적이었고, '준비된 여성 대통령'은 김대중 대통령을 연상시켜 민주당 지지자에게도 어필하는 좋은 구호였다.

캠프가 이런 기조를 잡게 되는 데에는 조국과 오연호의 '진보집권플랜'과 김수현 당시 문재인 캠프 정책 간사의 이념적 지향이 영향을 미친 것으로 보인다. 이 세 사람은 대표적인 참여정부 실패론자들이다. 특히 진보집권플랜의 전제 자체가 민주 정부 10년이 밥 못 먹여 줘서 실패했다는 데에서 시작한다. 좌우 언론의 경제 파탄론과 양극화 해소실패론, 즉 보수들이 주장하는 민주 정부 10년이 잃어버린 10년이라는 공격을 인정하는 담론이다.

당시 나는 〈오마이뉴스〉에 기고한 《진보집권플랜》 서평●에서 참여정부 실패론에서 벗어나지 않으면 차기 민주 정부도 성공할 수 없다고 호소했다. 조국의 '밥 프레임'으로 접근해서는 2012년 대선에서 이길 수 없다고 간언했지만 어떤 반응도 얻지 못했다. 그렇게 해서는 실패할 수밖에 없다는 나의 경고를 그들은 2012년 대선에서도 무시했지만, 집권 후에도 여전히 무시했다. 민주당은 선거연구가 전문가의 영역임을 인정하지 않았던 게 가장 큰 비극이었다고 본다. 법학자나 부동산 정책 입안자나 언론인이나 자신들이 선거 결과를 해석할 수 있다는 만용을 계속 고집한다면, 앞으로도 민주당의 선거 승리는 물론 집권의 성공 가능성도 기대하기 어렵다고 봐야 하지 않을까. 나는 586의 인위적인 인적청산은 불필

● 조기숙. "진보진영, '밥 프레임'으로는 보수 못 이긴다" [서평②] 〈진보집권플랜〉….'탈물질주의 프레임'이 방법. 〈오마이뉴스〉, 2011. 1. 19.

요하다고 보지만, 민주당에서 운동권 마인드를 털어내지 않으면 보수의 거대한 실패에 의해서만 정권을 담당할 기회를 얻게 될 것이라 생각한다.

3

왜 미래발전연구원은 사라졌는가?

내 예상대로 문재인은 2012년 대선에서 패했다. 물질주의 밥 프레임으로 가면 성공할 수 없다고 글도 쓰고 말로도 전했지만 '마이동풍'이었다. 문재인 패인에 대한 진보언론의 아전인수식 해석은 더 심각했다. 문재인이 2012년 대선에서 구좌파 정책을 공약으로 내세웠던 건 본인의 신념도 있겠지만 진보언론의 참여정부 실패론이 가장 큰 이유라고 본다. 진보언론은 참여정부가 양극화 해소에 실패했다며 최장집 교수를 내세워 얼마나 비판했던가. 진보언론이 원하는 대로 구좌파 공약으로 문재인이 대선에서 패하자, 40대에 참여정부 실패를 경험한 50대 유권자들이 문재인을 찍지 않아 패했다는 안드로메다식 주장을 펼치기도 했다.

문재인 캠프에 노무현 실패론자들이 많다고 했는데 그 정점엔 김수현 전 정책실장이 있다. 김 전 실장은 노 대통령이 생전에 세운 씽크탱크인 미래발전연구원의 부원장으로서 기획을 총괄했다. 김 실장은 인품이 매우 훌륭하다. 문 대통령의 분신이라는 느낌이 들 정도로 선하고, 친절하며, 진지하다. 따라서 김 실장의 업무에 대한 내 평가가 사람에 대한 비판으로 받아들여지지 않기를 바란다.

미래발전연구원이 출범한 후 참여정부 성찰을 위한 월례 세미나를 개최했다. 합리적인 학자도 있었지만, 대부분 세미나에는 참여정부 실패론을 전파했던 좌파 경제학자들이 초청됐다. 내 눈에 그들은 B급 경제학자였다. 데이터나 이론으로 경제학을 연구하는 게 아니라, 정치학적인 주장을 신념으로 하는 사람들이라 이런 무례한 명칭이 꽤 어울린다고 생각한다. 나는 그들의 주장이 회원들이나 다른 교수들에게까지 확산하는 걸 막기 위해 빠지지 않고 참석해 논쟁했다. 참여정부가 확실하게 좌클릭하지 않아 실패했다는 주장 이외에 참신한 게 없었다.

노무현 대통령 서거를 추모하는 기념 학술대회에서는 언론을 통해 참여정부 실패론을 주구장창 전파했던 구좌파 언론인과 학자를 초청했다. 아무리 정반대의 생각을 하는 사람과 소통하는 게 중요하다지만 노무현의 사상은 빠지고 그 자리를 비판자들로 채웠다. 그 기간이 지나자마자 최장집 교수는 추모와 평가는 별개라고 선을 그었다. 납치 희생양이 납치범에 동조하는 스톡홀름 증후군에 빠진 건지, 아예 누가 무슨 주장을 해 왔는지 콘텐츠에 대한 기억이 없는 건지 나로서는 이해 안 되는 일이 반복됐다.

노 대통령과 함께 준비하던 《진보의 미래》 출간을 서거 후 이정우 교수와 김수현 당시 부원장이 맡았다. 이정우 위원장은 노 대통령 퇴임 후 저술준비모임의 일원이 아니었기에 대통령이 어떤 책의 출간을 원했는지 잘 몰랐다. 노 대통령의 한미 FTA에 반대 서명한 이정우 위원장은 사실상 '진보의 미래'에 대해 노 대통령과는 다른 생각을 가진 분이다. 나는 김수현 부원장에게 원고는 이미 다 썼지만 제출하지 않겠다고 말했다. 내 원고가 꼭 들어가야 책이 만들어지는 것도 아니니 내 것은 빼고 출간하라고 했다. 노 대통령이 출간하기를 소망했던 책과는 거리가 멀어도 너무 멀었기 때문이다.

나도 쉬운 책을 쓸 능력은 안 되지만 가능하면 노 대통령이 원했던 대로 그림과 표를 넣어 쉽게 서술하려고 했다. 다른 사람의 원고를 보니 나도 읽기 어려운 논문이 대부분이었다. 어떤 교수는 이미 다른 학술지에 게재한 원고를 재탕하기도 했다. 일을 빨리 끝내는 것보다 일을 제대로 하는 게 내게는 더 중요했다. 대통령의 유지를 그렇게 쉽게 끝내고 잊어버린다는 건 다음에 민주당이 집권해도 희망이 없다는 말과 같아 대충 눈감고 넘어갈 수 없었다. 책의 출간을 이대로 버려두면 죽어서도 노 대통령을 만날 면목이 없을 것 같았다. 며칠 후 이정우 출판위원장의 전화를 받았다.

"조 교수님, 어떤 취지로 원고를 거절하셨는지는 충분히 이해합니다. 불만스럽더라도 현재 우리 힘이 닿는 데까지 우선 출간해야 하지 않겠습니까? 조 교수님이 원고를 주지 않으면 책을 출간할 수 없다고 하니 원고를 꼭 좀 주시기 바랍니다."

나 때문에 책을 출간하지 못했다는 원망은 듣지 않으려고 결국 원고를 보냈다. 노 대통령 참모, 비판하던 학자 등 39명이 참여해 680쪽이 넘는 두 권짜리 《노무현이 꿈꾼 나라》가 출간되자 노 대통령을 지지하는 수많은 시민이 그 책을 샀다. 그중 과연 몇 명이나 그 책을 읽었을까?

누구나 자세한 상황을 아는 건 아니니, 미래발전연구원에서 책만 나오면 사주고 매월 만 원씩 후원하는 회원도 빠르게 늘어났다. 노무현재단이 출범한 후에는 재단에서 기부받은 돈으로 연구원을 지원하기도 했기에 연구원 운영은 땅 짚고 헤엄치기였다. 그러다 결국 자생력을 잃고 노 대통령의 꿈이었던 연구원은 문재인 정부 출범 이후 문을 닫았다. 친노 지지자들은 정치인들보다는 훨씬 똑똑하다. 노무현 실패론자들로 진행된 몇몇 시민학교 강의는 회원들이 등록을 거부함으로써 폐강 직전까지 몰렸다. 노무현 실패론으로 얼룩진 저술과 학술대회에 불만을 품은 회원들이 연구원을 탈퇴하기 시작했다. 노 대통령이 그런 참모들의 보좌를 받으며 얼마나 힘들었을지 지금도 가슴이 먹먹하다. 김대중과 노무현 없는 민주진영은 빈껍데기나 마찬가지다.

4

진짜 친노 최병천, 《좋은 불평등》의 불편한 진실

2022년 9월, 최병천 신성장경제연구소 소장이 《좋은 불평등》이란 책을 냈다. 사회과학책이 별로 화제성이 없는 편인데 어찌나 주목을 받는지 열기가 사그라지면 서평을 올리려고 기다렸다. 좀체 열기가 가라앉을 기미가 보이지 않아 2023년 2월 말에 감상문을 올렸다.● 국가의 역할을 강조하는 구좌파 경제학이 민주진영의 주류였던 시절을 지켜보던 내 심정은 참담했다. 정의당의 정책이 민주당의 주류가 돼 가는 건 노무현 실패론이 민주당의 정론이 됐음을 의미하기 때문이다.

최 소장은 그의 책에서 왜 참여정부 동안 양극화가 심화했는지 통계와 그래프로 설득력 있게 설명했다. 이 책은 두 가지 점에서 노 대통령이 퇴임 후 봉하마을에서 전직 참모들과 머리를 맞대며 쓰고자 했던, 《진보의 미래》를 고대로 재현했다. 우선 책의 형식이 그렇다. 중2 정도면 읽을 수 있게 쉽고 간결하며, 모든 걸 데이터로

● 이 글의 일부는 같은 제목으로 2023년 2월 23일 필자의 페이스북에 게재됐다.

증명하면서도 그래프로 시각화해 독자 친화적인 책을 내는 것, 그것이 노무현의 꿈이었다. 노 대통령은 과학기술의 발전이 기술을 가진 자와 그렇지 않은 자로 양극화를 가속하는지, 자본의 힘인지, 제조업의 쇠퇴로 일자리가 감소했기 때문인지 양극화의 이유를 묻고 또 물었다. 최 소장은 이 질문에 대해 완벽하진 않지만, 매우 설득력 있는 답을 내놓았다.

최 소장은 참여정부의 양극화는 좋은 불평등이고, 이명박 정부 동안 양극화 완화는 나쁜 평등이라 칭했다. 이것이 복지를 고려하기 전인지 후인지는 분명하지 않지만 우리 사회 불평등을 가속한 건 놀랍게도 중국과의 교역이었다. 수출이 잘되면 불평등이 늘어나고, 수출이 안 되면 경제는 침체하지만 불평등은 줄어들었다. 그의 주장을 페이스북(2023.2.20.)에서 일부 옮겨왔다.

— 한국의 상위 10%에서 가장 큰 비중은 수출 + 제조업 + 대기업 노동자다. 한국 경제사에서 수출이 작살나서 임금 불평등이 줄었던 대표적인 경우는 2008년 이명박 정부 이후다. 이명박 정부는 보수쪽 사람들도 인정할 정도로 대기업 친화적이고, 시장 친화적인 정부였다. 그런데 놀랍게도 이명박 정부 동안 내내 한국의 임금 불평등은 소폭 하락했다. 2008년 글로벌 금융위기로 인해 '글로벌 교역량'이 반토막 났기 때문이다. 이 기간 한국경제 불평등은 축소됐다. 글로벌 금융위기 → 글로벌 교역량 축소 → 한국의 수출 축소 → 한국 상층의 소득 증가 폭 감소 → 한국의 임금 불평등 축소 메커니즘이 작동됐다. 이명박 정부는 '수출이 작살나서' 불

평등이 축소된 경우다.

— 노무현 정부는 정반대였다. '수출 대박'으로 불평등이 증가한 경우다…(중략) 중국은 2001년 12월 11일 세계무역기구WTO에 가입했다. 이후 글로벌 금융위기 직전까지 중국의 연평균 경제성장률은 약 12%였다. 중국의 연평균 수출증가율은 약 25%였다. 더 놀라운 것은 이 기간에 한국의 대중국 수출증가율은 무려 30%였다. 한국의 대중국 수출 대박은 '임금 불평등 증가'로 연결됐다. 상층소득이 올랐기 때문이다.

— 한국의 진보적 지식인들, 진보적 노동단체들, 진보적 시민단체들, 진보정당은 노무현 대통령을 공격했다. 한미 FTA 같은 '신자유주의 정책' 때문에 한국의 불평등이 증가했다고 공격했다. 그러나 틀린 분석에 기반한 틀린 비판이었다. 대중국 수출과 반도체 수출이 줄어들면 한국 불평등은 줄어들 가능성이 크다. 우리는 불평등은 나쁜 놈, 경제성장은 좋은 놈이라고 생각한다. 그러나 둘은 긴밀히 연결돼 있다. 좋은 놈이 나쁜 놈이고, 나쁜 놈이 좋은 놈이다. 한국경제의 실제 현실은 1차 방정식이 아니다. 정책 관계자들은 수출, 불평등, 경제성장, 산업구조 고도화, 경쟁력이 서로 연결돼 있음을 잊지 말아야 한다.

노 대통령이 계셨다면 이제야 답을 찾았다며 매우 기뻐했을 것 같다. 나는 경제 전문가가 아니니 이게 꼭 정답인지는 알 수 없다.

그러나 노 대통령이 쓰고 싶었던 책의 이상형이라는 점에서 감격스러웠다. 언론과 각 단체에서 그의 통찰력을 알아봐 주고 그의 활동영역을 넓혀 줘서 민주당 차기 정권에도 희망이 생기는 것 같다. 물론 민주당이 그를 중용할 만한 안목이 있는지는 더 두고 볼 일이다. 그동안 친노는 노무현 대통령과 함께 일했거나 인연이 있던 사람들에 국한됐다. 하지만 그건 가신그룹일 뿐이다. 노 대통령과 같은 방식으로 연구하고, 노무현처럼 소통하는 최병천 소장이 진짜 친노라고 생각한다.

나는 최 소장이 변화된 21세기 경제환경을 잘 기술했다고 생각한다. 더는 기업주와 노동자의 이익이 제로섬 게임이 아니다. 임대인과 임차인도 마찬가지다. 적대적 세계관으로는 21세기 복잡한 경제 사회현상을 설명할 수도 없지만, 문제를 해결할 수도 없다. 과학기술이 발달하면서 산업구조도 변했고 인구 구성도 변했다. 세계 모든 환경이 변하고 있는데 우리 경제만 국가가 시장에 적극적으로 개입하는 구좌파 정책으로 후퇴한다고 양극화가 해결되지 않는다는 걸 우리는 문재인 정부에서 배웠다. 부동산 정책의 실패는 자산 양극화를 더욱 심화시켰기 때문이다.

노 대통령은 "권력은 이미 국가에서 시장으로 넘어갔다"라고 말했다. 지난 9년간 집권을 준비하면서 21세기 변화된 환경에서 정부가 할 수 있는 일과 해서는 안 되는 일에 관한 연구와 담론이 만들어졌어야 했다. 그런 준비를 해야 할 시간에 좌파 지식인들은 주구장창 김대중, 노무현의 신자유주의만 비판하고 있었다.

386세대는 자신들이 20대에 생각했던 국가사회주의적 대안에 여전히 경도돼 있었다. 20대 이후 공부한 적이 없으니 당연하다. 그들이 꿈꾸는 사회주의 제도는 20세기 유럽에서 성공적으로 시행됐지만, 소련의 붕괴로 세계 시장이 하나가 되자 유럽도 많이 변했고 또 변하고 있다. 문재인 정부는 국가가 시장에 적극적으로 개입하는 일부 구좌파 정책을 채택함으로써 노무현 시대보다 후퇴했다고 본다. 소득주도성장이 대표적이다. 일자리가 사라지고 노동이 축소되는 시장에서 노동을 중시하는 정책으로 회귀한 것이다. 북유럽 국가들도 노동시장 유연화를 유지하면서 실업급여, 재훈련 지원, 사회복지 등으로 21세기 문제를 해결하지, 문 정부처럼 정규직화를 해결책으로 시행하지 않는다고 한 주류 경제학자에게 들었다. 노무현 전 대통령이 관심을 가졌던 동일노동과 동일임금에 대한 의미 있는 시도는 왜 없었는지 안타깝다.

노무현은 한미 FTA를 추진했지만, 그 과실을 국민과 나눌 수 있는 복지 패키지를 만들었으며 시장의 자유는 보장했지만, 공공영역은 민영화를 거부하고 철저히 지켰다. 노무현은 정부가 시장에 적극적으로 개입하기보다는 복지를 통한 분배, 과학기술 투자로 일자리 창출, 스크린쿼터를 축소하면서 한류 산업에 막대한 지원과 투자 등 실용적이고 창의적인 신좌파 노선을 택했다. 이걸 신자유주의라 매도했던 관념적 구좌파 지식인과 언론, 시민단체가 당시에도 참여정부를 어렵게 만들었지만, 그렇게 좋은 조건에서 집권했던 문재인 정부마저도 국민적 기대에 못 미치는 성과를 냈다.

문 대통령은 페이스북에서 최 소장의 《좋은 불평등》을 소개하며 불평등의 구조적이고, 세습적인 뿌리를 다루지 않아 아쉽다는 소감을 표했다. 최병천은 문재인 정부의 소득주도성장이 참여정부 실패론에서 비롯됐음을 간파했기에, 잘못된 진단에 의한 잘못된 처방을 지적하고자 소득불평등만을 다뤘다고 생각한다. 최 소장의 소득주도성장에 대한 비판에 문 대통령은 다음과 같은 논평을 남겼다.

— 최저임금 대폭 인상은 단기간의 충격을 감수하면서 장기적인 효과를 도모한 정책이었는데, 예상 범위 안에 있었던 2018년 고용시장 충격을 들어 실패 또는 실수라고 단정한 것은 정책평가로서는 매우 아쉽습니다.

동의한다. 정책평가는 단기적인 효과만이 아니라 장기적이고 체계적으로 연구해야 한다. 나는 기본적으로 (국가는 시장의 반격에 대처할 능력이 없다고 보기에) 정부의 과도한 시장 개입은 반대하지만, 정부가 최저임금 지침을 정하는 건 필요하다고 본다. 최저임금 만 원은 아직 우리 경제에 부담이지만 모든 후보의 공약사항이었다. 이것은 포퓰리즘의 영향이라고 본다. 내가 직접 현장에서 경험한 바에 기초해 문재인 정부 소득주도성장의 대표적 정책인 최저임금 인상의 몇 가지 문제를 지적하고 싶다.

첫째, 적절한 속도였는지가 문제다. 장하성 청와대 전 정책실장은 지난 9년간 오르지 않았던 최저임금을 올렸다고 했지만, 사실이 아니다. 이미 박근혜 정부에서 최저임금은 꾸준히 올라서 4년 동안 연평균 7.425% 인상됐다. 문 정부도 같은 수준만 유지했어도 충분했음에도 불구하고 정부 첫해와 둘째 해의 급격한 인상이 우리 경제 체질이 감당할 수준이었는지 의문이다. 장 전 실장은 2018년 9월 3일 JTBC 〈뉴스룸〉에 출연해 "최저임금 인상률이 너무 높았다고 판단하느냐"는 질문에 "지난해 16.4% 오른 것은 제가 생각했던 것보다 높았다. 솔직히 저도 깜짝 놀랐다"라고 답했다.• 3년 차부터 문 정부 최저임금 상승률은 매우 낮아서 연평균 인상률은 박근혜 정부보다 0.065%포인트 낮았다. 선의에도 불구하고 문 정부의 정책이 비판을 받는 이유다. 이런 정책 실패를 가져왔으면서도 자신의 책임에 대한 인식이 부족했던 공직자에게 문 정부는 끊임 없는 보은 인사를 베풀었다. 이런 돌려막기 보은 인사를 지켜보면서 국민은 정부로부터 무시당하는 기분이 들었을 것이다.

둘째, 급격한 최저임금 인상에 따른 부작용 대비책이 사후 약방문으로 나왔다. 자영업자 대책부터 마련하고 최저임금을 인상했다면 훨씬 부작용이 적었을 것이다. 현장에선 최저임금이 그야말로 하한선을 정하는 게 아니었다. 이미 최저임금 이상을 받던 종업원들이 상당수였다. 최저임금이 인상되자 그들은 인상분 이상을 요구했다. 가뜩이나 일할 사람이 없는데 자영업자들은 그 돈을 주고라도 사람을 쓸 수밖에 없는 형편이었다. 특히 식당의 경우는 그랬

• 장원석, 〈장하성 '최저임금 인상률 놀랐다' 야당 '무책임에 놀랐다'〉, 〈중앙일보〉, 2018. 9. 5.

다. 결국 주인이 몸으로 때우거나 문을 닫을 수밖에 없었다. 뒤늦게 마련된 정부의 지원금도 받을 수 없는 자영업자가 대부분이었다. 종업원에게 지급하는 총임금 액수가 얼마 이하의 영세업자만 정부 지원금 신청 자격을 얻을 수 있는데 월급이 상승하면서 자격 기준을 박탈당한 것이다.

셋째, 획일성이다. 사회적 경제를 추구하는 독일 같은 나라에서도 학생들 아르바이트 경우는 최저임금 규제 대상에서 제외된다. 우리나라는 편의점에서 아르바이트하던 수많은 학생이 일자리를 잃었다. 편의점 주인은 야간 수당을 주지 않으려고 직접 밤을 새우기도 했다.

최저임금을 올리는 것 자체에 반대할 사람은 없다. 하지만 능력이 있는 대기업이나 중견기업은 최저임금과 상관이 없고, 소기업이나 영세업체가 그 대상이다. 사람이 넘쳐나는 곳이 아니라 오히려 사람 구하기가 힘든 곳이라 이미 최저임금 이상을 지급하고 있다. 대부분 3DDirty,Difficult,Dangerous 업종에 해당하며, 외국인이 압도적 다수를 차지하고 있다. 결국 급격한 최저임금 인상은 중산층·중하층의 자영업자와 저소득층 노동자의 제로섬 게임을 만들었다. 우리나라 불평등은 참여정부 때에도 상층의 20% 소득이 급격히 증가한 데에서 비롯됐다. 그들에 대한 증세와 하층에 대한 복지로 불평등을 해결해야지, 시장 논리를 무시한 과도한 임금상승은 중산층과 자영업자가 몰락하는 데에도 기여했다고 본다.

4장

문재인 정부의 명암

1

공칠과삼의 문재인 정부

나는 기본적으로 문재인 정부의 공이 과보다 더 크다고 생각한다. 역대 가장 높은 대통령의 지지도가 이를 말해 준다. 문 대통령이 갈등적 사안은 미루고 이미지 쇼만 해서 지지도가 높다는 비판도 있는데 여론을 제대로 이해하지 못하는 이들의 주장이다. 연출만으로는 지지도를 그렇게 오랜 기간 높게 유지하는 건 불가능하기 때문이다. 내가 문재인 정부의 부동산 정책을 비판했다는 이유로 마치 반정부 인사나 되는 것처럼 비난을 많이 들었지만 나는 문 정부의 공이 7이라면 과는 3이라고 생각한다. 문재인 정부의 실제 업적을 따져 보면 이명박, 박근혜 정부와는 비교할 수도 없고, 역대 민주 정부 못지않게 잘했다고 생각한다.

문재인 정부의 첫 번째 업적이며 가장 잘한 일은 위기관리다. 수해, 가뭄, 산불, 조류인플루엔자 등 일상적인 위기로부터 대한민국은 안전했고, 국가로부터 보호받는 느낌이 들었다. 이명박 정부는 노무현이 만든 위기관리 매뉴얼을 폐기한 결과, 얼마나 많은 가축을 도살했는지, 광화문에 수해가 났을 때에도 거의 속수무책이었음을 기억해 보라. 박근혜 정부는 세월호 사건 하나만으로도 낙제다. 문재인 정부는 참여정부의 위기관리 시스템을 되살렸을 뿐만 아니라 그 시스템을 노 대통령에게 제안해 만든 류희인을 위기관리본부장에 임명해 정부의 유능함을 보여 줬다. 조류독감은 미연에 방지했고, 고성 산불이 났을 때 재빠르게 진압했다. 2019년 강원 산불에서 문화재, 인명 피해는 제로였다. 소방직의 국가공무원화가 가져온 쾌거이기도 했다.

두 번째 업적은 세계적인 코비드-19 감염병을 신속하고 기발한 방법으로 검사하고, 체계적으로 대응함으로써 수많은 국민의 생명을 살린 것이다. 외국에 있는 교포들까지 전세기를 띄워 안전하게 모셔 왔다. 공항을 폐쇄하지 않고 대구를 제외하고는 대규모 봉쇄 한 번 없이 이 모든 성과를 얻었다는 건 기적에 가깝다. 물론 의료계의 헌신, 국민들의 협조 없이는 불가능한 일이었다. 하지만 그런 인프라가 구비됐다 해도 정부가 무능하면 가능하지 않다. 이명박 정부의 사스와 박근혜 정부의 메르스 대처를 비교해 보면 쉽게 이해가 될 것이다. 우리 국민도 문재인 정부의 성공적인 방역을 인정해 2020년 총선에서 민주당에 힘을 실어 준 것 아니겠는가.

다음으로 성공적이었던 것은 외교다. 외교에 대한 평가는 당파적으로 많이 다를 것이라는 점 이해한다. 하지만 부동층의 입장에서 평가해 보자. 문재인 정부는 중국과 척을 지지는 않았고, 세계 어느 나라에 가도 한국 대통령으로서 품격을 보여 줬다. 윤석열 정부로 정권이 바뀌면서 이 점은 아마 다수 국민이 실감했을 것 같다. 상대의 말을 경청하고, 존중하며 공을 돌리는 겸손한 문 대통령의 성품이 빛을 발했다. 문 정부에서 적극적으로 추진한 아세안 외교도 성공적이었다. 특히 북한과의 관계에서 결과적으로는 성과가 없었기에 실패라고 생각하는 사람도 있겠지만 꼭 그렇게 볼 일은 아니다. 첫 판문점 남북 정상회담이나 트럼프 대통령까지 가세했던 판문점의 세 정상 만남에 대한 기대가 워낙 컸기에 실망도 컸을 것이다.

나는 2016년에 홍보학자들과 함께 《한국형 공공외교 평가모델》이라는 책을 출간했는데 홍보프로그램 평가모형을 공공외교에 적용할 수 있도록 개발했다. 2018년에는 미국 정부도 유사한 모형을 미국 공공외교 평가에 채택하기도 했으니 우리가 한발 빠른 편이었다. 정책평가에는 장시간이 필요하므로 단기간 내에 성과가 없으면 실패라고 단정하지 말고, 과정을 평가하라는 게 이 모형의 핵심이다. 내 지도로 박사논문을 준비하는 한 학생이 문 정부의 평화이니셔티브Peace Initiative 과정을 '투입input-산출output-결과outcome'의 세 단계로 평가하는 논문을 썼다.

박근혜 정부가 '통일은 대박'이라는 구호로 통일에 방점을 찍었다면 문재인 정부는 남북화해가 가져올 '평화'에 방점을 찍었다. 투입input은 문 대통령의 베를린 연설이나 평창올림픽 연설에서 핵심 프레임인 '평화'가 얼마나 잘 만들어졌는지 평가하는 것이다. 문 대통령 부모님의 월남 이야기가 들어간 평화 서사는 설득과 감동을 안겨 줬기에 투입은 성공적이라고 평가됐다. 산출output은 의도했던 평화프레임이 언론에 어떻게 투영됐는지 평가하는 것인데 비판적이던 국내 언론과 달리 해외에서는 상당히 긍정적이었다. 박근혜 대통령 연설에 대한 부정적인 평가와는 대조적이었다. 결과outcome는 외국인의 인식을 측정하는 것인데 문재인 정부 당시 한국의 이미지는 물론 북한 이미지도 상당히 긍정적인 변화를 보였다. 특히 외국인이 한국 이미지를 형성하는 데 가장 큰 영향을 미친 사람이 BTS(2위, 6.6%)가 아니라 문재인(1위, 12.5%)이었다는 사실은 의미심장하다.● 문재인의 대북정책이 성과가 없었다고 하기에는 상당히 의미 있는 진전이 있었던 셈이다. 차기 민주정부가 집권하면 문 정부가 멈춘 곳에서 다시 시작할 수 있다는 점에서 대북정책은 과정상 의미 있는 성과를 거뒀다고 나는 평가한다.

평가가 가장 엇갈릴 만한 건 대일외교인데 나는 기본적으로 일본 정부의 반도체 소재의 대한수출 금지에 한국정부의 발 빠르고 단호한 대응을 지지한다. 우리가 선진국만 되면 뭐하나? 정신적으로 일본의 속박에서 벗어나지 못한다면 진정한 독립국이라고 할 수 없다. 우리 국민의 자존감을 올려준 결정이었다고 본다. 나는 어려서부터 반일 정신으로 무장해 살아왔다. 일본에서 경비를 대주고 초청하는 학회 외에는 일본 여행은 가지도 않았다. 1980년대 미국에서 공부할 때에도 한국 유학생이면 다 가지고 있던 일본 가전 제품 대신 우리 가족은 국산만 구매했다. 문 정부 초기에 반일 운동이 들불처럼 번졌지만 이미 내가 평생 실천하고 있던 일이라 더 이상 참여할 게 없었다.

● 손해용. 〈외국인 78% "한국에 호감"…이미지 깎아먹는 1위는 '이것'〉, [뉴스원샷] 〈중앙일보〉, 2021. 6. 5.

그럼에도 정부 고위 공직자가 '죽창가'를 외친 건 불편했다. '토착 왜구' 운운으로 내부의 탄핵 이후 무너진 보수층을 상대로 적대적 정치싸움을 하는 것도 마음에 들지 않았다. 그 일을 계기로 나는 앞으로 기회가 닿으면 일본여행을 가기로 결심했고, 2022년 겨울 실제 다녀오기도 했다. 정부 간 갈등이 심화될수록 민간외교가 중요하다고 생각했기 때문이다. 정부가 바뀌면 일본과의 협력과 상생도 가능해질 것이라 기대했지만 결과는 아직 두고 봐야 할 것 같다. 사실 우리가 잃은 게 너무 많다. 윤 정부의 대일 굴욕외교에도 불구하고 큰 변화는 기대되지 않는다. 일본은 향후 주도권 싸움에서 우리를 제로섬 관계로 접근할 것으로 보인다. 따라서 보수언론이나 지식인도 문재인 정부의 대일본 외교를 비판만 할 게 아니라 장기적인 안목에서 실용적인 외교의 방향을 재정립할 필요가 있다. 향후 십수 년간은 주도권을 잡기 위한 한일 간 치열한 경쟁은 멈추기 어렵기 때문이다. 그럴수록 민간 차원의 외교는 더욱 활발해야 하고 나도 가능하면 힘을 보태려 한다.

결론적으로 문재인 정부는 참여정부의 업적을 계승한 분야에서는 매우 성공적이었다. 위기관리센터, 질병관리본부는 대표적인 참여정부 업적이었고, 문 정부는 기구는 물론 류희인, 정은경이라는 사람까지 참여정부 인사를 그대로 중용했다. 대북화해외교도 김대중, 노무현 정부의 연속선상에서 진일보한 것이다. 과학기술의 투자, 복지정책 등도 역대 민주정부의 정책을 계승하고 한 걸음 앞으로 나아간 것이다. 임기 말 문 정부는 업적을 누리집에 올려놓았는데 그 링크가 사라져 이곳에 세세히 담을 수 없었다. 기록이 대통령기록관으로 이관되는 과정이라 현재는 접근이 불가능하다. 문 정부의 정책을 알리는 일은 고위 정무직을 했던 사람들의 모임인 '사의재'가 앞으로 해 나갈 일이다. 참여정부는 나쁜 언론 환경으로 업적을 제대로 알릴 수 없었다면, 문 정부는 이데올로그가 없거나, 있어도 너무 당파적이라 부동층에게 영향력을 발휘하지 못했다. '사의재'가 자신들의 공과를 냉정하게 평가함으로써 업적도 알리고 성찰의 계기로 삼기 바란다.

그렇다면 문재인 정부의 과는 무엇인가? 앞에서 지적했듯이 참여정부 실패론에서 비롯된 양극화 해소를 위한 경제 정책과 부동산 정책 등 과도한 국가 개입 정책이라고 할 수 있다. 최저임금의 급격한 인상에 대해선 2장에서 이미 언급했고, 부동산 정책은 뒤에서 논의하겠다. 문재인 정부의 핵심 인사들이 참여정부 실패론에 포획됨으로써 이러한 경제정책에서 실패를 가져왔다는 점이 뼈아프다. 이런 실패를 막기 위해 그렇게 참여정부 실패론에서 벗어나라고 죽을힘을 다해 책 쓰고, 강의하며, SNS에서 떠들었는데 지지자들만 학습했다. 문재인 정부의 핵심인사들에겐 우이독경이었다.

나는 문재인 정부가 박근혜 정부처럼 정치적으로 너무 성공해서 정책적으로는 어려우리라 판단했다. 실제로 임기 중반까지는 내 예측이 맞았다. 대통령의 지지도는 80% 이상 고공행진이었고, 충분한 준비 없이 밀어부친 소득주도성장과 방향을 잘못 잡은 부동산 정책은 시장에 큰 충격을 가져왔다. 자영업자의 줄도산 또는 과도한 노동은 예상했던 결과였다. 그러나 조국 사태를 계기로 상황은 반전됐다. 최저임금 인상 속도는 둔화됐고, 코로나의 성공적

관리 덕분에 경제는 다른 나라에 비해 양호했다. 화장터가 없어 시신처리도 제대로 못했던 나라에 비하면 엄청난 과학기술의 투자, 복지, 일자리 창출, 수출 등으로 우린 상대적으로 수월한 시기를 보냈다. 반면, 민주당은 총선 이후 강성당원의 조국 복수극에 휘둘리면서 정치적으로 실패했다. 2021년 4월 서울과 부산시장 재보궐선거, 2022년 5월 대선, 6월 지방선거의 3연패가 그 증거다. 문 대통령도 그 책임으로부터 자유롭다고는 할 수 없다.

당에 리더십이 없는 대통령이 할 수 있는 게 없다는 항변도 가능할 것이다. 그러나 나는 문재인 정부의 청와대가 적어도 세 가지 잘못된 정치적 결정을 했다고 생각한다.

① 조국 장관 임명을 강행하는 대신 부산 출마를 권유했어야 했다.

② 추미애 법무장관과 윤석열 검찰총장의 갈등 속에서 아무리 장관의 자율성이 중요해도 추 장관이 이기는 싸움을 하도록 리더십을 발휘했어야 했다. 아니면 추 장관과 윤 총장의 동반사퇴로 싸움을 마무리 지었어야 했다.

③ 이낙연 전 총리가 당으로 돌아온 시기도 좋지 않았지만 (전문가의 눈으로 볼 때, 아무리 초기에 박영선 후보의 지지율이 높게 나왔어도 민주당이 이길 가능성이 전혀 없는데 이낙연 대표가 그런 위험을 무릅쓰게 해서는 안 됐었다. 심지어 박 전 장관도 이길 가능성이 없어 출마를 거절했다는데 전당원 투표로 당규까지 바꿔 억지로 출마시킨 건 패착이었다), 갑작스런 박근혜 사면론이 더 큰 문제였다.

만일 언론의 추측 보도처럼 박근혜 사면을 주장한 이낙연 후보와 청와대의 교감설이 사실이라면 최악의 정치적인 실수였다. 교감설이 사실이 아니라 해도 청와대가 비난을 무릅쓰고 이 후보를 보호했어야 했다. 문 대통령이 이 후보와 명시적인 대화를 나눈 게 아니더라도 이 후보가 청와대의 의중과 정반대로 사면을 꺼냈을 것 같지는 않기 때문이다. 후에 청와대가 실제로 박근혜 사면을 단행했기에 이낙연 후보에게 역풍이 부는 상황에서 청와대의 침묵은 비겁했고, 이 후보가 경선 승리에서 멀어지면서 정권교체를 당할 수밖에 없는 상황을 스스로 초래했다고 본다. 나는 민주당 경선에 관심도 없었고 문 대통령의 지지도가 낮을 때에는 이미지가 대조적인 이재명 후보가 본선에 유리할 수도 있겠다는 생각을 하기도 했다. 하지만 대선 과정을 지켜보면서 민주당은 정말 후보를 잘못 뽑았음을 깨달았다. 이낙연 후보를 지지하진 않았지만 그가 민주당 후보였다면 큰 고민 없이 기꺼이 민주당에 한 표를 줬을 것이다. 보수 진영 전략가로 유명한 전직 언론인이자 보좌관은 내 페북에 다음의 댓글을 남겼다.

— 보수인 제 입장에서 본다면, 지난 대선은 윤석열이라서 국민의힘이 이긴 것이 아니라, 이재명이라서 민주당이 진 것입니다. 우리가 보기에 민주당 후보가 만일 이낙연이었고, 안철수가 이낙연과 단일화를 했다면 윤석열과 국민의힘은 그대로 박살나는 구도였습니다. 당시 보수는 이재명만 아니면 된다는 자포자기였어요. 차라리 이낙연 정도면 그냥 져도 상관없겠다는 소리들이 대세였습니다.

이낙연 후보가 민주당의 후보로 당선됐다면 이재명 지지자들의 열정은 없었을지 몰라도 민주당이 대선에 승리했을 가능성이 크다. 만일 패했다고 해도 지금처럼 수렁에 빠져 야당노릇도 제대로 못하는 일은 없었을 것이다. 문재인 정부의 잘못 30%는 일부 정책적 실패도 있지만 대통령과 청와대의 정치적 판단에서 비롯됐다는 게 내 생각이다. 그 잘못된 판단에 영향을 미친 사람이 누구인지 당분간 침묵으로 반성할 필요가 있다. 그렇지 않다면 내 판단에 대한 반론으로 논의를 이어가 민주당에 분명한 지침을 주길 기대한다.

내가 이런 비판을 하면 자판기 누르듯 튀어나오는 민주당의 변명이 있다. 바로 언론 탓, 검찰 탓이다. 지난 20년간 나만큼 언론비판을 했던 사람도 드물다. 그 덕에 4대조 조상까지 부관참시를 당했다. 나는 문재인 정부 출범 이후 중국 공안원에 의한 한국 기자 폭행 사건 때 딱 한 번을 제외하고는 더 이상 언론 탓을 하지 않았다. 왜 그랬을까? 중국 공안 폭행 사건 후 언론의 화살이 김정숙 여사와 문 대통령 내외를 직접 겨냥하면서 문 대통령의 지지도가 10% 이상 폭락했다. 여기서 브레이크를 잡지 않으면 추가 추락도 가능하다는 생각에 내가 뛰어들었다. 내가 사용한 반어법을 뒤집어 마치 사실인 것처럼 보도한 언론과 싸우기보다는 말도 안 되는 핑계를 대며 내가 잘못했다고 사과하고 SNS를 접겠다고 했다. 사과와 함께 나는 언론에 대한 매서운 비판을 남겼고, 언론보도는 중국방문에 대한 성과를 긍정적으로 보도하는 방향으로 선회했다. 나를 희생시켜 언론의 방향을 틀었던 이유는 다음 날 문 대통령이 귀국하는데 내가 계속 언론과 진실 게임을 할 수 없었기 때문이다. 다시 대통령의 지지도가 이전 수준으로 회복되는 걸 보며 나는 안심하고 SNS를 접겠다고 했다. 이런 극단적인 방법을 썼던 이유는 사건이 생길 때마다 내가 나서 주길 바라는 트친, 페친들을 차마 외면할 수 없었기 때문이다. 계획대로 한동안 침묵을 지키다 중립적 논평가가 되기 위한 수순을 밟은 것이었다.

참여정부와 문재인 정부의 언론환경은 180도 다르다. 더 이상의 치어리더는 필요 없고, 객관적인 논평을 해 줄 사람이 필요하리라 생각했다. 참여정부 시기의 언론환경이 지옥이었다면, 문재인 정부 시기의 언론환경은 천국이었다.

2

언론환경이 천국이었던 문재인 정부

노무현 대통령이 대통령에 당선된 후 노사모 모임에서 물었다.

"나는 대통령에 당선됐는데 여러분은 이제 뭐할랍니까?"

"감시, 감시!!!"

노 대통령은 그들의 답변에 서운함을 느꼈다. 당시까지 남아 있던 독재시대 문화의 유산으로 노사모에게조차 대통령은 오로지 감시의 대상인 절대 권력으로 비쳐졌던 것이다. 그러나 노무현은 모든 권력을 내려놓고 말로만 국민을 설득했던 힘없는 대통령이었다. 우리 헌법이 제왕적 대통령이라는 주장은 무지의 소치다. 전두환의 독재를 경험한 이후 우리 헌법은 대통령의 권한을 제약하는 데 온 힘을 쏟았다. 헌법을 존중하며 민주적 문화의 실천을 목표로 했던 노 대통령은 역대 가장 힘이 없는 대통령이었다. 제왕적 대통령을 만드는 건 우리의 헌법이 아니라 비민주적인 문화다.

참여정부 시절 언론 신뢰는 정부 신뢰보다 높았다. 언론에 대들면 한마디로 인생이 박살 났다. 반면, 문재인 정부 시기 언론 신뢰는 세계에서도 가장 최하위 수준이었다. 국민 누구도 언론을 믿지 않는 시절이 도래한 것이다. 참여정부는 지지자들로부터도 지지받지 못하는 영양실조 상태였다면, 문재인 대통령은 과도한 지지로 영양과잉 상태였다. 내가 이런 말을 하면 다음과 같이 반박하는 분들이 꼭 있다.

"언론 환경이 더 나빠졌으면 나빠졌지 변한 게 없어요. 종편이 탄생하고, 하루종일 국민을 세뇌하는 그들을 어떻게 정부가 감당할 수 있겠어요?"

언론 자체에 대한 평가는 맞는 말이다. 전 세계적인 포퓰리즘 분위기도 언론의 선정주의식 보도, 아니면 말고식 무책임한 보도, 제목 낚시질에 영향을 미쳤다. 하지만 높아진 시민들의 의식수준과 SNS라는 새로운 기술의 발전은 언론환경을 180도 다르게 바꿔 놓았다.

10년이면 강산도 변한다는데 우리는 지난 20년 사이에 나라를 뒤집을 만큼 충격적인 사건을 두 번 경험했다. 하나는 노 대통령의 서거였다. 노무현을 죽음으로 몰아넣었던 언론의 무자비하고 몰상식한 보도 행태나 검찰과 한몸이 되어 만들어 낸 수많은 왜곡, 조작 보도로 시민들이 깨어난 것이다. 노무현의 죽음은 역설적으로 시민이 언론에 대해 비판적인 시각을 갖는 데 결정적인 역할을 했다. 거기에 노무현재단과 노무현 정신으로 무장된 노무현의 사람들은 이런 시민들의 학습 요구에 적극적으로 대응했다. 참여정부엔 책 쓰고 강의하며 노무현 사상을 전파하는 이데올로그가 수없이 많다. 이 모든 이론을 담은 게 《왕따의 정치학》이다. 이 책은 내가 〈정봉주의 전국구〉와 〈새날〉 팟캐스트에 출연해 발표했던 내용을 정리한 것인데, 당시 300만 명 이상이 팟캐스트에 접속했다. 《왕따의 정치학》도 사회과학 서적으로는 문재인의 《운명》에 이어 오랜 기간 분야 스테디셀러로 주목을 받았다.

또 하나의 사건은 박근혜 탄핵이다. 모든 언론이 여당의 승리를 예견했지만 2016년 총선에서 제1당은 민주당이었다. 그게 없었다면 박근혜 탄핵은 불가능했을 것이다. 박근혜 탄핵에 가장 열심히 나섰던 건 보수언론이었다. 그들이 보수정부를 무비판적으로 응원하는 사이 보수정부는 물론 보수언론도 독자에게 외면당할 처지에 놓였기 때문이다. 문 정부 초기 보수언론은 다시 문 대통령의 비판과 저주를 멈추지 않았지만, 종편 허가를 위해 눈치도 봤다. 일방적으로 보수정부를 응원하다 죽기 직전까지 내몰렸던 경험 때문에 보수언론도 과거처럼 보수정당을 무작정 지지하지 않았다. 윤석열 정부의 지지도가 낮은 건 보수언론의 윤 정부와 거리두기도 한몫하기 때문이라고 본다.

문재인 대통령은 당선자 시절부터 노무현의 서거로 깨어난 시민들의 무한한 사랑을 받았다. 당연히 이 시기엔 정부 신뢰가 언론 신뢰보다 훨씬 높았다. 탄핵 후폭풍으로 문재인 정부의 신뢰가 올라간 면도 있지만 언론 신뢰가 세계 최하위 수준으로 떨어진 게 더 큰 이유였다. 문 대통령에 대해선 민주당 의원은 물론 언론도 함부로 비판할 수 없었다. 노사모가 전문직 중심의 30대에서 시작해 대선 이후 자기 생업에 바빠 노무현을 방치했다면, 문 대통령 지지자들은 40~50대가 주축이라 생활에 여유도 있고, 몇 개의 온라인 카페로 나뉘어져 임기 내 맹렬히 활동했다. 문 정부 초기부터 지지자들은 문프(지지자들이 문 대통령을 부르는 애칭)를 건드리는 사람은 누구든 용서하지 않았다.

기자회견장에서 대통령에게 이상한 질문을 한 기자의 신상을 털어 결국 사직하게 만들고 문프를 비판하는 칼럼이나 기사를 쓴 언론인에게 비난 이메일을 보낸 결과, 김정숙 여사에게 김정숙 씨라고 부른 기자는 결국 언론사의 조치로 취재처를 옮겨야 했다. 〈한겨레신문〉 또한 문 지지자들의 구독해지 운동에 두 손 들고 항복한 후 이들과 화해하는 좌담회를 마련하기도 했다. 그 후 〈한겨레신문〉은 중요한 고비마다 문 정부와 운명을 같이하다 내분에 시달리기도 했다. 국회의원은 당론에 어긋나는 소신을 밝히거나 정부 정책을 공개적으로 조금이라도 비판하면 18원 후원금이나 문자폭탄을 견뎌야 했다. 시장에서 문 대통령에게 하소연했던 상인은 전화폭탄에 시달려야 했다.

지지자만 각성된 게 아니었다. 참여정부를 무조건 때리기만 했던 진보언론도 지난 9년간 이명박. 박근혜 신권위주의 정부의 탄압을 받으며 자성의 시간을 가졌다. 참여정부 시절 민노당과 한마음으로 실용적이던 참여정부를 '좌회전 깜박이 켜고 우회전 했다'라며 공격했던 〈경향신문〉이나 〈한겨레신문〉 같은 진보언론도 달라졌다. 독재시절 땡전 뉴스로 부끄러운 과거를 물타기하고 싶었던 방송은 최소한의 반론권 보장이나 균형보도도 없이 참여정부와 각을 세웠었다. 문재인 정부 하에서 일부 MBC 프로그램은 내 눈에도 편파적으로 보일 만큼 친정부적이었고, KBS도 중립을 지키면서도 약간은 정부에 우호적인 입장을 견지하는 것으로 보였다. 진보성향의 언론이 이렇게 변한 데에는 단지 언론의 성찰만이 이유는 아니다. 좌회전 깜박이를 확실하게 켜고, 좌회전을 열심히 한 문재인 정부의 좌파 정책이 이들에게 이념적 만족감과 일체감을 준 게 가장 중요한 이유일지 모른다.

요즘처럼 외신 보도가 실시간으로 번역돼 SNS로 전달되고, 대통령 대변인의 브리핑이 유튜브에 떠다니며 대통령과 비서실장이 SNS로 국민들과 직접 소통하는 시대에 언론에 속아 정부를 오해할 유권자는 별로 없다. 오해로 인해 정부를 비판하는 사람은 언론에 속아서가 아니라 그냥 문 정부가 처음부터 싫었을 것이다. 오히려 화가 난 국민들에게 진정성 있는 사과나 성찰 대신 남 탓하는 정치인들이 SNS를 잘못 사용하고 있는 것으로 보인다. SNS의 장점은 쌍방향 소통에 있다. 그들이 국민의 목소리를 제대로 듣지 않으니 엉뚱한 핑계를 대고, 엉뚱한 정책을 내놓고, 급기야는 남 탓을 한다. 문 대통령이 "부동산만큼은 자신 있다"라거나 "집값이 이제 안정됐다," 조국 사태에 대해 "당시 합법적으로 가능한 입시제도였던 것도 문제 삼는다"라는 등 여론과 동떨어진 뜬금없는 발언을 할 때마다 정직하게 민심을 전하는 참모가 없다는 사실에 국민은 더 좌절했을 것이다.

참여정부 때에도 외신은 노무현 대통령에 대한 칭찬이 대부분이었다. 그러나 한국 언론은 보도하지 않았고, 국정 브리핑을 통해 우리가 가진 이메일 수신자 30만 명 정도에게는 소식을 전했지만 일반 시민에겐 전달할 방법이 없었다. 거기에 비해 문재인 정부는 코로나 방역은 물론 남북대화에 대해서도 호의적으로 보도한 외신이 실시간으로 번역돼 SNS를 통해 유권자에게 전달됐고, 지지자들 커뮤니티에도 얼마나 많이 공유됐는지 모른다.

언론은 변하지 않았지만 언론을 둘러싼 환경은 정반대로 변한 것이다. 독자와 지지자뿐만 아니라 진보언론들도 각성하고 변했다. 아무리 병균이 득실대도 시민들이 이를 이겨 낼 면역시스템을 장착한 것이다. 문 대통령에 대한 비판은 오로지 보수언론에서만 제기됐는데 보수언론의 개별 기자들도 문프 지지자들의 눈치를 보지 않을 수 없었다. 문프 비판자에 대한 공격은 여야, 진영, 직업에 관계없이 무차별적이었기 때문이다.

참여정부와 문재인 정부 시절 여당 인사들의 대언론 대응도 정반대였다. 참여정부 시절에는 가뜩이나 언론의 왜곡, 오보가 심한데 SNS에 의해 걸러지지도 않았다. 열린우리당 의원들은 언론만 보고 청와대에 확인도 하지 않은 채, 뒤에서 같은 편에게 총도 쏘고 대포도 쏘았다. 당연히 노 대통령의 지지도가 떨어질 수밖에 없었다. 보수언론이 우리 편 정치인, 시민단체 대표에게 작은 먹물만 뿌리면 같은 편이 먼저 나서서 돌팔매질을 했다. 먹물 묻은 사람과 선 긋기에 바빴다. 반면, 문재인 정부에서는 필요한 정책적 비판에도 재갈을 물렸다. SNS의 영향으로 언론의 왜곡보도는 심하게 비판을 받았기에 기자들도 매우 조심했다. 그런데도 민주당 인사들은 참여정부와는 정반대 방향으로 질주했다. 무조건 진영논리가 최고의 진리가 됐다. 진영은 아랑곳하지 않고 원칙 없이 팝콘처럼 튀던 열린우리당 초선의원들이 한쪽 극단이었다면, 염치도 명분도 저버리고 진영논리밖에 모르는 문재인 정부의 민주당 인사들은 다른 쪽 극단이다.

지지자들이 무조건 응원을 해 줬기 때문에 문재인 정부 초기 대통령의 지지도가 높았으며, 첫 조각組閣 인사 중에 반대여론을 극복하고 순조롭게 임명할 수 있었다. 기울어진 운동장은 여전했지만 유권자가 더 이상 편파적인 언론에 현혹되지 않았다. 이게 내가 언론환경이 180도 다르게 변했다고 주장하는 이유다. 덕분에 문재인 정부의 참모들은 한마디로 게을렀다. 이 정부를 꼭 성공시켜야 한다는 절박함은 찾아보기 어려웠고, 각자 자리 나눠먹기와 이익 추구에 열심인 것으로 보였다. 오죽 인사에 원칙이 없었으면 원한을 품은 사람들이 사회 곳곳에 나타나겠는가. 과유불급이라고 뭐든지 과하면 탈이 나는 법이다. 나는 인간사에 균형감각만큼 중요한 게 없다고 생각한다. 정치에서는 더욱 그렇다.

요즘 나처럼 민주당을 더 이상 지지하지 않는 사람들에게 여전히 민주당 지지자들은 우리가 언론에 대한 인식이 없어서 그렇다며 유튜브나 언론 기사를 보여 주면서 가르치려 든다. 언론과 싸워 온 햇수가 20년이 되는 내게도 이러니 민주당 지지자들이 국민 탓을 얼마나 많이 하겠는가. 이들은 3연패 후에도 여전히 검찰 탓, 언론 탓, 기울어진 운동장 탓을 한다. 나는 이런 사람이야말로 국민을 개돼지 취급하는 거나 다름없다고 본다.

에이브러햄 링컨Abraham Lincoln 대통령 시절에도 여론은 언론의 반영이었다. 링컨 박물관은 링컨을 공격했던 언론보도를 비뚤어진 벽에 전시해 놓았는데 참여정부 시절과 너무 유사한 게 인상적이었다. 하지만 그 시절에도 링컨은 다음과 같은 명언을 남겼다.

— 거짓은 잠시 모든 사람을 또는 영원히 소수의 사람을 속일 수 있을지 몰라도, 영원히 다수의 사람을 속이는 건 불가능하다.

미국의 저명한 정치학자 키V.O.Key의 "유권자는 바보가 아니다"라는 단언은 내가 여론을 연구할 때 견지한 평생 내 신념이기도 하다.

문재인 정부 집권 내내 보수언론이나 논객이 노무현과 비교해 가며 문 정부를 비난한 건 반드시 갈라치기 의도 때문만은 아니라고 본다. 국민은 자신이 직접 보고 경험한 정보를 언론이나 오피니언 리더를 통해 간접적으로 접하는 정보보다 더 신뢰하는 경향이 있다. 국민이 터무니없는 선동이나 프레임에 넘어가는 존재는 아니라는 말이다. 다수 국민이 프레임에 설득되는 건 그 프레임이 논리적 구조를 갖추고 수많은 경험적 증거로 뒷받침되거나, 상식적으로 말이 되기 때문이다. 아니면 상대가 거짓 프레임을 깨기 위한 최소한의 노력도 하지 않았기 때문일 것이다. 노 전 대통령이 국민이 가장 존경하는 대통령에 지속적으로 선정되는 이유도 언론환경의 변화와 직접적인 관련이 있다.

3

조국 임명이 민주당을 무너뜨린 단초라고 보는 이유

나는 문재인 대통령이 대선 패배에 직접적 책임은 없지만, 세 가지 정무적 결정이 민주당을 무너뜨리는 데 기여함으로써 간접 책임이 있다고 주장했다. 그중 가장 중요한 정무적 결정은 조국 임명이다. 어떤 이들은 윤석열 항명 또는 검찰 쿠데타로 칭하자고 주장하는데 나는 여전히 조국 사태가 맞다고 본다. 조국이 얼마든지 현명한 판단으로 이 사태를 막을 수 있었음에도 그렇게 하지 않아서 벌어진 일이기 때문이다. 검찰개혁을 천명한 법무부 장관이 임명되는 데 검찰의 조직적 반발을 예상하는 건 당연한 것 아닐까.

조국 장관이 임명된 후 그의 임명에 찬성했던 여론이 잠시 올랐다 다시 하락하자 정봉주 전 의원이 전화를 했다. 대선 전 나는 정 전 의원이 진행하는 팟캐스트 '전국구'에서 좌우언론이 노무현 왕따에서 더 나아가 문재인 왕따를 만들고 있다는 내용을 방송했고 이 내용을 《왕따의 정치학》으로 출간했던 인연이 있다. 정 전 의원이 내게 SOS 전화를 한 것이다.

"교수님, 지금 조국 장관에 대한 여론이 점점 나빠지고 있잖아요. 우리 방송에 나와서 언론보도 행태를 비판하고, 지지자들에게도 조 장관을 옹호할 명분을 제시해 주면 좋겠습니다."

나는 조심스럽지만 단호하게 거절했다.

"죄송하지만 이번에는 어렵겠습니다. 저는 처음부터 조국 장관 임명을 반대했어요. 그리고 이제는 너무 늦어서 여론을 되돌리는 것도 불가능하다고 생각합니다."

정 전 의원도 쉽게 포기하지 않았다.

"그래도 기왕에 임명했는데 여기서 후퇴할 수는 없잖아요. 여론을 반전시키는 건 어렵더라도 조 장관이 좀 더 버티도록 힘을 실어줄 수는 없나요? 사모펀드 관련해서도 나올 건 없지 않나요?"

"저는 처음부터 권력형 비리는 아니라고 봤어요. 조 교수가 그럴 사람도 아니고, 만일 뭐가 나온다면 친척에게 사기를 당했을 가능성이 커요. 그런데도 제가 반대한 건 논문이나 표창장 등 입시 문제만으로도 심각하다고 봤기 때문이에요. 조국 교수 임명설이 나온 지 한 달 후에 찬성하는 여론이 35%밖에 안 됐어요. 그러면 그게 공론이라고 봐야 해요. 공론을 뒤집는 건 불가능해요. 총선 직후 민주당 지지가 55%에 달했다는 점을 감안하면 민주당 지지자 중에도 반대 여론이 상당히 많다는 의미입니다. 문 대통령이 조국 임명을 발표한 후 저도 단톡방에서 지지자들에게 "지금까지 나는 조국 임명에 반대했지만 문 대통령이 임명한 이상 물러설 수 없다. 이제 온 힘을 모아 조 교수를 지키자"라고 했어요. 그런데 문 대통령이 임명을 강행한 후 조국 임명 찬성 여론 최고치가 48%였어요. 이는 앞으로 조국 지지도는 더 떨어질 일만 남았음을 의미해요. 그때 50%가 넘었어야 반전의 기회가 있는데 문 대통령의 높은 지지도로도 조국을 구제할 수 없다는 게 민심입니다. 오히려 문 대통령 지지도가 동반 하락하면 조 장관이 사퇴하는 것 외에 다른 방법이 없을 것 같아요. 이러다 총선, 대선까지 망칠까 봐 걱정입니다. 이런 건 제가 어떤 명분을 만들어도 도움이 안 될 뿐만 아니라 저만 신뢰를 잃게 돼요. 저는 나서지 못하지만 의원님은 민주당 당원이니 열심히 응원하세요. 죄송합니다."

나는 여론에 관한 한 동물적 감각을 지니고 있다. 한두 번 전술에 실패한 적은 있지만 전략에 관한 대부분의 여론은 초기에 내가 예상했던 대로 흘러갔다. 오랜 기간 과학적인 데이터 분석으로 다져진 것도 있지만, 항상 내 편이든 남의 편이든 한 걸음 떨어져 사안을 관조하는 객관적인 태도가 공론과 민심을 정확히 파악하는 데 도움이 됐다.

나는 조민의 의학 논문 공저 뉴스를 처음 접했을 때부터 사석에서 조국 교수를 임명하면 안 된다고 주장했다. 적어도 미국에서 학위를 받은 교수들은 이 문제가 학자의 직업적 윤리integrity에 얼마나 중요한지 알기에 교수들 설득이 불가능하다고 봤다. 교수가 교수 집단에게 인정받지 못하면 명분을 잃어 민심은 더 부정적인 방향으로 흐를 수밖에 없음을 직감했다. 남편이 저녁에 귀가했기에 이 이야기를 했더니 "누구 하나 감옥 갈 일이네"라고 답했다.

사적으로 가까운 한 청와대 참모로부터 여론 수렴을 위한 전화를 받았다. 내 경험상 이건 여론의 저항을 넘을 수 없다고 말해 줬다.

"딸이 미성년자이니 부모인 내가 책임지고 법무장관에 취임하지 않겠다며 사양하라 하세요. 그리고 부산에 가서 총선에 출마하라 전하세요. 조 수석이 부산에 가면 이번엔 엄청난 의원의 동반 당선이 가능합니다. 현 박상기 법무장관이 그런대로 일을 잘하고 있으니 교체하지 말고 그대로 자리를 지키게 하고, 조 교수가 험지에서 당선돼 다시 법무부 장관으로 돌아오면 여론이 반전돼 검찰도 함부로 건드리지 못할 겁니다."

내 충언을 들었다면 조국 교수는 아픈 부인과 자녀들을 구할 수 있었을 것이다. 민주당도 2020년 총선 부산 경남에서 최소 10석 이상 얻었을 것이고, 조국은 총선 승리 190석의 주인공으로 영웅이 됐을 것이다. 나중에 물어보니 그 참모는 내 조언을 청와대에서 발설도 못 했단다. 청와대는 조국 임명을 강행하자는 논리로 대동단결해 다른 목소리를 낼 분위기가 아니었다고 했다.

조국 사태는 적어도 3자의 오판으로 인해 벌어졌고, 수습할 시기를 놓쳤다. 결국 민주당이 3연패 당하는 데 조국 사태가 결정적이었다고 판단한다. 조국 사태 이후 총선에 이긴 건 조국의 희생으로 가능했다는 주장도 있는데 조국 선거가 되지 않도록 민주당이 전략을 잘 짠 덕분이다.

첫 번째 오판은 조국이 자진사퇴를 하지 않고 버팀으로써 멸문

지화를 당한 일이다. 다른 사람은 몰라도 자신은 사건의 내막을 모두 알았을 것 아닌가. 몰랐더라도 가족에게 엄중하게 물어봤다면 사전에 이를 차단할 수 있었음에도 하지 않은 것이다.

두 번째, 청문회에서 그의 위증을 전 국민이 지켜봤는데 끝까지 임명을 강행한 문 대통령의 오판이다. 당시 문 대통령은 아세안 순방으로 조국 사건에 관심을 가질 여유가 없었다. 청문회를 지켜본 참모들이 당연히 문 대통령에게 임명철회를 건의했어야 했다.

조 교수가 인턴증명서와 관련한 내용을 위증할 때 눈과 손가락을 떠는 걸 방송 카메라가 클로즈업했기에 나를 비롯해 내 주위에 본 사람이 많았다. 도대체 국민을 뭘로 보고 참모와 민주당 인사들은 임명 강행을 건의했는지 이해할 수 없다. 문재인 정부 인사 중 내가 가장 신뢰하고 좋아하는 사람은 윤건영 의원이다. 한 방송 인터뷰에서 "조국 사태를 겪었는데 다시 그 순간으로 돌아가도 임명하시라고 조언하겠느냐"라는 질문에 윤 의원은 "그렇다"라고 답했다. 검찰이 비정상이지 법적으로 문제가 없었다는 게 이유다.● 참모가 청문회에서 조 교수의 위증도 눈치채지 못하고 대통령에게 그런 조언을 했다면 참모 자격이 없는 것 아닐까. 윤 의원은 임명직은 법적 책임 이전에 도덕적 책임을 져야 한다는 인식이 없는 것 같았다. 그런 참모를 둔 것도 문 대통령이니 책임론에서 자유롭지 않다.

● 차지연, 〈윤건영 '대통령에 조국 임명 조언…당시 비리 확인된 것 없었다'〉, 〈연합뉴스〉, 2020. 1. 16.

세 번째는 민주당 지도부가 서초동 집회의 조국 지킴이에 휘둘리며 그들과 선을 긋지 못한 오판이다. 조국 사퇴를 계기로 민주당은 검찰개혁을 할 수 있는 절호의 기회를 얻었다. 조국 가족이 얼마나 부당하게 검찰의 수사를 당했는지, 시민들은 가공할 만한 공포를 실감했다. 나는 조국 가족이 입시 관련 잘못을 했다고는 생각하지만 특수부 검사를 수십 명 투입해 수십 번의 영장을 청구하는 건 상식 밖이라고 본다. 비례의 원칙에 어긋난다. 게다가 가족 간 카톡까지 털어서 조지워싱턴대학교의 퀴즈를 부모가 도와줬다고 업무방해로 기소하는 검찰의 사생활 침해의 야비함은 눈뜨고 볼 수 없었다. 조국 가족에겐 말할 수 없는 고통과 연민을 느끼지만 그들의 희생이 헛되지 않으려면 서초동 집회는 조국 수호가 아니라 검찰개혁으로 갔어야 했다. 민주당도 그렇게 흐름을 틀었어야 했는데 손놓고 있거나 편승했다.

기대 끝에 임명된 추미애, 박범계 두 장관의 윤석열 총장과의 싸움은 참패로 끝났다. 대단히 잘못한 게 아니라 전략적으로 미숙했다. 검찰의 권력 오남용을 제도적으로 바로잡기 위한 미래지향적 개혁을 한 게 아니라, 조국 지지자들이 요구하는 복수전에 부응하느라 윤석열과의 감정싸움에 치중하다 실패한 것이다. 윤 총장을 징계하려면 판사 사찰, 채널A 수사·감찰 방해 등 확실한 것만으로 여론전을 펼쳤어야 했다. 그러나 판사 사찰에 '조국 등'을 넣어 지지자들에게 일 잘하고 있다는 시그널은 줬을지 몰라도 여론전에서 불리한 프레임에 빠졌다. 징계 사유를 무리하게 6~8개 만들어 냄으로써 징계위에서조차 일부 무혐의 처분을 받았다. 특히 윤 총장의 정치적 중립의무 위반은 실제 재판에서도 무혐의를 받았는데 이게 언론에 가장 많이 보도되면서 부동층의 냉소를 자아냈다. 결국 최종적으로 징계가 정당하다는 판결을 받고도 무리한 사유를 포함시킴으로써 재판에 이기고도 정치적으로는 참패당하는 싸움을 했던 셈이다. 여기에서도 문 대통령은 장관이 이기는 싸움을 하도록 가이드라인을 주는 리더십을 발휘하는 대신 방치했고, 결국 윤석열을 재신임했다.

내가 《대통령의 협상》이란 책에서도 지적했듯이 결국 조국 사태는 주위 사람을 좋은 눈으로만 바라보고 믿는 문 전 대통령의 선량한 심성 또는 판단력의 문제로 귀결될 수밖에 없다. 민주당 측의 당정청 3박자 중 한 곳이라도 다른 판단을 했다면 막을 수 있는 일이었다. 그렇게 하지 못했기 때문에 조국 사태가 윤석열에 의한 정권교체 단초를 제공했다고 주장하는 것이다. 윤석열을 최악의 적으로 만들어 '악마화'한다고 민주당 3자의 오판에 면죄부가 주어지진 않는다.

4

전혀 유사성이 없는 조국 사태와 노무현 서거

조국 사태를 겪으며 내가 가장 불편했던 건 김대중, 노무현, 문재인, 조국의 사진을 한 공간에 배치함으로써 조국을 민주당의 미래로 자리매김하는 것이다. 전혀 급과 결이 다른 사람을 하나로 묶는 것은 돌아가신 어른에 대한 예의가 아니다. 나를 참을 수 없게 했던 건 검찰로부터 부당하게 당했다는 이유만으로 노무현과 조국을 유사 사례로 취급하는 것이다. 비교는 조금이라도 비슷한 구석이 있을 때 해야 한다.

노무현은 퇴임 대통령으로서 아무 권한이 없었고, 욕심도 없는 시골 촌부였다. 가족, 참모, 친구인 강금원 회장이 볼모로 잡혀 있었지만 그들을 구할 방법이 없었던 무기력한 상황이었다. 노 대통령은 권양숙 여사가 정상문 비서관을 통해 후원자에게 돈 빌린 사실을 모르고 있었고, 검찰은 포괄적 뇌물죄로 노 대통령을 엮으려 했지만 증거가 없었다. 당시 우리는 《진보의 미래》라는 책 집필을 위해 인트라넷에서 소통하고 있었다. 검찰 출두 전에 긴장감이 감돌던 인트라넷은 검찰 출두 후 노 대통령의 전언으로 잠시 들떴다.

"나도 검찰 출석 전에는 내가 모르는 뭔가 있을까 긴장했던 게 사실입니다. 막상 가보니 아무것도 없더군요. 이 싸움 이길 수 있겠다, 해 볼 만하다는 자신감이 생겼습니다."

우린 한동안 안심했고, 노 대통령은 책과 관련한 질문을 이어갔다. 그러나 증거를 확보하지 못한 검찰은 한 달 가까이 기소도 하지 못했다. 검찰의 기소가 끝나면 노 대통령께 절에 함께 가자며 2주를 기다렸는데 검찰이 침묵하니 피가 마르는 느낌이었다. 2009년 5월 23일 토요일은 권 여사가 검찰에 재소환된 날이었다. 권 여사의 불필요한 검찰 출석을 막을 다른 선택지가 없었던 노 대통령이 권 여사를 지켜 줄 수 있는 유일한 길이 스스로를 바위에 던지는 것이었다. 우리가 막을 힘이 없었던 참으로 비극적인 사건이었다.

반면, 조국은 문재인 정부의 황태자로서 법무부 장관에 임명됐고 검사 인사를 좌우하는 권력을 쥐고 있었다. 볼모로 잡힌 가족을 구할 수 있는 방법도 열려 있었다. 장관직을 사퇴하고 국민의 심판을 받고 돌아오면 되는 일이었다. 다른 사람은 다 몰랐어도 조 교수 본인은 표창장과 인턴증명서가 허위로 만든 것도 있고, 완전 허위는 아니더라도 상당히 과장됐다는 점을 알고 있지 않았는가.

검찰이 과도한 영장 청구에 특수부 수사를 동원해서 수사한 건 정치적이고, 잔인했다는 데 다수가 공감한다. 하지만 법적 잘잘못이 아직 재판에서 가려지지 않았다고, 조국의 도덕적 잘못이 면죄부를 받는 건 아니다. 그 정도 도덕적 문제를 가진 사람이라면 누구든 법무부 장관에 임명되기 어려웠을 것이다. 당장 안경환 전 법무부 장관 지명자만 해도 혼인신고와 혼인무효판결의 진실에 어떤 말 못 할 사연이 있는지는 모르겠다. 수십 년 전 청년 시절의 일을 법지식을 이용한 부도덕한 행위라며 국민들은 끝내 용서하지 않았다. 다른 자리가 아니라 법무부였기 때문이다. 이때도 나는 청와대와 안 교수 제자를 통해 사퇴가 나은 판단이라는 조언을 전달했다. 나도 안 교수를 존경하지만 여론의 파고를 넘을 수 없다는 판단에 힘든 조언을 했고, 그분은 현명한 선택을 했고 재판을 통해 거짓보도로 무너진 아들의 명예를 회복했다.

고위 공직에는 크게 두 가지가 있다. 임명직과 선출직이다. 양 직종에 요구되는 도덕성은 기본적으로 다르다. 임기가 보장된 선출직은 대법원에서 유죄 판결을 받지 않는 한, 도덕적 이유로 사퇴할 필요도 없고 그걸 요구할 권한이 누구에게도 없다. 심지어 과거 범법행위도 유권자에 의해 선출되는 순간 면죄부를 받는다. 이명박, 이재명처럼 유죄 경력이 있는 정치인도 유권자의 표로 죄사함을 받으면 다시 태어날 수 있다. 선출직은 도덕성 문제로 재선에 실패할 수는 있어도, 보장된 임기 동안 소환이 가능한 단체장을 제외하고는 도덕성을 문제 삼아 유권자가 할 수 있는 일이 없다.

반면, 임명직은 도덕적 흠결이 장관 임명에 큰 부담이 된다. 특히 교육부 장관이 자녀교육을 위해 위장전입한 것은 외교부 장관 자녀의 위장전입과는 문제의 크기가 다르다. 마찬가지로 법무부 장관이 대학입시를 위해 인턴증명서를 위조한 건 직업 윤리와 직접 충돌한다. 이 때문에 검찰개혁을 시도하는 정부나 장관이 도덕적 정당성을 확보하는 건 매우 중요하다.

참여정부에서 검찰개혁을 못 했던 건 임기 초 선거자금 수사로 안희정과 강금원이 투옥되자 도덕적 정당성을 잃음으로써 검찰개혁의 동력을 상실했기 때문이라고 노 대통령은 고백한 바 있다. 단지 어설프게 검찰에게 자율권을 줘서 개혁에 실패한 게 아니란 말이다. 조국 교수가 진정으로 검찰개혁을 하고 싶었다면 검찰이 자신과 가족을 수사하도록 방치해서는 안 됐었다. 이해충돌이 있었던 조 교수가 장관만 아니었다면, 다른 장관은 얼마든지 부당한 검찰 수사에 제동을 걸고 수사지휘를 할 수 있었을 것이다. 조 교수도 유권자의 세례를 받고 다시 태어나 정치인의 길을 걸었다면 수사 자체가 이뤄지지 않았을 테니 망신 당할 일도, 장관이 되는 데에도 별문제가 없었다고 본다. 검찰이 설마 이런 잘못을 잡아낼까 안이한 생각을 했다면 검찰개혁할 자격이 없는 것이고, 나만은 예외라고 생각했다면 극도의 나르시시즘으로 어떻게 개혁에 성공하겠는가. 개혁은 자신의 팔다리를 다 잘라내야 남의 몸통을 취할 수 있는 전쟁이기 때문이다.

정유라의 입시 부정은 박근혜 정부를 무너뜨린 최대의 쟁점이었다. 조민의 논문만이 아니라 이미 청문회에서는 동양대학교 표창장, 인턴십 증명서도 문제가 됐었다. 다른 사람은 몰라도 서울대 연구소와 부산호텔의 인턴증명서 위조를 직접 한 본인은 결과를 알고 있었을 것이다. 법학자로서 사문서 위조죄가 가볍지 않다는 걸 어떻게 모르겠는가. 나는 지도자의 자질 중, 가장 중요한 게 판단력이라고 생각한다. 아니 지도자뿐만 아니라 모든 사람에게 인생에서 균형 잡힌 판단력만큼 중요한 게 없다.

노무현 지지자를 표방하는 분들은 절대로 조국을 노무현에 갖다붙이지 말기 바란다. 그건 노 대통령에 대한 예의가 아니다. 조국과 마찬가지로 한동훈도 법무부 장관 자격이 없는 건 마찬가지다. 거짓으로 또는 돈 주고 만들어진 스펙을 아직 자녀의 나이가 어려 입시에 사용하지만 않았을 뿐, 조국 자녀와 다를 바 없다. 한동훈은 아직 법적 문제가 없고, 조국은 범법 행위가 있다고? 임명직은 선출직과 달리, 법적 문제 이전에 도덕적 흠결로도 임명돼선 곤란하다. 한동훈 장관이 임명된 건 민주당 '처럼회' 일부 의원들의 어처구니없는 실수(한국3M을 한 후보자의 자녀로 오인한 최강욱 의원, 이모 교수를 이모로 오인한 김남국 의원)로 청문회를 망친 덕분이다. 그로 인해 여론도 반대할 명분을 잃어버렸다.

앞에서 강조했듯이 보수정부의 임명직에 대해선 국민들의 도덕적 잣대가 온건한 것도 한 이유다. 게다가 모든 흠결에도 불구하고 조국 임명을 강행한 민주당으로선 불법을 저지르지도 않은 한동훈 임명을 반대할 명분이 없었다. 이게 바로 민주당이 정치에서 명분을 놓쳐서는 안 되는 이유다. 민주당은 되로 주고 말로 받는 기울어진 운동장에서 게임을 하고 있다는 사실을 잊어서는 안 된다.

5

전문성 없는 선거 해석이 낳은 부동산 참사

문재인 정부의 부동산 정책은 코로나 극복을 위한 재정확장 정책의 결과 증가한 유동성을 고려한다 해도 실패가 분명하다. 김수현 전 정책실장의 주장처럼 전 세계적인 부동산 폭등을 고려한다면 우리나라의 주택가격 인상 평균은 낮은 편이다. 그러나 정책적 실수마저 코로나에 묻어가선 곤란하다. 문재인 정부의 부동산 정책의 중심에는 김수현 전 정책실장이 있다. 구체적으로 선거 결과에 대한 그의 임의적 해석이 잘못된 부동산 정책의 원인이라고 진단한다. 전문성 존중이 부족한 민주당식 문화가 낳은 참사인 셈이다.

어떤 전문가라도 선거 결과만으로 정책평가를 하는 건 미친 짓이다. 선거마다 영향을 미친 요인도 다르고, 정부가 실행했던 주요 정책도 수없이 많은데 어떻게 김 실장처럼 참여정부의 부동산 정책 실패가 정권교체의 한 원인이라고 추론할 수 있겠는가? 참여정부 당시 비서관이었던 김수현은 부동산 정책에 직접 책임이 없기 때문인지 스스로 참여정부 부동산 정책이 실패했다고 인정했다. 자신이 한 일을 실패라고 하니 언론이나 시민단체로부터 "겸손하다, 실수를 인정하는 용기가 가상하다"라는 좋은 평을 받았다. 이런 말도 안 되는 반성에서 만들어진 문재인 정부의 부동산 정책이 성공할 수 없는 건 당연한 결과다. 김수현이 어떻게 선거 결과를 잘못 해석했고, 그 결과 어떻게 잘못된 정책을 만들었는지, 그리고 왜 그 정책을 실패라고 평가하는지 설명하기 위해선 참여정부 부동산 정책을 복기하지 않을 수 없다.

김수현의 실패 인정은 참여정부 실패를 성찰하지 않는 대표적인 인사로 비난받는 나와는 대조적이다. 나는 공개적으로는 물론 SNS에서도 비록 본의가 와전되더라도 내 말에 상처받은 사람이 있으면 진솔하게 사과하고 반성해 왔다. 내가 안철수 후보에 대해 팩트가 틀리거나 모욕적인 말을 한 적은 없지만 2012년 안 후보가 사퇴했을 때 지지자들의 상처받은 마음을 달래기 위해 깊이 사과하고 반성의 뜻으로 한 달간 트위터를 떠나기도 했다. 일부 시민들은 잘못을 인정하지 않는 네임드(이름이 있는 사람)를 SNS에서 엄청 괴롭힌다. 금태섭 전 의원만 하더라도 트위터를 계속하지 못하고 중단했다. 몇 번 재개를 시도했지만 시민들이 괴롭혀 결국 떠났다. 지금은 나도 다시 시작하고 싶지 않을 만큼 트위터가 망가졌지만 그때만 해도 충분히 자정작용이 작동할 때다. 내가 SNS에서 강성 지지자들의 비위를 맞추기는커녕 그들과 전쟁을 하면서도 아직도 살아남은 이유는 실수에 대해 진정성 있게 사과하고 소통한 덕분이다. 하지만 나는 잘못 한 게 없을 때 억지로 여론에 떠밀려 사과하진 않는다. 적어도 나는 참여정부가 양극화 해소나 부동산 정책에 실패했다는 말에 동의하지 않는다. 팩트가 아닌 것에 대해 내가 왜 억지로 반성해야 하나? 그건 마치 2004년 야3당이 노무현 대통령이 사과하지 않으면 탄핵하겠다는 협박에 무릎을 꿇었어야 했다는 주장과 같다.

노무현 초기 부동산 정책에 시행착오가 있었다는 점은 분명히 인정한다. 그건 정부 잘못이라기보다는 보수적인 국회가 한 일이었다. 참여정부의 종부세는 국회에서 두 번이나 부결됐다. 김대중 정부에서 IMF 위기 극복을 위해 부동산 규제를 모두 풀어 집값을 띄웠는데 그 정책이 지속되면서 만들어 낸 거품을 제때 진압하지 못한 책임이 있다. 종부세 필요성을 설득하기 위해 참여정부 국정홍보처는 사상 처음으로 공론조사를 실시했다. 종부세가 부동산 가격 안정에 미치는 영향의 장단점을 토론하는 과정에서 꾸준히 참가자의 찬반 여론을 조사했다. 처음에는 반대 여론이 높았지만 토론이 진행될수록 찬성 여론이 압도적으로 높아졌다. 그 과정이 언론에 공유되면서 국회에서도 변화가 일어났다. 법안 제출 세 번만에 드디어 국회에서 종부세 법안이 통과된 것이다. 다만 종부세 대상 1가구의 가격을 6억 이상이 아니라 곧 다가올 주택가격 현실화에 대비해 좀 더 높게 잡았다면 민심의 저항이 덜 했으리라는 아쉬움은 있다. 또한 세계적인 경기 호황과 거품을 고려해 대출규제를 조금 더 일찍 시작했더라면 하는 아쉬움도 있다. 하지만 임기 말 LTV(주택담보대출비율), DTI(총부채상환비율)의 규제로 우리나라는 미국의 서브프라임 모기지 금융위기를 비켜 갈 수 있었다. 이명박 정부가 금융위기를 빠른 시일 내에 극복한 데에는 부동산 폭탄이 터지지 않도록 참여정부가 미리 적절한 규제를 한 게 중요한 역할을 했다. 도시계획·부동산 전문가인 서울대학교 환경대학원 김경민 교수는 〈프레시안〉과의 인터뷰에서 노무현 대통령의 부동산 정책이 실패했다는 평가는 틀렸다고 단호하게 말한다.•

— 노무현 시대에 부동산 정책이 실패했다는 해석은 틀렸다. 노무현 정부 시절인 2000년대 초중반은 전 세계적으로 주택가격이 폭등한 시기였다. (중략) 당시 저금리로 인한 상당한 유동성 그리고 중국발 경제발전으로 인해 세계경제 호황 등 다양한 이유에서 연유한다.

— 2000년~2006년 동안 OECD G20 국가 중 한국은 일본, 독일, 인도네시아 다음으로 부동산 가격이 가장 오르지 않은 나라였다. 일본은 1980년대 주택시장 버블 붕괴 후 경제부진을 면치 못하고 있고, 독일의 경우도 1990년대 이후 주택시장 버블을 경험한 후 주택시장이 활기를 되찾지 못한 점을 생각하면 한국은 OECD 국가 중 매우 낮은 주택가격 상승폭을 기록했다는 이야기다.

시차는 있었지만 적어도 참여정부 부동산 정책은 시행착오 끝에 자리를 잡았고, 이명박 정부에서 주택가격이 안정화되는 데에는 금융위기라는 요인 외에도 참여정부의 부동산 정책이 주택가격

• 허환주, 〈노무현 정부의 부동산 정책이 실패? 아니다〉, 김경민 서울대학교 환경대학원 교수 인터뷰, 〈프레시안〉, 2017. 8. 11.

의 거품을 빼는 데 기여했다고 할 수 있다.

김 전 실장은 문재인 정부의 부동산 정책에 대해서도 똑같은 주장을 펼치고 있다. 그는 "부동산 거품은 전 세계적인 현상"이며 "(한국의) 집값 상승률이 전 세계 평균보다 단연 낮다"라고 주장했다. 그는 "부동산에 대한 집착을 보이는 아시아적 문화가 영향을 미치면서 상황이 더 악화됐다"라고 주장하기도 했다.• 이호승 청와대 정책실장도 "작년 OECD 평균 집값 상승률이 7.7%인데 한국은 5.4%에 불과하다"라고 말했다. 그러나 김 전 실장은 비슷한 상황이었던 참여정부의 부동산 정책에 대해선 실패를 인정하고 사과했다. 왜 같은 사안에 대한 한 사람의 대응이 이렇게 다른 것일까?

통계에는 평균의 함정이 있다. 우리처럼 서울 집중이 심한 나라에서 1가구 1주택을 강화하는 규제는 지방 부동산부터 죽인다. 대부분의 부동산 가격이 하락하는 가운데 서울, 일부 수도권, 부산, 세종시 등만 과열되면 통계적인 평균은 다른 나라와 비교해서 낮게 보일 수 있다. 그러나 현장에서 느끼는 것과는 거리가 멀어도 한참 멀다. 무엇보다 조심해야 할 건 OECD에 한국정부가 제출한 통계는 한국부동산원의 자료인데 실거래가 정보가 반영되는 KB 시세와는 두 배 정도 차이가 나는 것도 있다는 지적이 계속 제기됐었다.

가장 큰 문제는 참여정부 때에는 처음이라 미처 예상치 못한 변수가 있었기에 시행착오를 해도 국민이 양해해 줄 여지가 있었다.

• 김수현·진미윤, 《집에 갇힌 나라, 동아시아와 중국》, 오월의봄, 2021.

노무현 정부의 부동산 정책이 차후에라도 부동산시장 안정에 기여했으니 실패하지 않았다는 평가가 나오는 이유다. 하지만 문재인 정부는 박근혜 정부에서 경기활성화를 위해 부동산시장의 규제는 없애고 공급은 줄여 왔다는 사실에 대비하지 못했다. 더 큰 정책적 실수는 박근혜 정부가 시작한 주택임대사업자(주임사) 제도를 대출까지 해 주며 장려했다는 점이다. 우리의 독특한 전세제도는 사금융이나 마찬가지다. 주임사 제도는 정부가 합법적으로 사금융을 통해 투기꾼에게 꽃길을 깔아 준 셈이다. 그뿐만 아니라 윤석열 정부에서 터진 전세사기와 그 피해자의 죽음 등에 민주당은 책임을 통감해야 한다. 이 문제에 대해 나는 SNS에서 끊임없이 문제를 제기하고 경고했을 뿐만 아니라 관계자들에게도 메시지를 보냈기 때문이다. 유동성 탓하는 김 전 실장에게 시민단체나 국민들이 분노할 수밖에 없는 이유다. 코로나와 유동성 요인을 몰라서 화내는 게 아니란 말이다.

나는 결정적으로 김수현 실장이 크게 두 가지 잘못을 했다고 생각한다.

① 박근혜 정부에서 오르기 시작한 부동산 가격을 안정화시키기 위해 문 정부는 임기 초부터 종부세와 재산세를 강화했어야 했다. 너무 징벌적이지 않으면서도 선진국 수준에 근접하도록 초장에 재산세 인상 계획을 발표했어야 했다.

② 임대주택 비율이 선진국의 절반도 안 되는 상황에서 민간 임대만으로는 한계가 있다. 공공임대에 대한 청사진이 필요했

고 특히 현재 수도권에서 공공임대를 만들어 낼 수 있는 유일한 길은 재건축과 재개발뿐이다. 김수현은 재건축, 재개발 반대론자로서 불가능한 공공임대보다는 민간임대를 택했고, 민간 임대사업자에게 전세를 낀 임대를 인정해 줌으로써 갭투자를 장려하는 실책을 범했다.

김 전 실장의 두 가지 잘못된 정책적 선택은 그의 잘못된 선거 결과 해석에서 비롯됐다는 게 더 심각한 문제다. 우선 그는 선거 전문가가 아니다. 선거전문가들도 결과 해석에 이견이 있을 수 있다. 그럴수록 엄밀한 검증으로 합의된 결론을 도출해야 하는데 그는 모든 과정을 생략한 채 자신의 선거 결과 분석에 기초해 부동산 정책을 만들었다. 2018년 이해찬 전 총리가 민주당 당대표로 취임하자마자 했던 첫 과제가 보유세와 종부세를 강화한 것이다. 그 자리에서 김 전 실장은 기자들에게 노 대통령이 욕심이 과해 재산세와 종부세를 너무 많이 인상해 선거에서 심판을 받았기에 자신은 조심스럽게 접근하고 싶었다는 취지의 고백을 했다. 그는 사석에서도 2006년 정동영 당의장이 이끄는 열린우리당이 참패한 이유가 참여정부의 급격한 재산세 인상에 있다고 말했었다.

그건 자신의 잘못은 외면하고 지방선거 패배의 책임을 청와대로 돌리고 싶었던 열린우리당 지도부의 일방적인 해석일 뿐이다. 내가 《마법에 걸린 나라》라는 책에 2006년 열린우리당의 지방선거 패배 이유를 분석해 놓았으니 참고하기 바란다. 선거 직전 노 대통령의 지지도는 평소보다 높았다. 당시 열린우리당 지도부는 자신들이 뭘 잘못했는지도 모르면서 무조건 "우리가 오만했다, 잘못했다, 살려달라" 하며 사실상 청와대의 실패를 대신 사과했다. 명분도, 비전도, 전략도 없는 최악의 선거운동이었다.

나는 트위터와 페이스북에서 지난 5년간 끊임없이 문 정부의 부동산 정책에 대해 경고음을 보냈다. 교육정책에 대해선 2018년 《지금 당장 교육빅딜을 하라》는 책을 출간했고 SNS에서도 조금 언급했지만 조국 사태 이후 교육개혁의 시계를 거꾸로 되돌리는 걸 보고 포기했다.

문 정부가 부동산과 교육정책, 이 두 가지만 성공하면 역사적 책무는 다했다고 믿었다. 그래서 문 정부 임기 초에는 김수현 전 경제수석에게 연락해 2012년 대선에는 교육정책을 준비해 《아이를 살리는 교육》을 출간했고, 2017년 대선 전에는 부동산 정책을 공부했음을 밝혔다. 두 정책은 서로 밀접히 연관돼 있고, 내게 해법이 있으니 제발 정책의견을 말할 기회를 달라고 부탁했다. 그러나 정책의견을 제안할 기회는 끝내 얻지 못했다.

6

끊임없는 조기 경보를 무시한 대가

문재인 정부 5년을 보낸 후 SNS를 훑어보니 손혜원 문제, 조국 사태 등의 정치적 사안에 나는 침묵했지만, 부동산, 교육 등 정책 문제에는 끊임없이 경고음을 울렸다. 문 대통령과 민주당 지지자들로부터 비난받고, 언어폭력을 당하면서도 개의치 않았다. 2022년 정권이 바뀌고 나서 스스로 후회하지 않기 위해 내가 해야 할 일은 꾸준히 했던 셈이다.

우리 부부는 7~8년 동안 매도하고 싶었던 일산의 대형 아파트를 2016년 초에 드디어 팔고 서울에 집을 다시 살지 말지 논쟁했다. 대다수의 한국 남성처럼 남편은 집값이 내리면 사라고 했고, 나는 부동산도 전문 분야라며 부동산 카페에 가입해 매일 공부했다. 집값은 이미 2015년 초에 바닥을 찍고 상승하기 시작했으며 2019년까지 상승장이 이어질 것이라는 부동산 흐름을 배웠다. 일본처럼 우리도 곧 부동산 거품이 꺼질 거라는 진보진영 부동산 전문가들의 주장이 터무니없다는 사실도 깨달았다.

준공무원이었지만 공직윤리를 철저히 지켰던 아버지 밑에서 자란 덕분에 우리집은 부동산 재테크 자체를 죄악시했다. 남편도 비슷한 사람이라 우리는 집을 어디에 사야 재산가치가 높은지에는 관심이 없었다. 주택 매도한 돈을 은행에 넣어 둘지, 은퇴 후 평생 살고 싶은 곳에 집을 미리 장만할지 결정이 필요했다. 그해 8월 우리는 전철도 없는 평창동 산비탈에 낡은 빌라를 구입했다. 친구들이 "네가 살고 싶은 집이 아니라 남들이 살고 싶은 집"을 사야 재산가치가 있다고 조언했지만 나는 문재인 정부를 믿고 대출 없이 우리가 가진 현금에 맞는 빌라를 산 것이다.

《부동산은 끝났다》의 저자가 문재인 캠프 정책팀 간사였고 참여정부에서 경험과 학습을 했으니 앞으로 부동산에 거품이 생길 일은 없으리라 믿었다. 나만 그런 게 아니었다. 부동산 카페에서도 여러 채를 사거나 종부세 대상 주택구매를 조심하라고 조언했다. 문재인 정부가 출범하면 세제가 강화될 것이라는 경계경보가 내려진 것이다.

2016년엔 아직 탄핵도 없었는데 어떻게 문재인 정부가 출범할 것을 그때 이미 알았느냐고? 나는 2012년 박근혜 당선 직후, 문성근 배우에게 사석에서 2016년 민주당이 총선에서 과반수를 할 것이라고 예견했었다. 그러다 김종인의 비대위원장 영입으로 비례대표 공천 파동이 일어난 후 비례의석을 다수 잃어서 과반은 어렵고, 민주당이 제1당이 될 것이라 트위터에 썼다. 한 지역 언론인이 내 트위터를 보고 2016년 선거 결과를 유일하게 맞춘 사람이라고 기사에 쓰기도 했다. 당시 트친들에게 출구조사도 믿지 말고 무조건 투표하라고 했는데 실제로 출구조사가 틀린 곳이 꽤 있었다. 내가 선거 결과를 미리 예측하는 건《한국선거 예측가능한가?》에 제시한 모형을 사용한 덕분이다. 2016년 총선 후 채 한 달이 지나지 않았을 때 나는 〈새날〉이라는 팟캐스트에서 박근혜의 탄핵 가능성을 처음 언급했다. 따라서 2016년 8월에 문재인 정부의 출범을 예상하는 건 내게 그리 어렵지 않은 일이었다.

나만 그런 게 아니다. 다수의 부동산 전문가들도 2017년 12월이면 민주당으로 정권이 넘어간다는 걸 알고 있었다. 그들은 2021년 재보궐선거에서도 한 달 전 오세훈 시장의 당선을 점치며 투자해야 할 한강변 부동산을 추천해 주기도 했다. 10년 주기설로 봐도 당시에 문재인 정부의 출범을 예상하는 부동산 전문가들이 합리적이었다. 참여정부의 경험이 있으니 이번에는 제대로 부동산 버블을 잡으리라 예측해 투자자들도 긴장하고 있었다.

2018년 7월 7일 이제나저제나 문재인 정부의 부동산 세제가 발표되기를 기다리며 크로아티아를 여행하고 있었다. 부동산 공부를 하며 새 정부가 취임하면 이번에는 부동산을 제대로 잡으리라 기대했고, 그 첫걸음이 재산세 강화라고 생각했기에 기대가 컸다. 그러나 그날 〈프레시안〉에서 토지+자유연구소 남기업 소장의 "보유세 강화 없는 부동산 개혁은 불가능하다"•라는 문 정부 첫 세재정책의 평가를 읽으며 적잖이 실망했다.

나는 주임사 정책이 발표된 문재인 정부 초기에 전세를 임대사업자에서 배제해야 된다고 SNS에 여러 차례 올렸다. 내가 가장 많

• 남기업, 〈보유세 강화 없는 부동산 개혁은 불가능하다〉, 〈프레시안〉, 2018. 7. 7.

이 들었던 비난은 "전문가가 아니니 입 닥쳐라"라는 것이었다. 매일 밤을 새우며 6개월 이상 투자 목적이 아닌 정책 차원에서 부동산 공부를 했기에 그런 비난에 개의치 않고 계속 글을 썼다. 크로아티아에서 페이스북에 남기업 소장의 칼럼을 공유하며 다음과 같은 글을 남겼다.

— 오랜만에 포스팅합니다. 크로아티아 여행 중에 이런 글을 올려야 하는지 자괴감이 들지만 이렇게라도 잘못된 길로 접어든 문재인 정부의 부동산 정책에 경고를 보내고 싶은 마음 이해하시겠어요? 〈프레시안〉의 기사에 동의한 적이 많지 않았지만, 이번 글은 너무 공감됩니다.

남 소장 주장의 핵심은 다음과 같다.

— 드디어 기획재정부의 '종합부동산세 개편 방안'이 발표됐다. 그런데 이게 어찌된 일인가. 개편 방안은 며칠 전 재정개혁특별위원회가 권고한 방안보다 못하다. 특위는 1.1조 원의 종부세 증세안을 권고했는데, 기재부는 그보다 못한 0.74조 원 증세안을 발표했다. 우려가 현실이 된 것이다. 개편 방안을 한마디로 평가하자면, 부동산 개혁은 포기하겠다는 선언이나 다름없다. 보유세 강화 없는 부동산 개혁은 불가능하기 때문이다.

남 소장에게 동의하지 않았던 건 김동연 장관의 경질(문 정부의 한 핵심 인사에게 전화해 정책 실패를 가져온 장하성을 경질해야지 옳은 말을 한 김동연을 경질하는 건 시장에 잘못된 시그널을 주는 것이라며 항의했었다)이며, 종부세보다는 재산세 인상이 더 필요하다고 생각했다. 종부세는 1가구 2주택 이상인 소유주에 대한 징벌적 과세가 될 텐데 작은 주택 2채 소유를 규제하기 시작하면 지방민들은 집 팔고 모두 서울로 올 수밖에 없기 때문이다.

어쨌든 그날 종부세 개편안은 솜방망이 세금의 시그널을 강하게 줬고, 살금살금 올라가던 부동산시장은 불붙기 시작했다. 2018년 8월 25일 이해찬 전 총리가 민주당의 당대표로 선출됐다. 취임한 지 5일 만에 이 대표는 처음으로 했던 당정협의에서 부동산 세금 정상화를 논의했다. 핵심은 3주택 이상, 고가주택에 종부세를 강화하는 것이었다. 나는 환영의 글을 SNS에 올렸다. 이미 부동산에 불이 붙은 뒤라 늦은 감은 있지만, 문 정부의 부동산 세제가 잘못됐음을 인정하고 뒤집기를 시도하는 것이니 다행이라 생각했다.

임기 초 주임사 정책을 최초 발표했을 때부터 SNS에 "김현미 장관님, 월세와 전세를 분리해서 월세에만 주임사 자격을 부여해 주십시오"라고 몇 차례 호소했다. 결국 주임사 제도의 문제를 인지한 문 정부 정책결정자들은 몇 년 후 이를 다시 폐지하는 정책을 도입했다. 새로운 부동산 정책을 땜질식으로 내놓을 때마다 부작용이 여기저기서 터지면서 국민들이 얼마나 실생활에서 고통을 겪었는지 모른다. 은퇴 후 살려고 작은 빌라를 구입해 놓고 애들과 큰 빌라에서 전세 살던 우리도 문 정부 부동산 정책으로 절대 팔릴 것 같지 않은 대형 빌라가 팔리면서 경제적 고통뿐만 아니라 심적으로도 육체적으로도 힘든 시간을 보냈다. 문 정부 5년간 세 번의 이사를 했기 때문이다. 그래서 피해자들의 마음을 백분 이해한다.

당시 노무현재단에서 협상 강의를 하는데 세무사였던 한 수강생이 고민을 토로했다. 문 정부에서 세제가 누더기가 돼서 세무사는 물론 세무서 공무원도 세금 계산을 정확히 하지 못한다고 했다. 그 참가자는 머리가 아파 아예 부동산 관련 세금 업무를 맡지 않기로 했단다. 지인들이 자꾸 돈을 주겠다며 일을 해 달라는데 자신이 계속 거절하자 지인들과 사이가 틀어졌단다. 정말로 몰라서 일을 못 맡는 건데 상대는 혹시 세무사에게 주는 정당한 수고비를 주지 않을까 봐 자신이 업무를 기피하는 것으로 오해한다는 것이다. 고위공직자들이 정책을 만들 때 국민 입장에서 당할 불편함을 조금이라도 생각했다면 그렇게 십수 번의 정책 발표로 전문가까지 혼란에 빠뜨리지는 않았을 것이다. 코로나 유동성 증가로 인한 다른 나라 집값 폭등을 몰라서 국민들이 화를 냈던 게 아니다. 국민들이 문 정부 부동산 정책을 가장 실패한 정책으로 지목하는 건 단지 가격폭등 때문만은 아니다.

6.17부동산 정책을 발표할 때에는 정책입안자들의 사과를 듣기 위해 나는 기자회견을 처음부터 지켜봤다. 김상조 전 실장은 사과 한마디 없이 연신 싱글싱글 웃으며 아직도 쓸 수 있는 정책이 주머니에 많이 남았다며 국민을 협박했다. 정책을 만들어 발표하고, 다시 수정안을 내놓고, 급기야 얼마 되지도 않아 자신의 정책을 완전히 폐기하는 정책을 내놓으면서도 반성할 줄 모르는 태도가 더 문제였다. 처음에 한 번 물길을 잘못 잡은 세제는 다시 강화해도 집

값 안정에 소용이 없자 계속 과도하게 올려 나중에는 선거에서 진짜 심판받겠다는 생각이 들었다. 뭐든 과하면 해가 되는데 문 정부의 부동산 정책은 잘못된 정책으로 시작해 땜질을 반복하다 급기야는 점점 더 과도한 규제를 하느라 완전히 균형감을 잃어버렸다.

문 정부 부동산 정책 실패에 김수현 전 실장의 책임이 가장 크다고 할 수 있다. 김 전 실장의 다음 발언은 지지자들이 보수화되지 않게 하려면 민간 임대에 살도록 주임사를 장려했다는 오해까지 받았다.

— 자가 주택 소유자는 보수적인 투표 성향을 보이고 그렇지 않은 경우는 진보적인 성향이 있다. (중략) 자가 소유도 주거 형태에 따라 달라지는데 다세대 다가구 주택이 재개발되어 아파트 단지로 바뀌면 투표 성향도 확 달라진다. 한때 야당의 아성이었던 곳이 여당의 표밭이 된 데는 이러한 이유가 있다.•

김 전 실장의 이 발언이 각종 부동산 커뮤니티와 언론에 소개되며 재개발을 막은 이유가 정치적 표 계산에 있다는 비판을 받았다. 문 정부의 의도를 의심하는 글을 쓴 한 네티즌은 셀럽이 되어 책을 출간하기도 했다. 나는 김 전 실장의 선의는 여전히 믿지만, 그의 전문성 부족은 비판하지 않을 수 없다.

피상적으로 보면 주택소유와 정치적 성향 사이에 관계가 있는

• 김수현, 《부동산은 끝났다》, 오월의봄, 2011.

것처럼 보이는 게 사실이다. 부동산 가격이 높은 강남, 송파, 용산, 여의도 등이 국힘의 아성인 건 잘 알려진 일이다. 같은 아파트 지역이라도 대형 평수에선 국힘 지지표가, 소형 아파트에선 민주당 표가 나오는 것도 사실이다. 하지만 어떤 집을 소유하는지도 중요한 변수이기 때문에 양자 관계가 그렇게 단순하지 않다. 주택소유와 투표성향에 대한 선거전문가들의 체계적 연구에 따르면 양자는 관계가 있을 때도 있고, 없을 때도 있다는 게 중론이다.•• 내가 다시 보니 민주당이 승리한 선거에서는 양자가 관련이 없다. 그러나 보수당이 승리한 선거에서는 관련이 있는 것으로 나온다. 왜 그럴까? 부동산 소유가 투표행태에 영향을 미치는 것은 전적으로 정당의 선거전략에 달려 있기 때문이다.

민주당이 지지자들의 열정을 자극할 만한 가치와 아젠다를 선거에서 제시하면 (주택소유 가능성이 큰) 중상층이 민주당을 지지하고, 그런 가치 있는 아젠다가 없으면 그들은 보수당을 지지한다. 우리나라에선 중상층이 양당을 오가며 선거 결과를 좌우하는 스윙 보터swing voter들이기 때문이다. 계급투표가 당연하다고 생각하는 운동권 상식으로는 중상층이 민주당을 찍는 게 이익배반 투표라 이해할 수 없겠지만, 계급의식이 뚜렷한 유럽과 달리, 우리나라나 미국에선 이익배반 투표가 이익투표보다 훨씬 흔한 일이다. 미국에선 백인 고소득층 지역과 흑인 빈민촌 모두 민주당 텃밭이다. 우리나라에서도 저소득층과 비정규직은 상습적인 보수당 투표가 많고,

•• 조기숙, 《한국선거 예측 가능한가?》, 이화여자대학교 출판부, 2020.

중산층은 민주당 투표성향이 높다. 중상층은 전형적인 스윙 보터이고, 최상층만이 이익투표를 한다고 보는 게 정확하다. 따라서 재개발 지역에서 보수표가 나온다는 것도 착각이다. 투표행태를 이해하려면 집합자료가 아니라 개인 수준의 자료를 분석해야 한다.

인간은 빵으로만 살지 않는다. 선거에서 물질적 이익도 중요하지만 그보다 더 중요한 가치가 선거쟁점으로 등장하면 중상층은 기꺼이 이익을 포기하고 가치에 투표한다. 처음부터 이익을 좇는 사람이었다면 벌써 보수당 지지자가 됐을 것이다. 그러나 민주당을 지지했던 사람도 이익을 택하게 되는 건 민주당이 명분을 잃어버렸을 때다. 사람은 명분을 위해 목숨까지 바치는 존재다.

은평 뉴타운은 MB의 역작이다. 2016년 정의당의 천호선 후보는 진보연대의 단일 후보로 출마했는데 은평 뉴타운에서 압도적으로 이겼지만, 재개발이 이뤄지지 않은 은평구 옛동네에서는 패했다. 저소득층이 보수당을 지지하는 건 고연령 때문이기도 하지만 문화적 보수주의자들이고, 가진 게 없으니 불안한 마음에 위험을 회피하려는 성향 때문이기도 하다. 뉴타운에서도 임대아파트 주민들은 보수당에 몰표를 주는 이유다. 이명박 정부가 강남의 그린벨트 지역에 보금자리 주택을 분양하자 중산층 인구가 늘면서 2016년 전현희 의원이 기적처럼 당선됐다. 그러나 문 정부에서 부동산 폭등이 있자 2020년 총선에서는 민주당이 수도권을 석권한 것과 달리 전현희 의원은 패했다. 집값이 갑자기 올라가고 세금이 무거워지면 보수화되는 게 아니라 여당을 심판하고 싶은 마음이 드는 건 당연한 인간 심리다.

운동권 출신 지식인들은 실생활에 도움이 되는 공부보다는 자신의 신념을 강화하는 편향된 공부만 하기에 그렇게 좋은 지지자를 가지고도 선거에서 패하는 것이다. 2010년 지방선거에서 무상급식이 이슈화되고 민주당이 우수한 성적을 거두자 진보진영은 흥분했다. 조국 교수는 2011년 출간한《진보집권플랜》에서 진보가 밥 먹여 줘야 한다고 주장했다. 2010년 지방선거에서 무상급식이 먹히자, 김상곤 전 교육감은 2014년 경기도지사 경선에서 무상버스 공약을 들고 나왔지만 냉담한 반응에 놀랐을 것이다. 민주당 고위직 인사들의 이런 반응이 내게는 물질을 중시하는 1980년대 구좌파에서 아직 벗어나지 못한 것으로 보인다. 유권자나 엘리트나 청년 시절인 20대에 만들어진 세계관에서 벗어나는 게 쉽지는 않은 것 같다.

2010년 지방선거 결과를 분석해 보니 민주당 승리에 가장 큰 영향을 미친 변수는 노무현 서거와 이명박 정부 심판, 한나라당의 친박·친이의 분열이었다. 무상급식 이슈도 약간의 긍정적 효과가 있었는데 전통적으로 민주당에 우호적이지 않았던 주부의 투표 행태에 영향을 미쳤다. 무상급식에 찬성하는 여론이 높았던 건 무상이나 급식에 방점이 있었던 게 아니라 아이들을 차별하지 않겠다는 평등과 도덕적 가치에 있었다. 민주당은 설득력 있는 가치와 비전을 제시하면 이겼고, 그것을 잃어버리면 패했다. 지난 2022년 대선에 민주당이 패한 이유 중 하나도 탈모약 등 작은 이익에 호소하는 공약은 있었지만 가치는 실종됐기 때문이다.

결론적으로 문정부 부동산 정책이 궁극적으로 실패할 수밖에 없었던 건 김수현 전 실장을 비롯한 청와대 관련자들의 운동권 마인드에서 비롯됐다는 게 내 생각이다. 정부가 원하는 방향으로 국민들이 자발적으로 따라올 수 있게 보상 구조를 만드는 게 정책이다. 그러나 정책학에 대한 기본 이해가 낮은 운동권 출신 지식인들의 부동산 정책은 실용적 학문에 대한 이해 부족으로 실패한 거라고 본다.

7

민주당에서 명분을 지킨 유일한 인사

윤석열 대통령은 선거에 3연승한 당대표를 말도 안 되는 이유로 끌어내리고 새로 열리는 전당대회에선 유력 주자들을 차례로 주저앉힘으로써 김기현 대표를 사실상 임명했다. 윤 대통령의 비상식적이고 일방통행 정치로 임기 초부터 낮은 지지도를 기록했다면, 거대 야당인 민주당은 높은 지지를 받는 게 양당제에서는 당연한 일 아닌가? 그런데 민주당은 한일정상회담 전까지만 해도 (2023년 2~3월 사이) 국힘 지지도를 넘어서지 못했다. 반면 대선 패배 후 퇴임을 앞둔 당시 문 대통령의 지지도는 49%로 윤 후보와 이 후보를 능가했다. 지금도 문 대통령에 대한 국민의 호감은 꾸준히 유지되고 있다. 그 비결은 어디에 있을까?

나는 문 대통령이 여야를 통틀어 그나마 일관되게 명분과 원칙을 지켜 온 유일한 인사라는 점에서 국민의 합리적인 평가가 반영됐다고 생각한다. 문재인 대통령은 조국과 윤석열 갈등에서는 물론이고 추미애 장관과 윤석열 총장의 갈등에서도 중립을 지켰다. 문 대통령이 당과 청와대 사이에서는 원팀을 주장했지만, 권력기

관인 검찰과 법무부는 견제와 균형을 지키려 했음을 엿볼 수 있다. 윤석열 총장의 징계를 추진했던 추 장관은 법원이 윤 총장의 손을 들어주자 사임했다. 문 대통령은 추 장관의 결재를 재가한 책임자로서 국민에게 사과하고 윤 총장을 재신임했다. 다수의 민주당 인사들은 윤 총장이 의도적으로 조국 가족을 도륙한 거라며 그의 의도를 의심했지만, 문 대통령은 "살아있는 권력에 대해서도 공정하게 수사하라"라는 윤 총장에 대한 지시를 재가하며, 검찰총장의 임기를 보장한 것이다.

검찰총장처럼 정치적 독립을 위해 임기가 보장된 자리가 감사원이다. 최재형 감사원장은 문 정부의 원전을 감사하면서 사석에서 41%의 득표로 당선된 대통령이 모든 정책을 마음대로 할 수 있는 건 아니라는 취지의 발언을 했다고 알려졌다. 결정적인 계기는 최 감사원장이 2000년 4월 이후 공석인 감사위원에 대한 추천을 받고 '친정부 인사'란 이유로 거부했다는 것이다. 이에 청와대는 임명권은 대통령에게 있음을 강조했고, 민주당 인사들은 노골적으로 최 전 감사원장의 사임을 요구했다.

나는 박근혜 정부에서 양건 당시 감사원장을 압박하던 사건이 떠올라 다음과 같은 글을 SNS에 남겼다.•

— 보도에 따르면 박근혜 정부의 청와대에서 양건 전 감사원장이 추

• 조기숙, "두 번 이상의 정권교체와 민주주의 공고화", 페이스북, 2020. 7. 30.

천한 세 명의 후보에 없었던 장훈 교수를 추천했는데 감사원장이 선거 때 캠프 출신 인사라며 제청을 거부했다는 것이다. 장훈 교수가 그 자리를 고사했음에도 불구하고 양건 전 감사원장은 정확한 이유는 밝히지 않은 채 사퇴했다. 이러한 사실은 당시 감사원 김영호 사무총장의 증언에 의해 언론에 보도됐는데 결국 감사원의 독립성을 지키기 위해 MB의 4대강 사업을 신랄하게 비판했고, 정치적 중립을 지키려던 양건 전 감사원장은 임기가 보장된 자리를 청와대 외압에 의해 스스로 물러날 수 밖에 없었던 것이다.

지금의 민주당이 당시에 했던 발언과 태도만 일관되게 견지한다면 우리 정치는 진일보하리라 생각한다. 당시 민주당은 "청와대는 감사원에 대한 인사개입을 즉각 중단하라"라고 촉구했다. 민주당 법사위원이었던 당시 박지원 의원은 "법과 원칙을 지키겠다는 박근혜 대통령께서 헌법을 어기는 것은 매우 큰 문제"라며 헌법에 보장된 감사원장의 임기(4년)를 또다시 지키지 못한 것을 지적했다. 후임으로 지명된 황찬현 감사원장 후보자에 대한 국회 인사청문회에서는 "감사위원 제청을 사전에 청와대와 협의하겠다"라는 황 후보자의 발언을 두고 민주당은 "감사원장에게 법으로 보장된 감사위원 제청권마저 제대로 행사하지 못한다면 감사원의 독립성을 제대로 지켜낼 수 있느냐"라는 비판이 제기됐다.●●

●● 최인수, 〈민주 '靑 인사개입 거부하자 감사원장 교체'〉, 〈CBS노컷뉴스〉, 2013. 8. 25.

정치학자들은 민주주의 공고화의 조건으로 복수의 정권교체를 가장 중요하게 꼽는다. 서로 정권을 주고받다 보면 역지사지의 마음이 생기기 때문이다. 우리는 세 번의 정권교체임에도 교훈을 얻지 못한 게 안타까워 쓰게 된 글이다. 문재인 정부가 박근혜 정부처럼 감사원장을 압박해 사퇴시킨다면 역사에 오점을 찍는 거라 생각했다. 적어도 문 대통령은 원칙을 지킬 분이라는 믿음이 있었기에 그 글을 쓸 용기를 냈다.

박근혜 정부와 달리 문재인 정부는 최 감사원장에 대한 사퇴 압박을 멈춤으로써 명분을 지켰다. 문 대통령의 결단이었으리라 확신한다. 퇴임을 앞두고 문 대통령은 손석희 대기자와의 인터뷰에서 최재형 감사원장에 대한 질문을 받았다. 문 대통령은 최 감사원장이 중립을 지키지 않았다고는 보지 않는다고 답했다. 문 대통령다운 원칙에 입각한 답변이라고 본다. 그러나 최 감사원장은 스스로 감사원장 자리를 박차고 국민의힘 대선 경선에 나가기 위해 입당했다. 참으로 부끄러운 일이다. 문 대통령은 박경미 청와대 대변인을 통해 "감사원장의 임기보장은 정치적 중립성을 지키기 위한 것으로, 최재형 전 감사원장은 바람직하지 않은 선례를 만들어 아쉬움과 유감을 표했다"라고 전했다. 최 감사원장은 스스로 사퇴하고 정치에 투신함으로써 국민들을 실망시켰다. 그는 대선 경선 컷오프 탈락은 물론 만일 종로에서 제대로 된 민주당 적수를 만났다면 이기기 어려웠을 것이다. 종로가 이낙연 전 대표의 사퇴로 재보궐선거가 발생함에 따라 민주당 당규에 의해 후보공천을 하지 못한 덕분에 최 후보는 승리할 수 있었다. 하지만 문재인 정부가 당시 지켰던 명분은 윤석열 정부에서 독립기관의 위원장들이 아직도 자리를 지키고 있는 데 큰 도움이 되고 있다.

윤석열 정부에서 국민의힘 권성동 의원은 독립기관인 국민권익위원회의 전현희, 방송통신위원회의 한상혁, 방송통신심의위원회의 정연주 위원장의 사퇴를 공개적으로 압박한 바 있다. 정권이 바뀔 때마다 탄핵당한 정부의 전철을 밟는 걸 부끄러워하지 않는 정치인들이 부끄러울 뿐이다. 윤 정부는 부당한 감사와 압박으로 전 위원장을 그 자리에서 끌어내리기 위해 수단과 방법을 가리지 않았다. 그러나 세 위원장들은 고통을 당하면서도 굳건히 자리를 지키고 있다. 문 대통령이 제도를 존중함으로써 명분을 지켰기에 세 위원장도 버틸 명분을 갖게 된 것이다.

이런 생각은 스티븐 레비츠키와 대니얼 지블랫 하버드대학교 정치학과 교수가 쓴《어떻게 민주주의는 무너지는가》를 읽고 더 분명해졌다. 이 책은 "트럼프는 민주주의에 위협이 되는가?"라는 〈뉴욕타임즈〉 기고문을 엮은 것이다. 그들은 세계 각국에서 민주주의가 무너진 사례를 통해 민주주의가 위협받은 나라들의 공통점을 찾았다. 미국을 비롯해 다른 나라들이 실패한 국가들의 전례를 밟지 않도록 교훈을 공유하려는 목적으로 언론에 기고를 시작했던 것이다.

저자들은 "'후보를 가려내는 역할을 내던진 정당', '경쟁자를 적으로 간주하는 정치인', '언론을 공격하는 선출된 지도자', '극단적인 정치 양극화' 등이 민주주의 붕괴 조짐을 알리는 명백한 신호"•라고 말한다. 사실 포퓰리스트 독재자를 가려내는 일은 그렇게 어렵지 않다.

포퓰리스트의 특징은 다음과 같다.

① 국민을 엘리트와 대중, 둘로 나눠 기득권 엘리트를 공격하면서 정치를 흑백논리로 재단한다.
② 국민은 단일한 의지를 가진 존재로 규정해 다양성을 인정하지 않고 이런 단일한 국민의 의사를 대변할 수 있는 사람은 자기뿐이라고 주장한다.
③ 비효율적인 민주적 절차와 과정을 공격하며 민주제도를 파괴하거나 우회함으로써 자신만이 오래된 문제를 단번에 해결할 수 있다고 주장한다.

내가 이 책에서 가장 감동을 받았던 건 권위주의 독재자로부터 위협받았던 나라들이 어떻게 민주주의를 지켜냈는가에 대한 교훈이었다. 이를 요약하면 다음과 같다.

① 단시일 내에 독재자를 끌어내리기 위해 탄핵이나 쿠데타 등 과격한 해결책을 사용하지 말고 법과 제도를 존중하라. 그것만이 민주주의의 가드레일이라고 할 수 있는 관용과 절제의

• 스티븐 레비츠키, 대니엘 지블랫, 《어떻게 민주주의는 무너지는가》, 박세연 옮김, 어크로스, 2018.

규범을 지키는 길이기 때문이다.

② 똑같이 지저분한 방식으로 싸우는 '눈눈이이' 전법은 위험하다. 즉, 공화당이 규칙을 어기면 민주당도 똑같은 방식으로 대응해야 한다고 주장하는 사람들이 미국에도 많은데 그건 착각일 뿐이며 심지어 매우 위험하기까지 하다. 외국 사례들은 이런 대응 전략이 오히려 전체주의 등장 가능성을 높여 줬다고 한다. 이런 전략은 중도 진영을 위협해 오히려 야당의 지지도를 떨어뜨리기도 한다. 야당이 막 나가면 정부는 이들을 탄압하기 위한 정당성을 확보하게 된다.

③ 의회와 법원, 선거를 통한 저항으로 권위주의 독재자를 실패하게 만들어야 민주주의 토양이 더욱 단단해진다.

④ 광범위한 연합전선을 펼쳐야 한다. 배타적인 연합은 오히려 분열의 경계선을 더 굳건하게 만드는 반면, 광범위한 연대로 분열의 간극을 뛰어넘은 의사소통 통로를 열어야 한다는 것이다.

윤 정부의 일방적인 폭정에 맞서 민주당은 임기 초부터 탄핵, 사퇴 등을 외치면서 거리 시위를 이어오고 있다. 국힘에 대한 혐오와 증오는 물론이고, 소위 개딸로 대표되는 강성당원과 다른 생각을 가진 민주당 의원들에게도 혐오와 증오를 표출하고 있다. 파시즘이 따로 없다.

SNS의 민주당 지지자인 오피니언 리더들은 윤 대통령과 부인에 대한 증오와 혐오 발언은 물론이고 문 전 대통령이 무능하다며 온

갖 악담을 퍼붓고 있다. 누구 덕분에 우리가 지금 윤 정권의 폭정을 막고 민주주의를 겨우 지탱하고 있는데 참으로 그들의 지성이 의심스럽다. SNS의 속성상 사이다만 선호하는 분위기에서 남을 증오하고 선동하는 사람들이 인기를 얻기 때문이다. 내가 민주당에서 유일하게 명분을 지킨 분이 문 대통령이라고 생각하는 것도 이 때문이다. 조국 임명이란 실수는 있었지만, 그 후 유일하게 원칙을 지킴으로써 그 유산이 윤 정부의 일방통행에 브레이크를 걸고 있다. 국민 다수도 내 생각에 동의하기에 대선 패배 후 퇴임 즈음까지도 문 대통령의 지지도는 높게 유지됐던 것 같다.

《대통령의 협상》이란 책에서 나는 원팀을 강조하는 문 대통령의 리더십 한계를 지적했는데 문득 이런 생각이 떠올랐다. 이 세상에 완벽하게 이론적 모형처럼 성공한 리더가 있느냐 하는 것이다. 노 대통령은 부족한 게 있다면 셀프리더십이다. 격정적으로 화도 내고 너무 투명해서 좋아하는 국민도 있지만, 한 국가를 운영하는 리더는 하고 싶은 말도 참고, 감정표현도 절제하는 셀프리더십이 필요하다. 그 점에서 문재인 대통령은 매우 뛰어난 모습을 보여줬다. 양손에 떡을 쥐기 어려운 것처럼 절제가 강한 문 대통령에게 노무현의 리더십을 기대해서는 곤란하지 않을까.

노 대통령의 MBTI 유형은 당신도 내 진단에 동의했듯이 ENTP이다. INFJ인 문 대통령과 노 대통령의 공통점은 미래지향성인 N밖에 없다. 그렇게 달랐기에 서로 보완되는 좋은 친구였던 것 같다. 둘을 섞어 놓으면 죽도 밥도 아닐 뿐, 완벽한 리더가 탄생한다고 기대하긴 어렵다. 노무현에겐 노무현의 리더십이 있듯, 문재인에겐 문재인의 리더십이 있음을 우리는 인정해야 한다. 김대중, 노무현, 문재인 세 분 대통령 덕분에 우리 민주주의가 이만큼 발전했고, 윤석열 정부의 폭주에도 불구하고 우리 민주주의가 뿌리째 흔들리지 않고 회복탄력성resilience를 가지리라 확신한다.

5장

문재인 정부와 민주당의 이데올로그

1

유시민과 김어준은 민주당의 보배인가

어느 정부나 종합적인 비전을 그리고, 정책을 준비하며, 준비된 정책의 실행에 핵심 역할을 하는 이데올로그가 있다. 대체로 유명한 학자들이 이 역할을 맡는다. 이들의 기여는 사실상 정부의 성패를 좌우할 만큼 매우 중요하다. 이데올로그는 독재 정부에서도 필요했기에, 남덕우, 김재익, 김종인 같은 학자나 관료가 그 역할을 대신했다. 김영삼 정부에 이각범 전 정책기획수석이 있었다면, 김대중 정부에는 한상진, 최장집 교수가 있었다. 최 교수가 언론의 사상 검증으로 일찍 낙마하는 바람에 한 교수가 그 역할을 주로 했다. 노무현 정부에는 김병준, 이정우 교수가 있었다. 이정우 교수가 이상적인 담론으로 언론의 집중적인 견제를 받음에 따라 김병준, 변양균 전 정책실장이 그 역할을 했다. 참여정부의 대한민국 미래 비전을 담은 〈비전2030〉도 변양균의 작품이다.

문재인 정부의 이데올로그는 누구였을까. 조국과 김수현 교수가 아닐까. 문재인 대통령은 조국의 '진보집권플랜'에 공감했고, 검찰개혁을 필생의 과제로 삼았으니 이렇게 추측해 본다. 사실상 민주화 이후 역대 정부에서는 정책기획위원회의 위원장이 이데올로그의 역할을 했는데 문재인 정부의 위원장은 정해구, 조대엽이었다. 이들은 역대 위원장과 비교하면 학계에서나 대중에게 존재감이 별로 크지 않았다. 시대가 변한 때문인지 전문성에 기반한 정책 비전보다는 SNS 시대에는 국민과의 소통이 더 중요했다. 문재인 정부의 이데올로그를 떠올릴 때 유시민과 김어준만큼 존재감이 큰 사람도 없을 것이다. 이들이 집권 비전이나 정책에 관여한 건 아니지만 문 정부가 정책을 실행하면서 난관에 부딪칠 때마다 여론을 조성하고 정부에 힘을 실어 주는 역할을 했다. 이들은 문 정부와 민주당을 연계하는 역할도 했기에 이들이 문재인 정부나 민주당의 성패에 미친 영향력은 대단했다. 정부의 과보다 훨씬 심각한 지금 민주당의 문제를 분석하는 데에도 이들 역할을 이해하는 일이 선행돼야 한다고 본다.

문재인 정부는 사고방식뿐만 아니라 정책에서도 운동권 정부였다는 생각이 든다. 노무현 정부에서는 386 운동권 출신들이 비서관에는 많이 포진했지만, 장관이나 수석 등 직접 정책을 추진할 권한이 있는 직위에는 교수나 관료 등 전문가 출신이 많았다. 운동권 출신이라고 해서 모두 운동권 마인드를 가진 건 아니다. 이광재 전 의원처럼 열심히 공부해 흑백논리나 단순 논법과는 거리가 먼 정책통도 있다. 내가 말하는 운동권 마인드란 정책의 결과보다는 정책의 의도를 더 중시하는 사람들이다. 보통 전문가는 선한 의도를 가진 정책이 의도와는 달리 예기치 않은 결과를 가져온다는 걸 알고 있다. 그래서 정책을 실행하기 전에 예상되는 결과를 시뮬레이션해 보고 문제해결을 위한 대비책을 먼저 만든다. 전문가들의 의견이 보수적으로 여겨지는 건 최저임금의 과도한 인상이 오히려 없는 사람들에게 더 큰 고통을 줄 수 있음을 알기에 과격한 정책의 도입에 조심스러울 수밖에 없기 때문이다.

문재인 정부의 이데올로그들은 대부분 1980년대 운동권이었고, 그 이후에도 기득권과 싸우는 시민운동을 해 온 사람들이다. 이들의 세계관은 흑백논리에 기반하고 있다. 우리 편은 정의롭고, 상대는 악의 편이다. 사고의 유연성이 떨어지고 타협은 악에 굴복하는 것으로 생각한다. 우리 편을 비판하는 건 적을 이롭게 하는 행위이므로 이적행위 또는 배신으로 간주한다. 실제로 내가 문재인 정부의 부동산 정책을 비판했다고 한 운동권 인사가 나를 배신자라고 불렀다. 운동권은 자신들이 정의롭고, 이론에 기반한 자신들의 행위는 무오류라고 생각하기에 사과하지 않고 성찰하지 않는다. 실패의 원인은 자신이 아닌 다른 곳에서 찾는다. 어떤 이는 내가 문 정부의 부동산 정책만 비판하지 않았으면 정권교체도 당하지 않았을 거라고 했단다. 내게 그렇게 엄청난 영향력이 있다니 영광이지만, 그에겐 자신의 책임을 돌릴 누군가가 필요했던 게 아니었을까. 적들에게 한 번 밀리면 끝장이기 때문에 우회하는 법을 모르고 무조건 지금 이겨야 한다고 생각한다. 자신들이 하는 일은 옳고 정의롭기에 반칙도 용인할 수 있다고 생각한다. 그들은 1980년대에 화염병을 동원한 폭력시위로 군부독재 정부와 싸워 이겼다. 저들이 반칙하면 우리도 반칙하는 게 당연하다고 생각한다.

역대 민주·보수 정부를 막론하고 문재인 정부만큼 좋은 환경에서 집권한 적은 없었다. 문 정부가 국민의 높은 기대에 부응하지 못하고 5년 만에 정권교체를 당하게 된 건 정부와 민주당을 지탱한 운동권 마인드와 다수 국민의 생각에 괴리가 있었기 때문이라고 본다. 시민들은 2020년대에 살고 있지만 운동권 마인드는 1980년대의 세계관에 머물러 있다. 특히 국가가 이래라저래라 개입하는 걸 촌스러운 구태라고 생각하는 20~30대 진보적 청년들이 반발하는 게 당연해 보인다. 지금 윤석열 정부의 낮은 지지도를 이끄는 세대도 윤석열 후보에게 표를 준 20~30대 청년들이다. 나는 운동권에 빚진 마음으로 언론비판에 침묵하는 민주당 정치인들을 대신해 지난 20년간 언론에 맞서 싸웠고, 민주당을 위한 짝사랑으로 온몸과 마음을 불살랐다. 하지만 20년이 지난 지금도 운동권 마인드에는 적응이 안 된다. 내가 운동권 사고를 이해하지 못하는 청년들의 마음에 공감하는 이유다.

조국 임명철회로 기울었던 문재인 대통령이 임명으로 선회하는데 가장 큰 영향을 미친 사람은 민주당 이해찬 대표라는 설과 김어준 딴지일보 총재와 유시민 노무현재단 이사장이라는 설이 있다. 이해찬 대표는 눈이 나빠 더 이상 글을 읽을 수 없어 김어준의 방송만 듣는다는 금태섭 전 의원의 증언을 읽었다.• 어차피 이해찬과 김어준은 한 생각이니 민주당 연패의 이유를 찾으려면 김어준과 유시민에 대한 이해가 선행돼야 할 것 같다.

민주당에서 유시민과 김어준이 대중과의 소통에 성공하는 건

• 강준만, 《정치무당 김어준》, 인물과사상사, 2023.

그들이 사용하는 용어가 대중적이기 때문이라고 본다. 다른 운동권 출신들의 사고가 1980년대에 멈췄는지 사용하는 용어도 그대로인 것과는 대조적이다. MZ세대가 민주당에 거리감을 느끼는 이유 중의 하나도 운동권 용어와 관련이 있다고 본다. 보수당 정치인들은 일반 시민들이 사용하는 일상적인 용어를 쓴다. 보수당 정치인들이 부패하고, 특권 의식이 넘치며, 잘못하는 일은 훨씬 많은데 대중이 그들에게 관대한 이유는 용어나 의식에서 괴리감이 없기 때문은 아닐까. 그런 점에서 유시민과 김어준의 존재는 민주당의 보배다. 하지만 자산도 옳은 방향으로 쓰여야 더 큰 자산을 축적할 수 있듯이, 민주당의 보배가 더 크게 기여할 수 있는 방법을 찾으려고 이 장을 쓰게 됐다.

2

관심법사가 된 유시민

내가 유시민 작가를 존경하고 신뢰하는 이유

2002년 노무현 지지를 선언하고도 중립적 논평가로 남겠다는 나의 단호한 의지는 끝내 무너졌다. "당선시켰으니 책임지라"는 노 대통령의 계속되는 청을 더는 거절할 수 없었다. 나중에 후회하지 않기 위해 노 대통령과 같이 비라도 맞아 주는 심정으로 청와대 합류를 결심했다. 청와대 첫 수석보좌관 회의에서 나를 소개하기 전, 노 대통령은 정확히 기억나진 않지만, 참모들에게 다음과 같은 취지의 질문을 던졌다.

"우리 역사 속에는 두 가지 유형의 선비가 있었습니다. 조정에 들어와 벼슬을 한 부류와 끝내 은둔을 택한 사람들입니다. 두 종류의 지식인 중 누가 더 이기적일까요?"

홀로 생각에 잠겼는지, 참모에게 답할 시간을 주려는 의도였는지 한참 뜸을 들이던 노 대통령은 다음과 같이 답을 이어갔다.

"나는 끝내 은둔한 선비가 이기적이라고 생각합니다. 구정물에 손 담그지 않겠다며 초야에 묻힌 지식인이야말로 자신만 생각한 것 아닐까요? 그때나 지금이나 벼슬하는 사람이 꼭 권력과 부귀영화를 누리려고 하는 건 아니라고 봅니다. 조기숙 교수가 오늘 청와대에서 근무를 시작합니다. 조 교수가 뭐가 아쉬운 게 있어 여길 왔겠습니까. 자신이 옳다고 생각하는 일에 목소리를 내고 그러다 보니 책임감이 생기고, 결국 그 책임을 다하기 위해 우리를 도와주러 온 것입니다. 여러분들이 고마운 마음을 갖고 조 교수가 새로운 환경에 잘 적응할 수 있도록 배려해 주시기 바랍니다."

한편으론 내 마음을 정확히 표현해 주는 노 대통령께 감사한 마음이 들었고, 다른 한편으론 문재인과 유시민 같은 분들도 나와 같은 심정으로 정치권에 들어왔겠구나 이해가 됐다. 유시민 작가는 글과 말만으로도 잘 먹고 잘살 수 있는 지식인이다. 자신의 이상을 위해 젊은 시절 운동권에 투신했고, 의원도 했으며, 창당도 해 봤지만 그의 이상을 담기에 현실은 진흙탕이었을 것이다.

문재인 정부에서 정책실장을 여러 차례 제안했지만, 그는 끝내 거절하고 대선 전 약속대로 자칭 어용 지식인으로 남은 것으로 안다. 벼슬을 거부하고 초야에 묻혀 살았지만 이기심과는 거리가 먼 담론 투쟁에 헌신한 것이다. 요즘 자못 비장한 그의 글을 보며 2002년 유시민이 떠올랐다. 당시 언론에서 인기를 누리던 유시민은 노무현이 민주당으로부터 푸대접받으며 후보 사퇴까지 요구받자, 〈100분 토론〉 사회자와 주요 언론의 칼럼니스트 자리를 박차고 나왔다. 유시민은 "화염병 들고 거리에 바리케이드 치는 심정으로 나섰다"라며 노 후보를 지키기 위해 개혁당을 창당했다. 중립적 논평가였던 내가 2002년 12월 19일 대선 날 새벽 〈오마이뉴스〉에 '노무현 지지 글'을 쓴 이유로 대검에서 선거법 위반 조사를 받았지만 유시민의 용기에 비하면 이건 별 게 아니라는 생각을 했다.

노무현 지지 선언 후 자연스럽게 보수적인 학계 인사들과는 인연이 끊어지고 열린우리당 정치인들 언저리에서 새로운 인간관계가 시작됐다. 뒤늦게 깨달은 거지만 내가 새로 만나는 사람들은 대부분 민주화 운동의 훈장을 달고 있었다. 노무현 후보에 대한 선거 전략을 정동영 의원을 통해 전달했던 나로서는 운동권 사람들과의 인연이 매우 낯설고 어색했다. 그들은 이미 20대부터 형, 동생 하며 맺어진 인연이라 40대 중반에 만난 나와는 세계관과 사고방식이 다를 수밖에 없었다. 게다가 나는 그들이 목숨 걸고 민주화 운동을 할 때 미국에서 편하게 장학금 받고 공부했다는 죄책감과 부채 의식까지 지니고 있었다.

그나마 나를 편견 없이 편하게 대해 줬던 건 유시민과 그 가족들이었다. 2004년 총선에 승리한 후, 열린우리당 정당개혁단 공동단장을 맡았던 나는 정동영 의장을 중심으로 한 당권파와 개혁파의 대표였던 유시민 사이의 갈등을 중재하는 역할을 맡았다. 나는 두 사람과 모두 가까우니 이 일을 성공시킬 수 있다고 믿었다. 대학에서 배우고 가르쳤던 협상이론을 실전에서 드디어 활용할 기회라며 밤새워 토론하고, 설득하며, 끊임없이 새로운 대안을 제안하면서 해결책을 모색했다. 밤새 우리 언저리를 맴돌던 〈조선일보〉가 새벽에 유시민이 던져 준 먹잇감을 덥석 물어 말실수만 대서특필되고, 밤샘 회의는 성과 없이 끝났다.

"나에 대한 〈조선일보〉의 왜곡 보도가 당에 피해 주는 걸 더 이상 방관할 수 없다"라며 나는 입당한 지 한 달 만에 탈당했다. 당시엔 이보다 더 중요한 탈당 이유를 밝히지 못했다. 민주당 당권파와 개혁당 출신의 불화는 내 힘으로 극복할 수 없음을 깨달은 게 가장 큰 이유였다. 개혁당 출신들은 했던 말을 하고 또 하고, 밤새 대화해도 끝이 없었다. 그렇게 경직된 사고를 지닌 사람은 살면서 처음 만나 보았다. 자존심이 상했지만 내 능력으로는 해결할 수 없다는 걸 인정하는 게 순리라 판단했다. 그때 내 판단을 진심으로 칭찬하게 된 사건은 몇 년 후 우연한 기회에 찾아왔다.

노무현 대통령 서거 후 49재를 지내기 위해 봉하행 열차를 탔다. 그때 우연히 유시민 작가와 같은 열차를 탔는데 과거 개혁당 임원들도 함께였다. 이야기 끝에 밤새워 정당개혁을 토론하던 추억이 되살아났다. 대통령이 돌아가시고 나니, 내가 그들을 품기 위해 더 노력하지 않고 탈당함으로써 결국 열린우리당이 역사 속으로 사라진 게 후회됐다. 다시 신당(국민참여당)을 준비하고 있다는 이야기를 들으니 그들이 이 당 저 당 떠도는 게 내 잘못인 것 같아 미안한 마음이 들었다. "그때 여러분을 좀 더 이해하며 품지 못하고 일찍 포기해서 미안합니다"라고 사과했더니 그들의 답변은 한마디로 충격이었다.

"우리에게 미안할 필요 전혀 없어요. 우리의 목표는 처음부터 '정당개혁단 회의'를 무산시키는 거였어요. 어떤 합의도 하지 않는 게 우리 목적이었으니 우리는 그것을 달성했습니다."

나는 그들의 의도가 궁금해 다시 물었다.

"어차피 깨는 게 목적인데 왜 밤새워 회의했어요? 그래서 그렇게 한 말을 하고 또 하면서 벽창호 같이 행동한 거예요?"

그들은 박장대소했다. 그 웃음엔 그들의 전략이 먹혔고, 결국 승리했다는 자부심이 묻어났다. 내가 그들에 대해 인간적인 배신감을 느끼지 않을까 하는 배려심 같은 건 찾을 수 없었다. 자신의 목적을 위해 다른 사람을 수단화하고, 그걸 자랑삼아 밝히는 게 이해하기 어려웠다. 그런데도 나는 유시민과 그 참모들에게 화가 나기는커녕 그들이 한없이 순수하기에 저런 이야기를 거리낌 없이 하는 거로 생각했다. 결국 2007년 열린우리당은 역사 속으로 사라졌다. 명분 없는 '도로민주당'으로 대선을 치러 참패한 당권파를 이긴 개혁파의 무용담이니 딱히 그들을 비난할 수도 없다는 생각이 들었다.

노 대통령 49재가 끝난 후 친노들이 봉하마을에 모여 난상토론을 했지만, 이 또한 소득 없이 끝났다. 대부분 친노는 신당 창당에 반대했지만, 신당 창당파가 우리 얘기를 들을 이유는 없었다. 그동안은 노 대통령을 걱정시키지 않으려고 참았지만 이제 눈치 볼 사람도 없으니 하고 싶은 신당을 해야겠다는 말에 토를 달 수 없었다. 결국 유시민과 일부 친노들은 국민참여당을 창당했고, 나중에는 민노당 등과 연대해 통합진보당을 만들었다. 2012년 총선을 앞두고 유시민은 민주통합당 합류와 통합진보당 사이를 오가며 결정을 미루는 바람에 한명숙 당시 민주당 대표는 민주통합당 출범도 하지 못하고 애를 태웠다. 나는 국참당은 신좌파이고 민노당과 진보당은 구좌파라 절대로 화학적 결합에 성공할 수 없다며 국참당 사람들을 말렸지만 실패했다.

나는 유시민과 생각이 다를 때에도 그의 입장을 이해하는 편이었다. 문 정부 시절 진보진영을 대표해 토론에 나온 유시민이 민주당을 비판한다며 민주당 지지자들이 그를 심하게 공격할 때도 나는 그를 위한 장문의 옹호글을 SNS에 올리기도 했다. 내가 유시민을 신뢰했던 건 그가 다른 운동권 출신 정치인들과는 달리 지성주의의 상징이었기 때문이다. 내게 운동권이란 대학 시절 이후 공부도 안 하고 1980년대 운동권 용어를 여전히 사용해 대중과의 소통에 실패하는 골동품 같은 이미지다. 반면, 유시민의 글은 쉬우면서도 품위 있고, 수려하면서도 해박하며, 적확한 표현에 감탄이 절로 나온다. 무엇보다 참여정부 내내 노무현을 지켜 준 의리에 반했다. 유시민이 보건복지부 장관으로 입각 후 국무회의에서 만나자 나는 유시민에 대한 친근감을 이런 식으로 표현했다.

"그 경호실장이 정부에 들어와서 이제 이 경호실장은 마음 놓고 떠나니, 우리 대통령님 잘 좀 부탁합니다."

당시 인터넷 언론에서 우리 둘을 장세동이나 차지철에 비교하는 경호실장론에 빗댄 농담이었다. 무엇보다 내가 유시민을 깊이 이해했던 건 노 대통령은 물론 나와도 체질과 성격 유형이 유사하기 때문이다. 말 안 해도 통한다는 의미가 이런 것이다. 우리 같은 성격 유형의 공통점이기도 한데 유시민은 정말 욕심이 없다. 그가 자신이 속한 정파의 이기적인 목적을 위해 민주당에 손해를 끼칠 때도 나는 이상주의자 유시민의 순수성을 의심한 적이 없다. 유시민이 강남 고급빌라에 산다고 욕하는 사람들도 있는데 그가 마음만 먹었다면 상업광고에 출연해 더 큰 재산을 모았을 것이다. 우리 사회 멘토라고 생각되는 다수의 선생이 광고 출연을 했지만 유시민은 이를 거절했다. 나는 그런 탐욕을 이겨 낸 유시민이 존경스럽다.

생각은 달랐지만, 그의 선의는 의심하지 않는다

조국 사태 이후 나는 유시민과 다른 길을 걷게 됐다. 우리의 생각이 달랐던 건 이번이 처음은 아니다. 1997년 대선, 2002년 대선, 그 후에도 여러 차례 생각이 달랐다. 하지만 나는 한 번도 그의 선의를 의심한 적은 없다. 그가 노회찬, 유시민, 진중권과 '노유진'이라는 팟캐스트를 할 때도 민주당과 화합하지 못한 유시민 당사자를 만나 비판하기는 했지만 그를 항상 이해했고 응원했다.

우리의 첫 번째 이견은 1997년 대선을 앞두고 생겼다. 1997년 5월 유시민은 《게임의 법칙》이란 책을 통해 제3 후보가 아니면 정권교체는 불가능하다며 김대중 총재의 2선 퇴진을 주장했다. 그는 김 종재의 'DJP연합을 통한 필승론'은 승률이 0에 가까운 치명적인 정치적 자해행위라고 혹평했다. DJP연합을 통해 DJ로 단일화돼도 JP 지지표 가운데 '반김대중 성향' 표는 오히려 신한국당 후보에게 몰릴 가능성이 크다고 분석했다.

반면, 나는 1995년 6월 광복 50주년 기념 정치학회에서 "지역주의를 종식할 수 있는 유일한 길은 소외된 지역인 호남과 충청의 연대를 통해 영남이 지지하는 후보를 이기는 역지역주의 뿐"이라며 DJP 연대는 승리 전략일 뿐만 아니라 도덕적이기도 하다는 명분을 제공했다. 그 후에 황태연에 의해 '지역등권론'이 탄생했지만, 최초의 제안자이자, 명분을 제공했던 건 내 정치학회 발표 논문이었다. 물론 이인제의 신당 창당이나, IMF 위기가 없었다면 결과는 달라졌을지 모른다. 하지만 비록 이번에 패하더라도 정치에서 명분을 놓지 않으면 다시 올라설 발판이 생긴다. 나는 당장 선거의 승패보다는 정당이나 후보가 옳은 길을 선택하는 장기적 비전과 안목이 더 중요하다고 생각한다. 결국 DJP의 승리는 우리의 국운이 번성할 운명이었기에 가능하지 않았나 생각된다.

선거전략을 제안할 때 내게 가장 중요한 건 단지 이기기 위한 표 계산이 아니라, 국민을 설득할 수 있는 명분이다. 명분은 후보에게 확신을 줄 뿐만 아니라 지지자가 다른 유권자를 설득하는 데에도 큰 동력이 된다. 노무현 대통령이 내가 쓴 칼럼이나 TV 토론을 빼놓지 않고 챙겨 봤다고 들었다. "한국정치를 나와 똑같은 시각으로 분석하는 사람을 처음 봤다"라는 전언을 듣고 가문의 영광이라 생각했다. 노 대통령은 늘 '정치는 명분'이라 했다.

내가 유시민을 직접 만난 건 〈100분 토론〉에서였지만, 둘이서만 대화할 기회를 가진 건 2002년 대선 경선에서 노무현이 후보로 결정된 직후였다. 〈MBC 스페셜〉이 노무현 경선의 드라마를 다큐멘터리로 제작하고 싶다며 인터뷰를 위해 우리 두 사람을 스튜디오로 초청했다. 그때만 해도 대선캠프가 정식으로 꾸려지지 않았기에 의견을 전달할 통로가 없었던 나는 유시민에게 매달렸다.

"노무현 후보에게 절대로 김영삼 전 대통령을 찾아가지 말라고 전해 주세요. 노 후보는 김영삼을 만나 민주연대를 회복하겠다는 의지를 갖고 계신 것 같더라고요. 민주-반민주 구도가 사라진 게 언젠데 요즘 청년들에겐 과거로의 회귀로 보일 뿐 전혀 감동이 없습니다. 뭔가 표를 얻기 위한 정치공학으로 비칠 뿐이에요."

대강 기억하는 유시민의 답변은 다음과 같다.

"왜 노무현은 꼭 이상적인 정치만 해야 합니까? 노무현은 정치공학하면 안 된다는 법이 있나요? 그동안 노 후보가 얼마나 고생했는데 김영삼 전 대통령 찾아가서 표가 나온다면 당연히 가야죠."

그가 내 말을 듣기 싫어하는 표정을 역력히 드러냈음에도 너무 안타까운 마음에 계속했다.

"노 후보가 노풍을 불러온 건 지역주의에 맞서 싸운 새로운 정치에 대한 기대 덕분이었어요. 만일 김 전 대통령을 찾아가면 영남·부산 표심 구애로 보일 텐데 다시 지역주의로 회귀하는 것 아닐까요? 노풍이 꺼질 수도 있어요."

"선거전략은 우리가 알아서 할 테니 맡겨 주세요."

그 후 어떤 일이 벌어졌는지는 설명이 필요 없다. 나는 노풍이 왜 꺼졌는지를 설명하며 노 후보의 성찰을 권하는 칼럼을 〈동아일보〉에 기고했다. 지방선거에서도 참패하고 후보의 지위마저 흔들릴 때 나는 한 TV 토론에서 후보직을 내놓고 정몽준과 단일화하라고 조언했다. 당시 노사모의 반발을 예상하고 홈페이지에 들어가 봤더니 의외로 차분한 분위기였다. 몇몇이 내 주장의 부당함을 비판했지만 "조기숙 교수의 글은 중립적이지만 그동안 노 후보에게 도움이 됐다. 좀 더 믿고 기다려보자"라는 글이 호응을 얻으며 관망하는 분위기였다. 노 후보는 내 제안대로 정몽준과 단일화에 성공했고 이겼다. 노 대통령이 가장 성공한 대통령으로 인정받는 것은 성숙한 지지자들을 가진 덕분이라는 생각이다.

내가 20여 권의 책을 출간했지만 추천사는 거의 받은 적이 없다. 나는 나의 정체성이 다른 사람에 의해 규정되는 걸 원치 않아 누구와도 엮이거나 충성을 보인 적이 없다. 심지어 노벨상을 받은 엘리노 오스트롬Elinor Ostrom 교수의 조교로 발탁됐지만 내가 먼저 그만뒀다. 같이 엮여서 자랑스럽게 여기는 유일한 분은 노 대통령이고, 유일한 정식 추천사는 《포퓰리즘의 정치학》에 추천의 글을 써 준

유 작가다. 추천사를 받게 된 건 그와 안철수 지지자 특성에 관한 토론이 계기가 됐다. 안철수 지지자에 대한 유 작가의 발언을 언론 보도에서 접했는데 내가 연구한 결과와 일치했다. 역시 그의 통찰력은 대단하다는 생각에 안철수에 관한 내 논문을 보내 줬다. 논문을 읽고 신기했는지 내게 전화를 해 안철수 현상에 대해 서로 공감대를 형성했다. 그걸 계기로 내 책에 대한 추천사를 부탁했고 그가 기꺼이 써 줬기에 항상 고마운 마음을 지니고 있다.

비록 우리가 생각이 다른 적은 있지만 나는 한 번도 유 작가의 순수한 이상과 의도를 의심한 적은 없다. 유 작가나 나도 모두 민주당이 잘 되기를 바라는 마음으로 전략을 제시한 것이 분명하기 때문이다. 아무래도 선거전략으로 학위 논문을 썼던 나와는 방법론에서 다른 생각을 할 수 있으리라 본다. 하지만 요즘 점점 나와 생각이 다르게 발전하는 그를 보면 걱정되는 것도 사실이다. 민주주의에서 우리 둘 중 누가 옳다고 말할 수 없다. 그냥 생각이 다를 뿐이다. 그가 나와 생각이 비슷한 민주당 내 소신파를 연거푸 비판하는 글을 쓰는 걸 보며 피치 못하게 이 책에서 반론하게 됐다. 이런 논의를 통해 민주당이 좀 더 바람직한 대안을 찾을 수 있다고 생각하기 때문이다.

유 작가는 늘 성찰하는 지성인이라는 믿음으로 어디서부터 우리의 생각이 엇나가게 됐는지 탐색해 보고 싶었다. 최근 왜 나는 유시민의 생각에 동의하지 않을 때가 더 많을까. 사안에 대한 이견을 사람에 대한 공격으로 받아들이지 않기를 간절히 바란다.

그때는 맞고 지금은 틀리다?

요즘 유시민은 2002년을 떠올릴 만큼 비장하다. 또다시 거리에서 화염병 들고 바리케이드 친 느낌이다. 20년 전과 비교해 언론환경도 변했고, 민주당은 거대 야당이며, 대선에도 아슬아슬하게 패했고, 무엇보다 윤석열 대통령의 국정은 아직 실망스럽다. 국민들의 낮은 지지도에는 윤 대통령에 대한 정직한 평가가 반영돼 있다고 본다. 그런데 왜 그는 이토록 분노하는 것일까?

코로나 발발 직전 노무현재단에서 청년 대상으로 협상 강의를 하는데 한 학생이 질문했다.

"유시민 이사장이 노무현재단 이사장의 직함을 가지고 개인의 정치적 의견, 특히 조국 사태에 대한 의견을 공개적으로 발언하는 걸 어떻게 생각하세요?"

나는 난감한 표정으로 한참 생각했다.

"좋은 질문입니다. 그러나 오늘 강의 주제와는 무관하니 답변은 노코멘트로 하겠습니다. 아직 조국 가족의 재판 결과가 나오지도 않은 상황인데 제 사적인 의견을 말하는 건 적절치 않은 것 같습니다."

이 책을 쓰는 이유에는 그때 그 학생의 질문에 미뤄뒀던 답을 하려는 의도도 포함된다. 한참 후에 노무현재단으로부터 전화가 왔다. 《어떻게 민주주의는 무너지는가》라는 책을 읽고 논평하는 〈알릴레오〉 유튜브 방송에 나와 달라는 것이다. 나는 초대해 줘서 감사하지만 유 이사장과 생각이 달라 곤란하다고 했다. 서로 다른 생각을 토론하는 게 목적이라면 몰라도, 논쟁은 방송의 취지에 맞지 않을 것 같다며 정중히 사양했다. 그 방송을 들어보지 않아 나는 유 이사장이 그 책으로부터 어떤 교훈을 얻었는지 알 수 없다. 하지만 최근 일련의 그의 칼럼은 그 책 저자들의 제안과는 다른 방향으로 가는 것 같아 우려스럽다.

유 작가는 인터넷 매체 〈민들레〉에 민주당에서 소위 소신파로 불리는 몇몇 의원과 박지현을 비판하는 글을 썼다. 그는 민주당에 쓴소리하는 박지현이나 '조금박해(조응천, 금태섭, 박용진, 김해영)'의 의도를 이렇게 해석했다.

— 기자들은 그들이 근거가 없거나 논리에 어긋나는 말을 해도, 심지어 민주주의 규칙을 어기는 행동을 해도 비판하지 않는다. '쓴소리' '소신' '용기' 같이 멋진 말로 치장해 준다. 정치하는 사람이 어찌 유혹을 느끼지 않겠는가.•

한마디로 이들이 보수언론의 관심을 끌기 위해 민주당을 비판해 소신파라는 어울리지 않는 평가를 받는다고 비판한 것으로 나

• 유시민, "박지현과 '조금박해'는 왜 그럴까", 〈민들레〉, 2022. 11. 28.

는 해석했다. 앞의 칼럼이 논란이 됐는지 유시민은 '조금박해 2'에서 다음과 같이 해명했다.

— 나는 '조금박해'의 의도를 비난하지 않았다. 그들이 유명해지려고 민주당에 '쓴소리'를 한다고 하지 않았다. 기자들이 '조금박해1'을 왜곡해서 내가 그렇게 말한 것처럼 쓴 것이다.
나는 '조금박해'가 옳은 일을 하려고 그러는 것으로 생각한다. 달리 판단할 근거가 없다. 그렇지만 그들은 대중의 신뢰를 받아야 할 정치인이다. 앞뒤가 맞지 않는 언행은 삼가야 한다.•

나는 유 작가 칼럼에 대한 언론보도를 읽은 적이 없다. 그의 칼럼을 읽은 후 그가 이들 정치인의 의도를 추측했다고 생각했다. 그러나 그의 해명을 읽고는 그의 말을 액면 그대로 받아들이기로 했다. 대화에서 의도를 의심하기 시작하면 갈등은 해소되지 않는다. 정치는 결과로 말해야 하기 때문이다. 선한 의도가 선한 결과를 가져오는 건 아니다. 정상 참작은 되지만 실패한 결과에 선한 의도를 이유로 면죄부를 줄 수는 없다고 본다. 화자의 의도는 말한 사람이 가장 정확하게 안다. 설령 논란의 여지가 있었어도 본인이 해명하면 그 의도를 무조건 존중해야 우리는 불필요한 갈등에 휘말리지 않고 결과에 초점을 맞출 수 있다.

• 유시민, "'조금박해'는 왜 그럴까2", 〈민들레〉, 2022. 12. 12.

앞에서 언급한 정치인들이 민주당에 해를 끼친 게 분명한 결과라면 의도와 무관하게 유시민의 비판은 타당하다. 하지만 박용진이 민주당 당내선거에서 참패했다고 그게 민주당에 해를 입혔다는 증거가 될 수는 없다. 국지적인local 다수가 전체적global으로도 옳은 건 아니기 때문이다. 국가 전체에서 과반수를 차지하는 여론이 그 나라의 일시적 상식이자 집단지성이라 할 수 있다. 어차피 중요한 선거 결과를 좌우하는 건 민주당 당원이 아니라 부동층 10~15%의 유권자다. 양당의 당원 수는 많지만, 선거에서는 변수가 아니라 상수라고 봐야 한다.

2020년 총선 직후 민주당이 55%의 지지를 받았던 걸 고려하면 지금 민주당 지지도는 부동층이 모두 이탈한 상태다. 게다가 민주당의 지지도는 이재명 대표 관련 보도와 윤 대통령의 영향을 가장 많이 받는다. 이들 정치인의 쓴소리가 민주당 지지도에 영향을 미쳤다는 증거를 본 적이 없다. 나를 비롯한 일부 부동층은 당내 쓴소리하는 정치인들의 용기 덕분에 그나마 민주당에 아직 애정을 버리지 못하고 있다. 나는 금태섭을 제외한 나머지 분들은 당내 핍박에도 굴하지 않고 민주당을 위해 크게 기여하고 있다고 생각한다. SNS에서는 전혀 상황이 다른 금태섭을 다른 네 사람과 함께 엮은 것도 공정하지 않다는 비판이 많았다.

유시민은 '조금박해 2'에서 원래 칼럼의 의도를 이렇게 밝힌다.

— 내가 주장하는 바는 조금박해의 주관적 동기와 무관하게 친윤언론이 조금박해를 자기 목적 달성에 활용하려고 '조금박해 현상'을

만들었다는 것이다.

이 말엔 적극 동의한다. 그렇다고 언론이 무서워 다른 당도 아닌 민주당에서 다른 의견은 입 닫고 있어야 한다는 생각엔 동의하기 어렵다. 구더기 무서워 장을 담그지 말아야 한다는 말로 들리기 때문이다.

2004년 참여정부 시절, 총선이 끝난 직후 노 대통령은 정동영 당 의장과 나를 점심 식사에 초대했다. 대통령은 열린우리당의 노선을 어떻게 가져가면 좋을지 내 의견을 물었다. 나는 새로운 정치를 하겠다는 의지를 보여 당선된 노 대통령이 경제적 좌파 노선을 견지하는 건 위험하다고 말씀드렸다. 대통령도 흔쾌히 동의하며 개혁하되, 유연하고 실용적인 정당을 만들면 좋겠다고 했다. 사실 나는 '새로운 정치 대 낡은 정치' 대선 구호를 당시 정동영 선거본부장을 통해 전달하면서, 보수언론이 보혁구도로 몰아가는 데 말려들지 말라고 당부했었다. 이현우 교수의 논문•은 이 구호가 노 대통령 선거 승리에 가장 중요한 요인이었음을 밝혔다. 정치적 개혁을 하겠다며 표를 받아 놓고, 좌파를 내세우면 곤란하다고 생각했다. 계급에 기반한 유럽식 이념정당이 아니라 폭넓은 계층을 포용하는 미국식 실용정당(캐치올 파티catch-all party : 특정한 계급을 대표하는 것이 아니라 국민 전체를 대표하고자 하는 정당)을 추구하기로 정리가 됐다. 나는 그때

• 이현우. "16대 대통령 선거에서 나타난 이슈와 후보자 전략, 어수영 편", 〈한국의 선거V〉, 오름, 2006.

야 노 대통령이 나를 정 의장과 함께 청와대로 초청한 이유를 깨달았다.

그날 함께 토론한 내용을 내가 정리했고, 정 의장이 이를 발표했는데 유시민을 비롯한 개혁파가 정면으로 '실용주의' 노선은 개혁 포기를 의미한다고 비판하며 노선투쟁을 시작했다. 그걸로 언론이 도배되기 시작해 열린우리당은 내분으로 하루도 조용한 날이 없었다. 〈서프라이즈〉라는 친노 인터넷 커뮤니티 일부 논객들도 나를 공격하기 시작했다. 당 의장을 공격하면 당이 상처를 입으니 조기숙을 대신 때리자는 의견이 공감을 얻은 덕분이다.

나는 유 의원에게 전화했다.

"오해가 있는 것 같습니다. 정 의장은 '실용주의'를 지향한다고 말한 적이 없습니다. 유럽의 이념정당이 아니라 미국의 실용정당을 지향한다는 의미일 뿐, 개혁을 포기한다는 것은 전혀 사실이 아닙니다."

유 의원은 그게 그거 아니냐며 설득되지 않았다. 결국 나도 이 연설문이 나오게 된 계기를 설명할 수밖에 없었다.

"사실은 노 대통령도 이념적인 정당보다는 실용적인 개혁이 좋겠다고 말씀하셔서 그 연설문은 셋이 토론을 통해 합의한 내용을 제가 정리한 겁니다. 불필요한 노선투쟁은 노 대통령을 봐서라도 멈춰 주시면 좋겠습니다."

그때나 지금이나 나는 한 번도 유시민의 의도를 의심하거나 공개적인 노선투쟁을 서운하다고 생각한 적은 없다. 정당에서 노선투쟁은 당연히 나올 수 있는데 이런 사태를 예견하지 못한 나의 부족함을 탓했다. 정당의 특성을 일컫는 실용정당이 이념적 지향인 실용주의 노선으로 변질한 것에 화내기보다는 그런 가능성까지 대비하지 못한 내가 원망스러웠다. 지금도 그때 왜 실용정당 대신 신좌파 이념 노선을 적극적으로 내놓지 못했는지 나의 부족함을 반성 중이다. 신좌파 노선은 복지에 의한 분배정책엔 적극적이어도, 경제정책에서는 시장을 존중하는 실용적인 정책을 추구한다. 노무현의 노선이 딱 신좌파였는데 말이다. 국가의 역할을 강화하는 구좌파는 안 된다는 말을 제대로 표현하지 못한 나의 불찰이었다.

참여정부 시절, 나도 뒤에서 아군에게 소총 쏘고 대포 쏘던 의원들에 대해서는 지금의 유 작가가 보여 준 '조금박해'에 대한 원망과 같은 마음을 가졌던 게 사실이다. 그때는 그게 다 노 대통령이나 열린우리당에 직접적인 해로 돌아왔었다. 하지만 내가 누누이 이 책 앞부분에서 밝혔듯이 20여 년 전에 비해 지금은 언론환경이 완전히 변했다. 유권자가 나쁜 언론은 읽지도 않고, 읽어도 나름 알아서 잘 판단한다고 믿는다. 유 작가 자신도 "90 대 10의 비율로 보수언론이 압도적인데 우리가 여기까지 온 게 기적이다"라고 하지 않았나.

— 언론 지형을 보면서 대한민국이 '기적을 이룬 나라'임을 실감한다. 대한민국의 기적은 오늘도 이어지고 있다. 이재명이 윤석열과

팽팽한 대결을 한 것도, 윤석열 대통령 국정수행 지지도가 30% 수준인 것도, 민주당 지지율이 국민의힘 지지율에 뒤지지 않는 것도 모두 기적 같은 일이다.*

기적이 자주 일어나면, 기적이 아니라 일상임을 인정해야 하지 않을까.

그때 유시민의 노선투쟁은 정당하고, 지금 일부 의원의 구체적인 사안에 대한 이견은 부당한 이유를 이해할 수 없다. 그때는 맞고 지금은 틀린 이유를 모르겠다. 내 생각에는 그때나 지금이나 당내 이견은 민주정당에서는 자연스럽고, 허용돼야 한다는 인식의 전환이 필요하다고 본다. 《어떻게 민주주의는 무너지는가》의 저자들은 민주주의를 지키기 위해서는 관용과 절제의 규범을 지키는 게 가장 중요하다고 주장했다. 관용은 서로 다른 의견을 인정하는 데에서 시작된다.

유시민 작가는 왜 관심법사가 됐을까?

요즘 내겐 '왜 유 작가는 관심법사가 됐을까' 하는 의문이 떠나지 않는다. 자극적일 수도 있는 이 글의 제목을 이렇게 정한 이유는 최근 그의 일련의 칼럼이 상대의 의도를 추측하는 게 주요 소재이기 때문이다. 앞에서도 말했지만 나는 정치에서 타인의 의도를 재

* 유시민, "박지현과 '조금박해'는 왜 그럴까" 앞의 글.

단하고 그길로 논쟁하는 건 백해무익하다고 생각한다. 정치적 결과만 놓고 따져도 갈등관리가 일상이기 때문이다. 유시민은 왜 그럴까?

현 상황이 그의 상식으로는 도무지 이해되지 않기 때문은 아닐까. 나는 우리 집 애들이 힘든 일을 겪게 됐을 때 점을 몇 번 본 적이 있다. 그 이야기를 친구에게 했더니 "너는 무슨 과학으로 정치를 연구한다며 점을 보니?"라는 핀잔을 들었다. 내 대답은 "과학으로 설명 안 되는 게 너무 많다는 걸 아니까 오히려 더 점을 믿을 가능성이 큰 것 아닐까"였다. SNS에 내가 했던 신비한 체험을 공유한 적이 있는데 그럴 때마다 "교수님이 그런 체험을 믿는다는 게 믿어지지 않는다"라는 댓글이 많이 달렸다. 남에게 나는 합리주의자로 보이는 듯하다. 하지만 합리주의자일수록 현상을 똑 떨어지게 설명할 수 없으면 비합리적으로 될 가능성이 크다. 내가 과학철학을 공부할 때 이런 현상에 관해 어떤 책에서 읽은 기억이 난다. 최근 유시민 칼럼에는 관심법이 넘쳐난다. 합리주의자 유시민이 설명할 수 없는 현상이 많아서 답답하기 때문이라고 이해했다. 나는 요즘 벌어지는 현상이 합리적으로 설명된다는 이야기를 하고 싶어 이 장을 쓰게 됐다.

유 작가는 "왜 김기현일까? 국힘당 대표 간택에 대한 신경생리학적 해석"•에서 윤석열 대통령이 권력중독에 걸렸고, 탄핵 트라

• 유시민, "왜 김기현일까? 국힘 당대표 간택에 대한 신경생리학적 해석", 〈민들레〉, 2022. 1. 31.

우마에 시달리고 있기 때문이라고 주장한다. 윤 대통령의 이런 행위가 "많지도 않은 밑천을 '올인'하는 위험한 도박"이라는 그의 평가에는 적극 동의한다. 정치엔 수많은 변수가 도사리고 있기에 이재명 민주당이 총선에서 망할 거라는 기대로 택한 윤 대통령의 도박이 성공하지 못할 가능성이 크다는 데 동의한다. 하지만 이런 주장을 위해 윤 대통령의 속마음을 추측할 필요가 있었는지는 의문이다.

유시민은 "불체포 특권에 관한 헛소리"라는 다른 칼럼에서는 또 다른 관심법을 시전했다.

— 검찰이 왜 이토록 집요하게 이재명을 노리는가? 윤석열 대통령이 시켰다고 보는 게 합당하다. 그렇지 않다면 대통령실 인사가 영장청구가 한 번으로 끝나지 않는다고 공언하거나 법무부 장관과 검찰총장이 이재명 대표를 범죄자로 간주하는 듯한 언사를 내뱉을 수 없다. 그러면 대통령은 왜 그러는 걸까? 본인이 말하지 않으니 우리가 추리할 수밖에 없다. 동기를 추정하는 가설이 둘 있는데, 어느 게 맞는지 나는 판단하지 못하겠다. 하나는 '감정', 다른 하나는 '전략'이다. 둘 다 증명할 수는 없으니 '이론'이 아니라 '가설'이라 하자.••

유 작가는 김건희 여사에게 한 수 배워야 할 것 같다. 대선 전 김

•• 유시민, "불체포 특권에 관한 헛소리", 〈민들레〉, 2022. 2. 20.

여사가 〈서울의 소리〉 이명수 기자에게 했던 발언 중, "우리가 권력을 잡으면 시키지 않아도 아랫사람들이 알아서 처리할 거다"라는 취지의 내용이 있다. 굳이 윤 대통령이 시킬 이유가 없다는 말이다. 윤 대통령을 뽑은 지지자들도 원하는 바이기에 검찰이 당연히 할 일이라고 생각하는 건 아닐까?

이 대표 수사의 여론조사 결과만 봐도 윤 대통령이 굳이 지시할 이유가 없다고 본다. 이재명 체포동의안에 대한 최초의 여론조사는 2022년 9월 MBC 〈스트레이트 뉴스〉가 실시했다. '야당 대표에 대한 정치 탄압' 51.0%, '진실과 정의를 규명하는 수사 절차' 43.1%라는 MBC 결과를 공유한 한 페친에게 나는 "이건 공론이 아니라 여론조사 결과라 며칠 후면 뒤집힐 것"이라는 댓글을 남겼다. 보통 여론이 공론화되는 데 최소 3일이 걸린다. 여론조사를 그대로 믿으면 낭패당하는 이유다.

3~4일 후 이번엔 MBC 〈뉴스데스크〉가 비슷한 설문을 해 정반대의 결과를 얻었다. '야당 대표에 대한 표적 수사로 문제가 있다고 본다' 42.4%, '법적 절차에 따른 것으로 표적 수사는 아니라고 본다' 52.3%가 나온 것이다. 〈미디어오늘〉은 이 결과가 다른 조사 방식에서 초래됐다고 진단했는데 나는 이것이 바로 여론과 공론의 차이를 보여 준다고 생각한다.• 그 이후 여론조사는 방식과 무관하게 흔들리지 않고 이 추세를 이어 왔다. 공론조사 결과만이 민심

• 〈미디어오늘〉은 내가 이 글을 페이스북에 쓴 이후 기사를 삭제했다. 하지만 여론조사 결과는 다른 언론에도 보도가 되었으니 결론은 달라지지 않는다.

이라 주장하는 이유는 이미 이 책의 앞에서 충분히 설명했다.

유 작가는 이런 주장도 했다.

"대통령실과 정부 여당과 정의당과 몇몇 민주당 정치인은 이재명 스스로 불체포특권을 포기하라고 요구한다. 대통령과 법무부 장관과 여당 국회의원들이 그러는 이유는 누구나 안다. 그들은 정치인 이재명을 제거하고 싶다."••

나도 이재명 대표가 불체포특권을 포기하고 선제적으로 법원에 출두해 영장실질심사를 받으라고 페이스북에 썼고, 그것이 언론에 보도되기도 했다. 유 작가의 '조금박해'에는 내가 민주당 정치인이 아니라 포함되지 않았을 뿐, 그의 비판은 내게도 해당한다고 생각해 반론하고자 한다. 나는 언론의 주목을 받는 게 부담돼 쓰고 싶은 말이 있어도 자제한다. 이 책을 이제야 출간하는 것도 문재인 정부에 부담을 주지 않으려 하고 싶은 말을 꼭꼭 담아 뒀기 때문이다. 총선이 1년 이상 남은 시기가 민주당 총선 승리를 위해 필요한 말을 할 적기라 생각해 이재명에게 필요한 전략을 SNS에 밝혔을 뿐, 방송이나 유튜브, 신문 인터뷰 등 일체의 노출은 자제해 왔다. 이 책을 지금 내는 것도 총선 전 충분한 시간을 갖고 민주당에 도움이 됐으면 하는 마음에서다.

나는 이재명을 제거하고 싶어서가 아니라, 이재명도 살리고 민주당도 살리기 위해 이 대표가 택할 만한 대안 중에서 게임이론을

•• 유시민, 앞의 글, http://www.mindlenews.com/news/articleView.html?idxno=1807.

통해 최선을 찾아냈다. 정말 검찰이 정치적인 목적으로 구속영장을 청구했다면 검찰에게 가장 좋은 대안은 민주당이 계속 방탄국회로 민심을 잃는 것이라고 보는 게 정확한 추론일 것이다. 정치인이 승부수를 던진다는 건 '나는 잘못이 없다. 떳떳하다'라는 또 다른 표현이다. 내 상식으로는 언론에 발표된 검찰의 구속 사유가 감정적이라 법원을 믿고 승부수를 던져볼 만하다고 봤다. 당장 출두하라는 것도 아니다. 무한정 방탄으로는 선거를 망칠 게 뻔하니 중립적인 판사가 영장실질심사를 할 때 골라서 출두할 수 있는 것 아닌가.

유 작가의 주장대로 국회의원의 불체포특권은 영국 왕정에서 의원의 왕정 견제를 보호하기 위해 오래전 시작됐다. 이 특권은 권리가 아니기에 시대에 따라 영국이나 미국에서는 개정되고 재해석됐다. 두 나라에서 개인의 형사상 불체포특권은 이미 사라졌다. 국가의 전통이 강한 독일에는 아직 이 특권이 형사사건에도 살아 있지만, 현행범인 경우는 예외다. 우리도 이재명 대표 본인이 지난 대선을 앞두고 개인의 형사사건에 이 특권을 폐지하겠다고 공약했다. 왜? 미국이나 영국과 마찬가지로 개인의 형사사건에 이 특권을 남용하는 것에 우리 국민의 여론도 좋지 않았기 때문이다. 그런데 공약의 당사자가 공약을 지키지 않는 건 헌법을 떠나 명분 없는 일이다. 불체포특권이 국회의원의 특권일 뿐, 의무는 아니지 않은가?

1980년대에 화염병을 던질 때. 대학생은 우리 사회 엘리트였다. 무지한 국민을 계몽의 존재로 봤기에 국민을 대신해 그들이 화염병을 들었을 것이다. 2002년 유 작가가 다시 든 화염병은 말과 글이었다. 보수언론에 넘어가는 국민들이 그렇게 하지 못하도록 언론의 부당함을 폭로했다. 그의 헌신 덕분에 노 후보는 대통령에 당선됐다. 그 후 국민은 유 작가, 〈나꼼수〉를 비롯한 많은 사람의 노력, 그리고 노 대통령의 서거로 인해 언론의 유해성을 충분히 학습했다. 2002년으로부터 무려 20여 년이 흘렀다.

우리 사회는 모두가 평등한 공론의 장에서 계급장 떼고 토론하고 있다. 더 이상 지적 엘리트는 필요로 하지 않는다. 교수도 잘못하면 일반인에게 탈탈 털린다. 이제는 우리 세대가 겸허한 마음으로 20~30대로부터 세상을 배워야 할 나이가 아닐까. 그들은 선진국에 태어난 선진국 시민이지만, 우리는 여전히 후진국 국민의 마인드를 가졌다. 1980년대 운동권은 자신들이 하는 일은 정의였기에 상대를 악마화할 자격이 있었다. 하지만 21세기 선진국 시민에겐 내 편 네 편이 없다. 공정과 상식만이 내 편일 뿐이다. 이쪽이 집권하면서 잘못하면 저쪽에 기회를 주는 게 공정이고 상식일 수 있다. 1980년대의 틀로 청년을 재단하지 말고 그들의 틀을 이해하려고 노력하는 게 우리의 업보 아닐까.

어떻게 윤석열이 상식일 수 있냐고? 1% 미만의 국민은 100여 석의 국힘과 결합한 윤석열이 170석의 민주당과 결합한 이재명보다 덜 두려웠을 수도 있다. 하지만 앞으로 어떻게 될지는 민주당 하기에 달렸다. 지금까지 민주당 지지도는 윤석열 정부의 종속변수였다. 스스로 지지를 창출하는 게 아니라 윤 정부의 실수로 얻는 반대급부라는 말이다. 2024년 총선에서는 그렇게 되지 않을 것이다. 대통령 임기 2년 만에 치르는 총선은 과거 평가보다는 미래를 위해 힘을 실어 주는 선거가 될 가능성이 크기 때문이다. 내가 이 책을 쓰게 된 것도 민주당이 독립변수가 되지 않으면 총선 승리를 기대하기 어려울 거라는 다급함을 호소하기 위해서다.

3

김어준, 명랑사회의 선구자에서 킹메이커까지

〈나꼼수〉의 광팬이었던 시절

나는 〈나는 꼼수다(이하 나꼼수)〉의 광팬이었다. 집도 없이 전세를 떠돌면서도 〈나꼼수〉에 매월 10만 원씩 보냈다. 시민단체나 구호단체 등에 후원을 아끼지 않는 편이지만 장학금을 제외하곤 월정 이체액으로는 가장 큰 액수였다.*

김어준의 《닥치고 정치》를 단숨에 읽고 그가 천재라고 생각했다. 전문성(관련 논문 2편 이상)이 없는 사람들이 언론에 나와 선거전략을 논평하면 비웃을 때도 있지만 김어준은 박사학위가 필요 없다고 봤다. 그 책으로 전문성을 증명했으니까. 게다가 재미까지 있었다. 〈나꼼수〉의 가장 큰 기여는 정치에 관심 없던 20대를 정치의 세계로 끌어들인 것이다.

* 나중에 그들이 후원금으로 비즈니스 클래스 타고 해외 출장 가는 걸 보며, 그게 잘못됐다는 게 아니라 내 주제 파악을 확실히 했기에 나꼼수 후원은 중단했다.

MB 시절 일반 시민들은 못 느꼈지만, 사회 곳곳에서는 시민권을 제약받는 사람들이 있었다. 전직 대통령을 증거 없이 추측만으로 무리한 수사를 했고 국정원과 짜고 언론플레이로 모욕을 줬다. 가족과 측근을 볼모 삼아 압박함으로써 결국 노무현 대통령이 스스로 결단하게 했다. 검찰은 끝없는 별건 수사로 석연치 않은 이유를 내세워 한명숙 전 총리를 감옥에 보냈다. 그러나 2010년 지방선거에서 친노들의 전진 공천으로 민주당은 화려하게 부활했다. 이를 계기로 조국, 〈나꼼수〉 등 586이 민주당 전위대로 등장했다. 지금도 시간을 내서 봐야 하는 유튜브나 TV뉴스는 보지 않는 내가 매일 시간을 아껴가며 〈나꼼수〉를 들으려고 걷고 또 걸었다.

청와대를 떠날 때 노 대통령은 나를 붙잡았다. 가슴이 아팠지만, 그 청을 거절한 이유는 진보언론, 열린우리당 의원, 진보 시민단체 사람들에게 환멸을 느꼈기 때문이다. 언론에 바른 소리 한마디 못하는 그들을 위해 대신 싸우느라 왜곡에 오보, 부관참시까지 당한 나에게 그들은 도움을 주기는커녕 뒤에서 돌팔매질했다. 내가 떠난 후 노 대통령의 지지도는 평균 5% 이상 떨어졌고 열린우리당은 2006년 지방선거에서 참패했다.

청와대를 떠나 내가 한 일은 논문, 책, 강연을 통한 시민들의 언론 교육이었다. 한 독일 교수로부터 독일도 같은 문제를 겪었지만, 언론사를 없애는 건 불가능하니 시민교육이 해결책이라고 들었기 때문이다. 언론이 내게 덧씌운 부정적 이미지를 겨우 30~40명 강의, 〈오마이뉴스〉 기사로 이겨 내기에는 너무 힘에 겨웠다. 내게 더 절망적인 건 미래발전연구원이나 노무현 시민학교의 반노 강사들과도 싸워야 했던 현실이었다. 일부 친노들의 콘텐츠 없음에 좌절하며, 끊임없이 '시지프스의 돌'을 산정상으로 밀어 올리듯 하루하루가 내겐 형벌이었다. 지옥에서 허우적대던 내게 〈나꼼수〉는 말 그대로 구세주였다. 내가 하던 일을 그들은 대규모로 그것도 재미있게 했다. 뭔가 큰 짐을 하나 내려놓는 기분이었다.

사실 내가 김어준의 천재성을 처음 알아본 건 2002년 대선 직후 우연히 〈딴지일보〉를 방문했을 때다. 〈딴지일보〉를 접속하기 위해서는 민망한 언어를 읽어야 했고, 민망한 곳을 클릭해야 했다. 그러나 막상 글 내용은 상당히 수준이 높았다. 글 스타일은 쌍욕에 거친 표현이 가득했지만, 내용만큼은 깊이가 있었다. 언젠가 우리가 엄격한 유교 문화에서 벗어나면 〈딴지일보〉가 큰일을 하겠다는 생각을 하며 한동안 잊고 있었다. 〈나꼼수〉는 세계 팟캐스트 1등을 차지해 〈뉴욕타임스〉에 보도되기도 했다. 나도 〈나꼼수〉 공개방송에 참여했다가 한 외신과 일반인으로서 인터뷰하기도 했다. 〈딴지일보〉가 이렇게 빨리 〈나꼼수〉로 진화해 주류 언론을 무력화시킬 줄은 꿈에도 몰랐다.

내가 지켜 주지 못해 안타까웠던 곽노현 전 서울시 교육감을 〈나꼼수〉가 옹호해 줬다. 곽노현은 선출직이라 비록 도의적인 문제가 있어도 대법 확정 때까지 직을 지키는 것에 아무 문제가 없다. 그러나 진중권, 조국 같은 진보 지식인은 말로써 유죄확증의 판결을 내려 버렸고, 진보언론조차 자진 사퇴를 종용했다. 한 진보언론인과 이 문제로 심각하게 논쟁했는데, 결국 그는 1심에서 벌금형을 받은 곽노현에게 "교육감에 복귀해 마음껏 소신을 펼치라"

라는 칼럼을 기고해 줬다. 어떤 상황에서도 논쟁을 회피하지 않았던 나 자신을 정말로 칭찬했다. 〈나꼼수〉는 잘못이 없는 우리 편이 부당하게 보수진영에 의해 마녀사냥 당할 때 우리가 지켜 줘야 한다는 교훈을 시민들에게 학습시켰다. 곽노현이 보수언론의 여론선동으로 엉뚱하게 사후매수죄로 유죄선고를 받은 건 진보 지식인과 언론마저 그를 버렸기 때문이다. 이 문제를 둘러싼 진중권과 〈나꼼수〉의 논쟁에서 나는 당연히 〈나꼼수〉 편이었다.

〈나꼼수〉의 진짜 영향력이 확인된 건 2011년 10월 26일 박원순과 나경원이 격돌한 서울시장 재보궐 선거에서였다. 무소속이었던 박원순과 민주당 후보였던 박영선은 〈나꼼수〉 인터뷰 방송에서 검증받았다. 이때부터 민주당 인사들의 가장 강력한 공천심사위원은 김어준이 된 셈이다. 박원순에게 호의적이고 박영선에게는 가혹했던 그들의 인터뷰가 좀 불편하긴 했다. 내 눈에도 박영선은 본선에서 나경원을 이길 가능성이 작아 보였기에 경선에서 유권자들이 결정하도록 맡겨도 됐을 것 같았기 때문이다. 뒤지고 있던 박원순이 나경원을 앞지르기 시작한 결정적인 사건은 〈나꼼수〉가 퍼뜨린 1억 피부과 설이었다. 〈나꼼수〉의 쾌거에 속이 뻥 뚫리는 느낌이었다.

재보궐 선거일 오전, 선관위와 박원순 홈페이지가 디도스 공격으로 폐쇄됐다. 투표소가 사후 변경된 곳이 여러 개라 유권자가 투표하기 위해선 투표소 위치를 확인할 필요가 있었다. 〈나꼼수〉는 여당에 의한 의도적인 디도스 공격을 의심했고, 결국 한나라당 최구식 의원의 27세 비서의 단독범행으로 사건은 종결됐다. 이건 민주주의의 꽃이라 불리는 선거제도에 대한 정면 공격이었다. 이게 과연 젊은 청년의 치기 어린 범죄였을지는 지금도 의문이다. 이를 최초로 문제 제기한 쪽은 〈나꼼수〉였고, 진중권은 음모론이라며 이들을 비판했다. 나는 〈나꼼수〉의 손을 들어줄 수밖에 없었는데, 그럴 만한 일이 있었다. 선거 전날 한나라당과 가까운 지인으로부터 한 통의 전화를 받았다. 그분은 일찍이 노무현의 당선을 예측했던 나를 매우 신뢰하며 선거에 대한 의견을 듣고 싶어 했다. 선거 판세에 관한 질문을 받고 나는 우리가 5% 이상 이겨 안심권이라고 사석에선 말했지만, 그분에게는 미안하게도 거짓말을 했다.

"박원순이 상승세인 건 분명합니다만, 막상막하라 이번 선거는 저도 잘 모르겠습니다."

디도스 소식을 듣고서야 전날 선거 판세에 관해 질문받은 일과의 연계성을 짐작하게 됐다. 내가 5% 이상 이기고 있다고 정직하게 답했다면 디도스 공격은 없었을지도 모른다. 그때부터 〈나꼼수〉를 전적으로 신뢰하기 시작했다. 내가 5% 이상 이기고 있다고 정직하게 답했다면 디도스 공격은 없었을지도 모른다.

사람이 점쟁이를 신봉하게 되는 건 몇 건의 예언이 현실로 드러나는 신비한 체험이 계기가 된다. 몇 개 맞는 건 기억하고 그렇지 않은 건 잊거나 무시하기에 용하게 맞은 것만 기억하도록 사람의 뇌 구조가 만들어졌기 때문이다. 나는 《정치 무당 김어준》이란 책 제목을 보고 저자인 강준만 교수의 기가 막힌 통찰력에 무릎을 쳤다. 김어준은 어느새 정치와 신앙이 결합한 제사장이 돼 있었다.

제사장 김어준이 편파방송으로 종횡무진 활동할 수 있었던 건 그의 잡놈 이미지가 언론인에 대한 엄격한 잣대를 비켜 가게 했다는 강 교수의 평가에 공감했다.

내가 신봉했던 제사장에게 신뢰를 잃는 과정은 그 이후 선거에서 〈나꼼수〉로 인해 민주당이 패할 때마다 서서히 진행됐다. 김어준은 보수당과 싸우는 전사로서는 신기가 충만한 무당이었지만, 그가 민주당 내부 문제에 간섭하면 선무당이 됐다. 이보다 더 중요한 문제는 언론인도 공직자에 따르는 직업윤리를 갖춰야 하는데 그는 이해충돌 회피의 개념조차 없었다. 미국에서도 신문은 특정 후보 지지 선언을 해도, 국가로부터 채널을 받는 방송은 철저히 중립을 지켰다. 미국은 레이건 정부에서 이 원칙이 허물어졌지만 우리는 아직 이 원칙을 지켜야 한다.

내가 김어준의 친민주당 편향성만을 탓하는 건 아니다. 민주당 내 특정 인맥과 노선에서 중립을 지키는 대신 그는 킹메이커 역할을 자처했다. 오늘날 민주당이 무너져 내린 계기는 그의 킹메이커 역할에서 비롯됐다고 진단한다. 그가 선거전략에 전문성이 없으면서 킹메이커를 자처했던 게 민주당을 3연패의 길로 인도하게 됐다고 본다.

적과 싸울 때만 신기 충만한 선무당

김어준은 민주당이 약자로서 보수당과 싸울 때는 최고의 지휘관이자 치어리더였다. 그가 "쫄지 마"를 외치며 특유의 너털웃음을 치면 마음이 든든하고, 기분이 명랑해져서 좋았다. 어려서부터 한 번도 연예인의 팬이 돼 본 적 없을 만큼 냉철했던 내가 이 정도면 중독이라 할 만하다. 〈나꼼수〉는 중독성이 있었다. 적어도 내 정치학적 지식에도 문제될 게 없었으니 그들에게 반하지 않는 게 이상했다. 〈나꼼수〉가 어쩌다 맞는 선무당일 수 있음을 감지하기 시작했던 건 2012년 총선을 앞두고 2011년 12월 여의도에서 있었던 〈나꼼수〉의 한미 FTA 반대 집회였다.

〈나꼼수〉의 위세에 눌려 누구도 한미 FTA 재협상 반대에 이견을 제시하지 못했다. 안희정 전 충남지사만 유일하게 국가 간 신의를 저버릴 수 없다며 반대 의견에 찬물을 끼얹었다. 이 집회는 2012년 민주당의 선거전략에도 큰 영향을 미쳤다. 한명숙 당시 민주통합당 대표는 통합진보당과 함께 한미 FTA 재협상을 촉구하는 공개서한을 미국 버락 오바마 대통령과 상하원 의장에게 보냈다. 이들은 서한에서 "양국의 장기적 관계 개선을 위해 한미 FTA 재협상에 나설 것을 강력하게 요구한다"라고 밝혔다. 만일 재협상에 실패한다면 "우리는 입법기관의 권한을 행사하여 한미 FTA 시행을 막기 위한 모든 조치를 다 할 것"이라고 밝혔다.•

노무현은 한미 FTA를 체결하고 최고치의 지지도를 기록했다. 특히 한미 FTA 찬성에 대해선 오피니언 리더라고 할 수 있는 수도권 30~40대 대졸자의 지지가 상당히 높았다. 물론 오바마 대통령이 부시와 노무현 사이에 체결한 FTA의 비준을 미루며 이명박 당

• 허완, "재협상 안 되면 정권교체 이후 한미 FTA 폐기할 것", 〈미디어오늘〉, 2012. 2. 8.

시 대통령에게 재협상을 요구했던 건 사실이다. 내가 생각해도 한미 FTA는 우리에게 압도적으로 유리했다. 노 대통령이 체결하지 않아도 된다고 했기에 우리 정부의 협상력이 강화돼서 얻은 결과였다. 민노총, 전농 등의 한미 FTA 반대 시위도 한국정부의 협상력을 키웠다. 노 대통령은 이들을 초청해 당신들이 애국자라며 여러분들 덕분에 우리에게 유리한 협상 결과를 얻었다며 치하했다. 한쪽에만 이익이 치우친 협상 결과는 지속 가능하지 않다. 오바마의 체면을 세워 주면서 미국 의회의 비준을 받기 위해선 이명박 정부의 양보는 피할 수 없었다고 본다. 그러나 2012년 총선 전 민주당은 통합진보당과 하나가 돼 이념 정당이 돼 버렸다.

내가 문성근의 〈백만 송이 국민의 명령(이하 국민의명령)〉을 2년여간 도왔던 이유는 노무현 정부의 어려움이 ① 보수·진보언론·방송의 합동 공격, ② 처음으로 원내에 진출한 민노당과의 분열과 그들의 공격이라고 판단했기 때문이다. 즉, 구좌파가 대안 정당으로 남아 지속해서 민주당을 공격하면 민주당은 다시 집권해도 성공하기 어렵다고 봤다. 2012년 당시 문재인 대선 후보가 좌클릭 공약을 포기하고 나무 위에서 흔들리지 않겠다는 표현도 나와 같은 문제의식을 반영한다. 민노당과 합쳐 같은 당 내에서 당파를 존중하는 협치를 하든지, 그들과 확실히 선을 긋는 두 가지 방법밖에는 없다고 여겼다. 좌파정당은 민주당이 집권하면 무조건 여당을 비판할 뿐 책임지지 않을 게 뻔했다. 국민은 민주당과 민노당이 초록은 동색이라고 생각한다. 당시만 해도 분열을 무조건 부정적으로 보는 여론 때문에 참여정부 때처럼 두 정당이 따로 존재하는 건 위험하다고 봤다. 그렇다고 내가 한 지붕 세 가족이 성공할 거란 확신을 가졌던 건 아니다. 그들을 포용하기 위해 최선을 다하되 갈라서게 되면 확실히 국민 앞에서 선을 긋기 위한 명분을 쌓는 과정이었다. 단일화를 하지 않아도 유권자가 알아서 지역구는 민주당, 비례대표는 민노당을 찍을 거로 예상했다.

2012년 총선에서 더욱 나를 좌절시켰던 건 민주통합당과 통합진보당 사이의 당 대 당 후보 단일화였다. 당시 통진당에 지역구를 통 크게 양보했던 박선숙은 진보언론에서 스타가 됐지만 내 눈에는 선거판을 가장 망친 사람이었다. 수십만 명의 회원을 가졌던 〈국민의명령〉은 이해찬이 이끄는 혁신과통합에 합류한 시민단체 대표들에게 의원 자리를 선물하는 땔감으로 쓰이며 문을 닫았다. 내가 시간과 돈과 아이디어를 투자했던 〈국민의명령〉은 2012년 선거 승리에 기여하지 못하고 사라졌다. 구좌파 세력과 선 긋기를 하려던 내 노력은 수포로 돌아갔고, 유시민은 노무현의 한미 FTA를 사과한 후 통합진보당에 합류했다. 민주통합당은 통합진보당에 선거 내내 끌려다녔다. 이게 바로 〈나꼼수〉가 진두지휘한 선거전략의 성적표였다.

선거 초기 혁신과통합이 민주당과 결합해 민주통합당이 출범하자 지지도 40%를 넘겼다. 그러나 통합진보당과 당 대 당 단일화를 하고 한미 FTA 재협상 반대를 공약하면서 민주당은 기대보다 낮은 성적을 거두게 됐다. 애초에 민주당이 이명박 심판으로 과반의석을 확보할 거라는 평론가의 예측은 틀렸다. 박근혜가 여당을 창당 수준의 새누리당으로 바꾸고 선거를 진두지휘한 게 여당 총선 승리의 가장 큰 이유로 드러났기 때문이다. 하지만 민주당의 실제 의석수가 예상 의석수를 밑돈 건 사실이다. 여기엔 선거를 앞두고 진중권의 경기동부연합 폭로도 진보진영 패배에 크게 기여했다. 보통 투표율이 높은 편인 40대 친민주당 유권자들이 대거 불참하면서 2012년 총선에서 민주당은 예상보다 저조한 성과를 얻었다.

강준만 교수를 비롯해 많은 이가 2012년 총선 실패의 주범으로 〈나꼼수〉의 김용민 공천을 지목한다. 하지만 그건 노원구 패배 외에는 영향이 없었다. 오히려 김용민이 사퇴했다면 이에 실망한 20대 투표율이 떨어져 민주당은 수도권에서 더 많은 의석을 잃었을 거라는 김어준의 주장에 동의한다. 나는 김용민 공천 철회에 가장 반대했던 사람 중 하나였다. 그가 막말을 한 건 맞지만 그건 과거 성인방송에서 웃자고 한 말이다. 과거 직업상 한 농담을 정치인의 윤리로 재단하는 건 공정하지 않다고 봤다. 내가 민주당이 김건희 여사를 줄리라며 공격하는 게 불편한 이유도 마찬가지다. 김어준은 김용민과 김건희 여사를 다른 잣대로 다뤘다는 점에서 내로남불이었다. 다른 나라에서는 누드모델도 의원에 출마해 당선되기도 한다. 직업의 귀천을 따지는 것도 아니고, 김용민의 과거 방송 녹취록으로 사퇴를 요구하는 보수당의 행태가 반칙이었기에 거기에 응할 필요가 없다고 생각했다. 실제 연구결과에도 김용민 변수는 통계적으로 유의미한 영향이 없었다.

그러나 〈나꼼수〉의 한미 FTA 재협상 반대 운동과 그에 영향을 받은 한명숙의 한미 FTA 수정 공약, 통합진보당과의 무리한 후보 단일화가 민주당 성적을 저조하게 만드는 데 기여한 것으로 나타났다. 새누리당 승리에 '이념 세력에게 나라를 맡길 수 없다' '말 바꾸기 세력에게 나라를 맡길 수 없다'라는 구호가 큰 영향을 미친 증거가 발견됐기 때문이다.●

2012년 총선 결과를 여러모로 분석한 후 총선 패배에 〈나꼼수〉의 한미 FTA 재협상 반대를 고리로 한 진보당과 연대 전략의 책임이 크다는 결론을 내렸다. 내가 신봉했던 김어준이 선무당임을 깨닫기 시작한 것이다. 하지만 인간관계마다 금화를 쌓아 놓는 신뢰의 항아리가 있다. 내가 강준만 교수와 생각이 다르고 노 대통령과 나에 대한 그의 타당하지 않은 비판에 실망한 적도 있지만, 강 교수는 여전히 내 마음속의 언론학 스승이다. 우리 항아리에는 강 교수가 비축한 신뢰의 금화가 여전히 많이 남아 있기에 그렇다. 강준만 교수도 아직 김어준의 항아리를 깰 때가 아니라고 생각하는 듯하다. 그에게 '명랑 사회' 구현을 위해 애쓰던 시절로 복귀하라며 고언했으니 말이다. 사실 이미 버린 사람에게는 이런 애정의 쓴소리를 하지 않는다. 나는 인간관계에서도 기대가 남아 있지 않으면 자연스럽게 연락을 끊는다. 내가 어렵게 친구와의 관계 개선을 위해 노력할 때는 애정이 많이 남아 있을 때다. 김어준에 대해서도 마찬가지다. 몇 번 실망하기는 했지만 아직은 김어준의 항아리를 깰 때는 아니라고 본다. 그는 여전히 플랫폼 관리자로서 또는 언론인으로서(킹메이커에서만 벗어난다면) 잠재력을 가지고 있다.

● 조기숙, "4.11총선의 선거전략 평가 : 민주적 거버넌스에 주는 함의를 중심으로", 〈한국정당학회보〉, 2012.

선무당 김어준이 망친 민주당 선거들

2012년 대선에서 문재인이 패할 거라는 걸 일찌감치 예견하고 이를 막기 위해 그해에만 두 권의 책을 출간했다. 그중 하나가 대선을 몇 개월 남기고 출간한《문재인이 이긴다》였다. 제목과는 달리 문 캠프가 선거전략을 바꾸지 않으면 패한다는 경고였지만 선거전략을 되돌리진 못했다. 대선 3일 전 나는 김용민의 팟캐스트에 출연해 아무리 표를 계산해도 문재인이 이길 방법이 없다고 말해 사람들을 경악시켰다. 〈나꼼수〉의 영향으로 민주당 인사들은 미리 샴페인을 터뜨리고 있을 때였다.

그런데도 나는 2012년 대선까지는 〈나꼼수〉가 민주당에 도움이 되면 됐지 해가 되지는 않는다고 봤다. 왜냐하면 새누리당은 이미 발전이념으로 정당일체감이 유권자 사이에 공고화됐는데 민주당은 여전히 안철수 지지와 문재인 지지로 분열했고, 유권자들의 정당일체감도 약했기 때문이다. 선거에서 가장 중요한 일차적인 자산은 정당에 대한 유권자들의 충성심이다. 2012년 총선에서 봤듯이 민주당 지지자들은 까다로웠다. 그들은 민주당이 마음에 들지 않으면 기권할지언정 억지로 투표하진 않는다.

2012년 대선을 앞두고 캠프는 주로 젊은층으로 꾸리고, 참여정부 수석 이상의 고위급 및 영입 인사, 친문재인 국회의원 등이 모여 포럼을 출범시켰다. 이 자리에서 문재인 후보는 '상생포럼'이 좋을 것 같다는 의사를 전해 왔다. 이에 가장 반대했던 사람이 나였다. 당시만 해도 민주당은 정당의 재연합이 충분히 진행되지 않은 상태였다. 지지자들을 먼저 결집해야 중도층 공략도 가능한데 다수당보다 약자인 민주당이 상생을 먼저 들고나오는 건 지지자들을 맥빠지게 만드는 일이었다. 우리 지지자들은 정권교체로 노무현 복수를 꿈꾸며 칼을 갈고 있는데 '상생'은 안 될 말이었다. 나는 대안 중에서 역경을 딛고 미래지향적인 목표를 지향하는 '담쟁이'를 선호했고, 박범계 의원이 내 의견을 적극 지지해 '담쟁이포럼'으로 결정됐다. 나는 언론과 전면에서 싸워야 하니 발기인 명단에서 내 이름을 제외할 것을 부탁하며 빠졌다.

나는 캠프에도 담쟁이포럼에도 소속되지 않았기에 정책이나 전략에 관한 의견을 제안할 방법이 없었다. 몇몇 사람들에게 개인적으로 교육개혁을 위해 준비한 《아이를 살리는 교육》을 전달했지만, 관심도 없었다. 만나서 설명을 해도 알아듣지 못했다. 결국 여론을 통해 전략을 바꿔 보려고 《문재인이 이긴다》를 썼다. 이 책은 제목과 달리 부동층인 스윙 보터를 타깃으로 전략을 바꾸지 않으면 이길 수 없다는 내용이었고, 교육개혁이 그들의 마음을 살 수 있는 아젠다라는 주장이었다. 밤새워 책을 쓰느라 몸이 완전히 망가져 대선 패배 후 건강을 회복하는 데에만 몇 개월이 걸렸다.

2012년 출구조사 결과를 들으며 패배를 확인했지만 나는 오히려 다행이라 생각했다. 문재인 후보의 정책으로 집권해도 성공하기 어렵다고 봤기 때문이다. 5년간 잘 준비하면 박근혜가 아버지의 유산을 모두 까먹은 후에 문 후보가 좋은 집권 기회를 얻으리라 확신했다. 박근혜 당대표 시절 친구였던 언론인이 그녀를 인터뷰하는 자리에 나를 초대했다. 저녁을 먹으며 오랜 시간 대화를 나눌 수 있었는데, 그녀의 생각은 박정희 전 대통령이 돌아가신 1979년에 멈춰 있음을 깨달았다. 그녀가 대통령으로 성공할 가능성이 없다고 봤고, 보수당의 폐허 위에서 문 후보가 집권하면 하고 싶은 정책을 마음껏 펼칠 수 있다는 생각에 2012년 대선 패배는 조금도 서운하지 않았다.

그러다 탄핵 상황이 왔다. 강준만 교수는 김어준의 맹활약으로 탄핵이 성공했다고 주장하는데 나는 김어준이 탄핵에 어떤 기여를 했는지 알지 못한다. 〈김어준의 뉴스공장〉은 이 기간 기록이 남아 있지 않다. 〈김어준의 파파이스〉는 박근혜, 최순실, 김기춘에 대한 음모론으로 날을 세웠다. 탄핵을 위한 정교한 전략에 내가 모르는 그의 기여가 있다면 알려주기 바란다. 탄핵은 내가 처음으로 현실 타당한 대안으로서 장기 비전과 단계별 전략을 제시했고 이 과정을 만들어 내기 위해 문파들과 협력했다. 실제로 탄핵 과정은 정확히 내가 예측한 대로 흘러갔다. 그 과정에서 새누리당 의원은 그들대로, 민주당 의원은 새누리당의 탄핵파와 협력했고, 정의당과 민노총은 시위대를 조직하고 이끌었으며, 평소 마이크를 독차지했던 그들은 일반 시민들에게 마이크를 넘겨 줬다. 광화문에는 민주당과 진보당 지지자는 물론, 중도, 보수당 지지자도 함께했다.• 박원순 시장은 교통통제는 물론 공공건물의 화장실까지 개방하며 시위대를 배려했다. 역사의 순간에 우리는 모두 각자의 자리에서 필요한 역할을 각본 없이 해 냈다. 김어준은 그중 하나였을 뿐이다. 이

• 이지호·이현우·서복경, 《탄핵광장의 안과 밖》, 책담, 2017.

모든 계획을 초반에 밝혔고 그 과정대로 탄핵이 이루어졌다고 해서 내가 크게 기여했다고 생각지는 않는다. 마치 전체적인 각본이 존재하는 것처럼 시민들은 각자의 자리에서 이심전심으로 최선을 다한 결과 얻은 성과였다. 대한민국 집단지성의 승리다.

김어준이 신기를 잃어버리고, 유시민의 언설이 신뢰를 잃게 된 결정적인 계기는 박근혜 탄핵에서 비롯됐다고 나는 진단한다. 탄핵 이전만 해도 민주당은 여전히 스스로를 약자로 인식했고, 거대 기득권 골리앗에 맞서는 다윗이라 생각했다. 중도층도 그런 민주당을 응원하는 게 정의라고 생각했다. 내가 2016년 총선에서 민주당의 과반의석을 예상했듯이 인구 구조상 이미 민주당 다수화는 피할 수 없는 흐름이었다. 게다가 박근혜의 탄핵은 박정희 신화의 몰락을 의미했다. 우리 사회 보수당을 지켜 오던 근대화의 신화가 무너진 것이다. 보수세력의 정당성은 뿌리째 뽑혔다. 민주당은 2017년 대선에선 안철수와 표를 나눠 가졌지만, 2018년 지방선거에서는 압승을 거뒀다. 가장 큰 이유는 보수당의 분열이었다. 새누리당의 분당과 함께 인재들이 빠져나가면서 보수당의 선거전략을 진두지휘하던 여의도연구원을 비롯한 보수당 정당 시스템의 몰락도 일조했다. 문재인 정부의 평화 이니셔티브의 구체적 성과인 판문점 회담에 대한 기대가 지방선거 결과에 먼저 반영되기도 했다.

이러한 변화로 나는 SNS를 접고 공정한 논평가로 돌아가기로 결심했다. 민주당의 무능을 가려 주던 거대한 적이 사라졌다. 앞으로 진짜 적은 민주당 내부에 있다고 봤다. 과거에 내가 노무현을 지지하고, 민주당을 위해 몸과 마음을 바쳐 짝사랑했던 이유는 그들이 약자라고 생각했기 때문이다. 2002년 처음으로 단독집권을 했을 만큼 민주당은 경험도 힘도 없었다. 판단이 어려울 땐 무조건 약자를 돕는 게 정의라고 생각했다. 그러나 2018년 지방선거까지 석권하는 민주당을 보며 더 이상 진영논리는 설 자리를 잃었음을 깨달았다. 민주당이 유능해질 수 있도록 객관적인 소리를 해 주는 사람이 필요해 보였다.

김어준과 유시민은 여전히 탄핵 이전의 관성에서 벗어나지 못했다. 솔직히 탄핵 후에 집권하는 문재인 정부를 위해 어용 교수가 되겠다는 유시민의 다짐은 감동이 없었다. 탄핵까지 자랑스럽게 해 낸 국민에게 노무현 시대에 필요했던 어용 지식인이 여전히 필요한지 의문이었다. 무너진 보수세력을 악의 축으로 설정한 이들의 적대적 싸움은 계속됐다. 문재인 정부가 섣부른 최저임금 인상으로 여론의 저항에 직면했을 때 유시민은 정부에게 현명한 해결책을 제안하기보다는 이 제도로 고통받는 소기업 경영자를 비난했다. 결과적으로 문 정부의 최저임금은 적대세력과의 싸움이 아니라 약자와 약자 사이의 갈등을 부추겼다.

파당적이며 양심 없는 민주당의 모습이 가장 적나라하게 드러난 건 조국을 지키기 위한 서초동 집회였다. 문 대통령이 조국 임명을 강행하도록 김어준과 유시민이 영향을 미쳤는지 아닌지는 중요하지 않다. 그들이 무리한 조국 임명의 책임자다운 모습으로 그 이후 전개과정에 임했기 때문이다. 그들의 영향력이 아무리 크고, 지지세를 쓸어 모아도 명분 없는 임명은 민심의 저항을 넘어설 수 없었다. 그렇다면 어떻게 민주당은 2020년 총선에서 180석을 획득할 수 있었을까. 그건 이해찬 대표가 조국 선거가 되지 않도록 특별히 조심했기 때문이다. 지지자들도 조국 이야기는 입에 꺼내지도 않고 숨을 죽였다. 2020년 총선은 뒤에서 다시 언급하겠지만 〈나꼼수〉 덕분에 이긴 게 아니라 자유한국당의 공천 실패, 말실수 등의 자충수와 문 정부의 성공적인 코로나 관리에 칭찬을 쏟아낸 외신 덕분이다.

이데올로그의 역할은 정치세력만의 비전과 철학, 명분을 제공하는 것이다. 김어준은 문재인 정부의 이데올로그였다. 그의 비전은 국가의 역할을 강화하는 구좌파였기에 시대에 뒤떨어졌고, 철학은 상대를 악마화하는 네거티브였으며, 명분은 진영논리뿐이었다. 그의 신기가 더는 통하지 않는다는 사실이 2021년 서울·부산 재보궐선거, 2022년 대선, 2022년 지방선거 민주당의 참패로 증명됐다. 싸워야 할 거대한 적이 사라진 탄핵 이후의 공론장에서 유시민과 김어준은 허수아비를 공격하며 싸우다 부상당했다. 그들이 부동층에 대한 신뢰를 잃자 보수세력이 부활했다. 악마화의 주술은 좀비를 잠에서 깨어나게 만드는 힘을 가졌다.

김어준의 네거티브는 민주당에 도움이 됐을까?

우리나라 역대 선거에서 네거티브로 상대 후보를 이긴 경우가 있었나? 나는 없다고 본다. 이명박의 적은 의료보험료 납부를 물고 늘어졌던 2002년 서울시장 선거, 이명박의 BBK만 공격했던 2007

년 대선, 오세훈의 생태탕만 외쳤던 2021년 서울시장 재보궐선거, 후보도 아닌 부인의 예명이라며 줄리를 공격했던 2022년 대선…. 민주화 이후 우리 선거에서 (내가 과문한지는 몰라도) 네거티브로 상대를 무너뜨리고 당선된 사례는 없다.

물론 보수당에서는 2002년 대선과 2011년 서울시장 재보궐선거에서 민주당의 네거티브로 보수당이 패했다고 주장한다. 노무현의 당선이 이회창 후보 아들의 병역 비리를 폭로한 김대업의 네거티브 덕분이라고 한다. 김대업과 이를 최초 보도한 〈오마이뉴스〉 기자와 대표가 대선 후, 명예훼손 소송에서 손해배상을 판결받았기 때문이다. 그러나 그 폭로를 믿은 국민은 그럴 만한 합리적 이유가 있었기 때문이다. 김대업이 자신의 무고를 증명하지 못했던 건 부실 수사 문제일 수도 있고, 확실한 증거를 제시하지 못했을 수도 있다. 특히 후보를 향한 신뢰와 새로운 정치에 대한 노무현의 비전이 젊은층을 광범위하게 끌어들였기 때문에 반드시 네거티브로 당선됐다고 보기 어렵다.

박원순도 1억 피부과 폭로 이후 승기를 잡은 건 분명하지만 득표율 차이가 컸기 때문에 그것만으로 이겼다고 보기는 어렵다. 무엇보다 박원순은 기존 정치권에 때 묻지 않은 시민운동가로서 일관된 삶을 보여 줬고, 안철수의 조건 없는 양보도 감동을 줬다. 특히 소음을 유발하는 유세차량도 사용하지 않고 국민을 존중하는 겸손한 그의 태도와 서울 보존을 위한 그의 비전이 개발 위주의 보수당에 질린 유권자에게 새로운 대안이었다고 할 수 있다. 〈나꼼수〉가 박원순 당선에 일등공신인 건 분명하지만 네거티브로만 이겼다고 단정하기엔 노무현과 마찬가지로 당선에 후보와 비전의 몫이 컸다. 후보가 네거티브에 직접 개입하지 않고 거리를 둔 것도 중요한 승리 요인이었다.

반면, 후보가 자신의 비전은 없이 상대 후보의 네거티브에 직접 나선 선거에서는 그냥 패한 것이 아니라 대패했다는 공통점이 있다. 2002년 서울시장 선거에서 김민석 후보는 이명박 후보의 수입에 걸맞지 않은 적은 액수의 의료보험료를 직접 공격했는데 결과는 대패였다. 2007년 대선에서 정동영 캠프의 선거전략은 비전은 없고 네거티브로 초지일관했다. 투표율이 떨어져 패할 것이라고 캠프에 조언했지만 듣지 않았다. 결과는 노무현 대선과 비교해 500만이 기권했고, 정동영 후보는 500만 표 차로 대패했다. 2021년 서울시장 재보궐 선거에서 김어준의 생태탕 공격에만 맡겨 두지 않고 박영선 후보가 오세훈 후보의 거짓말을 직접 공격했지만, 결과는 애초의 표 차이를 좁히지 못한 대패였다.

미국에서도 네거티브로 이긴 선거는, 내가 아는 한, 딱 한 번밖에 없다. 아버지 부시가 민주당의 두카키스 후보에게 거짓을 약간씩 섞어 네거티브 캠페인을 한 결과 승리했다. 첫 여론조사에서 20% 뒤지던 부시 후보는 네거티브만으로 전세를 역전시켰다. 성공한 대통령의 부통령이 대선에 출마해서 이긴 사례가 별로 없는 미국 정치에서 레이건의 부통령이었던 아버지 부시의 선거 승리는 놀라운 결과였다. 부시의 선거캠프는 두카키스 후보가 비교적 잘 알려지지 않은 백지상태의 후보라는 점에 착안해 그가 진보적인 매사추세츠 주지사로서 보여 준 업적에서 약점을 잡았다. 미국에서는 후보와 무관한 독립적인 정치행동위원회Political Action Committee가 상한액의 제한 없이 선거운동에 무한정 돈을 쓸 수 있다. 부시는 이 위원회의 대대적인 네거티브 TV 광고의 도움을 받았다.

미국 학자들은 두카키스의 패배 원인으로 두 가지를 꼽는다.

① 부시의 네거티브 공격에 적극적으로 대응하지 않고 국민이 설마 저런 거짓말을 믿을까 하는 안일한 대응이다.

② 두카키스가 TV토론에서 보여 준 냉혈한 이미지였다. 부시 측에서 집중적으로 공격했던 TV 광고는 두카키스가 메릴랜드 주지사로 있을 때 주말에 일시출소furlough로 나갔던 한 흑인 살인범 무기수가 돌아오지 않고 다시 범죄를 저지른 사건에 대한 것이다. 무기수는 피해자의 약혼자를 총으로 때리고 칼로 찌르며 결박한 후, 피해 여성을 두 번 강간하고, 다른 이의 차를 강탈했다. 부시는 무기수에 대한 일시출소제도를 공격함으로써 두카키스가 얼마나 범죄와 시민 안전에 무관심한지 프레임을 만드는 게 목적이었다. 이 제도를 두카키스가 처음 만든 것은 아니지만 주지사로서 제도의 취지에 동의하며 이를 유지한 책임이 있다.

한 TV토론에서 사회자가 부인인 키티 두카키스Kitty Dukakis와 관련해 질문했다.

"만일 키티가 강간을 당한다면, 당신은 사형제도에 찬성할 겁니까?"

두카키스는 전혀 망설임도 없이 목석처럼 대답했다.

“아니요. 내가 평생 사형에 반대해 온 것은 사회자도 알지 않습니까. 그것이 범죄를 방지한다는 근거를 본 적이 없고, 폭력적 범죄에 훨씬 더 효과적인 다른 방법이 있다고 생각합니다.”

감정 없는 로봇같은 대답 결과, 두카키스의 인기는 바닥을 쳤다. 유권자는 TV토론에서 후보가 얼마나 많이 알고, 논리적으로 토론을 잘하는지보다는 호감도로 평가하는 경향이 있다. 사실 생방송 TV토론은 스트레스가 극도로 심한 상황이기에 후보의 인간성을 투명하게 유권자에게 보여 준다. 유권자는 유능한 후보보다는 인간적인 매력이 있는 후보에게 더 높은 토론 점수를 준다. 앨 고어가 클린턴의 높은 지지도로 인해 20% 이상 격차로 아들 부시를 이길 것이라는 선거전문가들의 예상을 뒤엎고 선거인단 투표에서 패한 이유도 TV토론의 평가에 기인한다. 기대가 없던 아들 부시 후보는 유머를 구사해 호감도를 높였지만, 실제로 클린턴보다도 친근하기로 소문난 고어는 경직된 표정과 무미건조한 태도로 매력을 보여 주지 못함으로써 나쁜 결과를 얻었다.

선거에서 네거티브 선전은 유권자가 후보에 대해 아무 정보가 없는 상황에서 최초 한 번은 먹힌다. 하지만 유권자가 이미 후보에 대해 많은 정보를 가지고 있는 상태에서 네거티브는 투표율을 떨어뜨릴 뿐, 오히려 역풍이 분다. 프레임 이론에서도 조지 레이코프 교수는 상대의 상징인 '코끼리를 생각하지마'라고 조언한다.• 상대의 단점을 공격하면 할수록 오히려 상대에게 관심의 초점을 옮겨 주는 결과를 초래하기 때문이다. 네거티브를 당한 후보가 설득력 있게 되치기 하면 상대의 신뢰도를 떨어뜨리면서 오히려 네거티브 당한 쪽이 더 유리하다.

결론적으로 선거에서 네거티브 그 자체가 본질이 아니라 유권자가 누구의 진실을 믿는지가 핵심이다. 그런 점에서 2022년 대선에서 많은 의혹이 집중된 후보를 당내선거에서 제대로 검증하지 않고 본선에 내보낸 민주당 지도부는 패배의 책임에서 벗어날 수 없다. 가장 큰 책임은 물론 후보에게 있다. 상대의 의혹 제기에 분명하고 설득력 있는 해명 대신 상대 후보가 대장동의 몸통이라는 뜬금없는 프레임으로 되치기 하는 모습이 정직과는 동떨어진 느낌을 줬다. TV토론에 대한 평가는 절대적 평가가 아니라 유권자의 기대에 대한 상대적 평가로 이뤄진다. 그게 잘못이라고 전문가들이 아무리 유권자를 가르치려고 해도 소용없다. 인간의 뇌 구조가 그렇게 태어났기 때문이다.

토론을 잘할 것으로 기대했던 이재명 후보는 기대에 못 미쳤고, 토론을 회피할 것으로 예상했던 윤석열 후보는 오히려 생각처럼 최악은 아니라는 점에서 안심했던 유권자가 많았을 것이다. 윤석열 후보에 대한 투표도 적극적인 지지로 보기는 어렵다. 그는 정치경력이 전혀 없는 준비되지 않은 후보였다. 아는 것도 없고, 말

• 조지 레이코프, 《코끼리는 생각하지 마》, 유나영 옮김, 와이즈베리, 2015.

도 수려하게 하지 못했던 첫 TV토론 이후 오히려 윤 후보에 대한 호의적인 평가가 만들어졌다. 잘 모르면 허허 웃고, 상대의 공격을 잘 받아치지도 못하는 순박함이 오히려 검사 출신 맞나 하는 생각에 호감을 느꼈다는 평이 많았다.

안타깝게도 김어준의 네거티브는 박원순 당선에 기여한 이후, 한 번도 성공하지 못했다. 민주당이 김어준을 지속해서 제사장으로 떠받드는 한, 민주당이 국힘의 자책골 없이 자기 힘으로 정권교체에 성공할 가능성은 없다고 봐야 한다. 국힘에 오히려 도움이 되는 김어준을 제거하기 위해 새로운 조례를 통과시켜 TBS를 고사시키기에 이른 오세훈 시장과 국힘 시의회의 상상력 빈곤이 안타까울 따름이다. 국힘은 이로써 언론을 탄압했다는 오명을 얻었고, 언론탄압의 순교자가 된 김어준은 더 큰 영향력을 누리게 됐다. 이게 국힘의 빅픽처인지도 모르겠다. 김어준의 영향력을 키워서 민주당을 실패의 운명에 묶어 놓자는 계획이 아니었을까?

김어준, 제사장이 아닌 신뢰받는 언론인이 될 수 있을까?

나는 여전히 김어준이 대단한 재능을 가졌다고 생각한다. 그가 단지 유희와 오락을 가미한 정치프로그램으로 성공한 건 아니라고 본다. 그는 사회자로서 출연진들의 생각을 정리하고 깔끔하게 전달하는 능력이 최고다. 목소리와 웃음소리도 보배다. 그가 민주당 전략가로서, 킹메이커로서 욕심만 내려 놓고 공정한 언론인으로서 또는 플랫폼 사업자로서만 행동해도 그도 민주당도 성공할 수 있다고 본다. 부동층이 아직은 완전히 민주당에 등을 돌린 게 아니기 때문이다. 유권자도 정당과의 관계를 정리하는 데 일정한 시간이 필요하다.

그러기 위해 그가 버려야 할 것은 콘텐츠에 대한 욕심이다. 지금의 형식과 언론 플랫폼만 지켜도 그는 역사적으로 이름을 날리는 영향력 있는 언론인이 될 수 있다. 그의 콘텐츠가 문제가 되는 건 진영논리에 기초한 음모론과 상대에 대한 악마화다. 이 양자는 서로 맞물려 있는데 부동층 합리주의자들은 과장하는 걸 좋아하지 않는다. 그래서 확장 가능성 없는 정파성은 정치에서 독약과 같다.

민주당에 진영논리를 처음으로 설파한 사람은 나다. 이 점에 대해 나는 뼈저린 반성문을 써야 한다. 그러나 보수의 프레임에 끌려다니며 연전연패하던 민주당에 진영논리가 필요한 시기가 있었다고 본다. 내가 시작한 그 역할을 가장 성공적으로 했던 건 〈나꼼수〉와 김어준이었다. 그들 덕분에 박원순이 당선됐고, 그 이후의 선거에서는 비록 패했지만, 민주진영이 단단하게 결속되는 데 기여했다. 이제는 민주당의 코어가 단단하다 못해 암 덩어리처럼 딱딱하게 굳어 진정한 지지자들뿐만 아니라 합리적인 부동층까지 밀어내고 있다. 이쯤에서 이런 질문이 나올 것이다.

"진영논리를 유지하면서도 부동층이나 중도층을 잡는 게 가능한가?"

당연히 가능하다. 진영논리가 명분을 잃지 않으면 된다. 나는 분명히 다음과 같이 주장했다.

"우리 편이 크게 잘못하지 않는 한, 우리가 나서서 우리 편을 지켜 줘야 한다. 우리 편이 잘못한 경우에는 상대가 비판할 테니 우리까지 굳이 나서서 언론의 분열 작전에 이용당하지 말자. 만일 꼭 비판할 게 있으면 내부적으로 전달하자."

내가 이런 말을 했던 건 노무현과 곽노현을 지키지 못한 것에 대한 회환 때문이다. 노무현은 법적으로 잘못한 게 없다. 가족이 돈을 받았다는 사실을 몰랐고, 검찰이 뇌물의 대가성도 증명하지 못했기 때문이다. 그러나 가족의 잘못을 부끄럽게 생각했고 나를 버리라고 말했다. 도의적 잘못에 책임을 지고 목숨까지 버렸다. 곽노현이 자신에게 후보 자리를 양보했던 경쟁자의 선거 비용을 보전해 준 건 인간적으로는 아름답지만, 도의적으로는 분명히 잘못됐다. 하지만 곽노현은 비용 보전에 대한 사전약속을 한 적도 없고 그런 사실을 인지하지도 못했다. 따라서 도덕적으로 비난할 수는 있어도 법적으로는 처벌하기 어렵다고 본다. 곽노현이 사전에 약속한 적이 없는데 어떻게 사후매수죄가 적용될 수 있는지 이해하기 어렵다. 민주진보진영 내 여론만 나쁘지 않았으면 사법부도 역사 이래 한 번도 사용하지 않은 사후매수조항을 함부로 적용해 유죄판결을 내리지는 못했을지 모른다. 내가 진중권, 조국의 섣부른 논평이 곽노현의 유죄판결에 기여했다고 원망하는 이유다.

〈나꼼수〉가 비록 곽노현의 유죄판결을 막지는 못했지만, 상당히 중요한 유권자 학습을 시켰다는 점에서 그들의 공이 크다. 그들이 명분을 잃은 최초의 사건은 조국 임명이었다. 결국, 명분 잃은 조국 지키기는 민심의 파고를 넘는 데 실패했다. 여기서 나는 김어준의 목표가 무엇인지 질문하지 않을 수 없다. 민주당의 선거 승리인지, 그냥 김어준이 경제적으로 성공하면서 민주당 내 권력을 누리는 것인지. 김어준이 민주당 내 강성지지자를 결속시킬수록 그의 권력과 경제적 이익은 증대되겠지만, 민주당은 권력으로부터 멀어지는 아이러니가 발생한다. '조국 장관 만들기'에 한 번 실패했으면 성찰이 필요했다고 본다. 그러나 2020년 총선 승리로 그들은 성찰할 기회를 잃어버렸다. 2020년 총선 이야기는 뒤에서 다시 하겠지만 민주당 지도부가 내가 제안한 전략을 충실히 따르기 위해 〈김어준의 뉴스공장〉을 플랫폼으로 사용한 건 분명하다. 민주당이 살아남고 승리하기 위해서는 김어준의 플랫폼이 필요하다는 건 변함없는 사실이다. 민주당의 당대표가 반나절 만에 언론에 출연해 새로운 전략을 발표하는 건 〈김어준의 뉴스공장〉이 없었다면 불가능했을 것이다.

김어준이 제사장에서 벗어나 언론인이 되기 위해서는 꼭 해야 할 세 가지 일이 있다.

① 보수정당이나 검찰에 대한 근거 없는 음모론을 중단하는 것이다.

② 상대에 대한 네거티브를 멈추고 양당의 긍정적인 점을 발굴해 서로 대화와 타협의 정치가 가능한 토양을 만들어 주는 것이다. 다른 사람은 못 해도 김어준은 할 수 있다고 본다. 그게 김어준이 그리도 사랑하는 노무현이 가장 하고 싶었던 일이고, 우리의 미래를 위해 필요한 일이기도 하다.

③ 자신의 잘못을 사과하는 것이다. 지금까지 내가 관찰한 일부 운동권 정치인들의 특징은 절대로 사과하지 않는 것이다. 사과해도 구체적으로 진정성 있게 하지 않고 대강 얼버무린다. 사과는 자신의 치부를 드러내는 게 아니라 자신의 신뢰를 되찾는 첫걸음이기도 하다.

김어준의 음모론은 너무 많아서 열거하기가 어려울 지경인데 최근에 있었던 아주 작은 예를 하나 들어보자. 2022년 8월 31일 라디오 방송에서 김어준은 다음과 같은 발언을 했다고 보도됐다.

"검찰에 송치했다는 건 기소까지 간다는 것"이라며 "('백현동 의혹' 관련해 검찰에 송치된 사건은) 지자체장 시절에 특혜를 줬다는 게 아니다. 그와 관련해 허위사실을 공표했다는 선거법 사건이다. (이는) 작전을 바꿨다는 뜻"이라고 풀이했다. "그동안은 공직자로서 비위 혐의, 직권남용에 주력했다면 그게 안 될 것 같으니까 공직선거법 쪽으로 방향을 선회한 것 아니겠냐"며 "그렇게 되면 결론에 따라서 피선거권 박탈이라든지, 그 방향으로 보인다"라고 덧붙였다.•

마치 검찰이 이재명을 제거할 목적으로 작전을 하는 것 같은 음모론적 시각이다. 이는 국민의힘이 "성남시가 용도 변경에 선을 긋다가 돌연 입장을 바꿔 용도 변경을 해 준 공문이 확인됐다며, 이 대표를 허위사실 공표 혐의로 고발"함으로써 시작된 일이다. 그 수사

• 김미란, 〈이재명 선거법 위반 기소의견 송치…김어준 "작전 바꾼 것"〉, 〈고발뉴스닷컴〉, 2022. 8. 31.

는 경찰에서 했고, 경찰이 검찰에 송치한 것이다. 마치 검찰이 경찰도 장악한 듯한 발언이 우리 민주제도에 대한 근거 없는 불신만 자아낼까 걱정이다. 선거가 끝나면 상대 후보를 선거법 위반으로 고소, 고발하는 사태는 늘 있었던 일이다. 이 후보가 선거를 많이 치르다 보니 선거 때마다 고발사태가 있었고, 그것이 제대로 수사되지 않다 보니 쌓여서 한꺼번에 현 정부에서 수사하게 된 것일 뿐이다.

이재명 대표 관련 사건들은 선거법 위반만 빼고는 현 정부에서 수사가 시작된 게 아니다. 성남FC 사건은 2018년 6월 지방선거에서 경기지사 선거를 앞두고 당시 바른미래당 김영환 후보와 장영하 변호사 등이 고발해 경찰 수사가 진행됐다. 분당경찰서는 서면 조사 실시 후 사건을 송치하지 않기로 결정했다. 이에 고발자들이 이의신청하면서 사건이 자동으로 검찰로 넘어갔다. 대장동 개발사업 특혜 의혹 사건은 전국철거민협의회(전철협)가 공수처에 고발한 사건을 공수처가 2021년 7월 검찰에 이첩함에 따라 검찰이 수사를 시작했다. 물론 검찰의 인사변동에 따라 캐비닛에 넣어둔 수사가 시작됐을 수는 있다. 그렇다면 부실수사의 책임을 전 정부에 물어야지 현 정부의 검찰에게 물을 일은 아니라고 본다. 국민의힘은 이재명 후보를 선거법위반으로 4건 고발했다. 경기남부경찰청은 이 중 3건을 불송치하고 백현동 개발 사업 관련 이재명 대표의 발언만 공직선거법상 허위사실 공표 혐의 부분을 기소 의견으로 송치해 검찰이 수사에 착수한 것이다.

문재인 대통령은 호감도를 유지했지만 문재인 정부에 대한 평가가 박한 이유는 제대로 된 이데올로그가 없다는 데 있다. 유시민과 김어준은 문재인 정부의 이데올로그였다. 영향력이 막강했던 이들이 중도층에게 신뢰를 잃고 정권을 넘기게 된 건 여전히 박근혜 탄핵 이전의 제1야당 민주당 시절과 박근혜 탄핵 이후 보수가 괴멸하면서 달라진 지형의 거대 여당 민주당의 역할에 대한 인식이 조금도 달라지지 않았기 때문이다. 10년이면 강산도 변한다고 우리 사회의 정치는 노무현의 서거 이전과 이후, 박근혜의 탄핵 이전과 이후로 천지가 두 번이나 개벽했다. 특히 SNS의 발달과 전통 미디어의 쇠락으로 언론 지형도 노무현 시대와 문재인 시대는 완전히 다르다. 제행무상諸行無常이라고 이 세상에 변하지 않는 건 없다. 그러나 20대인 1980년대에 형성된 그들의 세계관은 지금도 변하지 않고 그대로인 것 같다. 아니, 변한 게 전혀 없지는 않다. 나쁜 쪽으로 변했다. 과거엔 염치를 말했던 그들 스스로가 염치를 잃어버렸다. 두 분은 여전히 민주당 지지자들에게 압도적인 영향력을 발휘하고 있지만, 부동층에게는 신뢰를 잃었다. 민주당이 명분을 지키면, 지지자들이 똘똘 뭉칠수록 부동층을 설득하는 힘도 커진다. 그러나 민주당이 명분 없는 진영논리에 휘둘린다면 진영논리의 중심에 있는 강성당원이 암덩이로 변할 가능성을 배제할 수 없다. 그럴수록 부동층은 점점 더 민주당을 향한 마음의 문을 닫을 것이다. 민주당이 이기는 정당으로 변하기 위해선 김어준과 유시민이 부동층을 설득할 수 있는 명분을 갖추는 게 가장 중요하다고 생각한다.

6장

어떻게 민주당은 포퓰리즘 정당이 됐나

1

역대 선거를 복기하면 2024년 총선 성적이 보인다

어떻게 유권자는 특정 정당을 지지하는가?

나는 대선을 제외하고는 선거 때 여론조사 결과를 보지도 않고 별로 신뢰하지도 않는다. 공론이 아닌 여론조사는 믿지 않기 때문이다. 그러나 오랫동안 선거 예측을 정확히 해 오면서 "미아리에 돗자리를 깔아라"라며 '족집게' 소리를 들어왔다. 그러면 어떻게 정확한 선거 예측이 가능했을까? 선거마다 정당지지도 분포를 예측할 수 있는 미국의 정당 재편성이론을 한국의 상황에 맞게 적용해 나름의 독창적인 이론으로 발전시킨 덕분에 가능했다.•

미국의 선거 예측에 가장 중요한 요인은 유권자가 특정 정당에 대해 갖는 장기적이고 안정된 심리적 애착 관계를 의미하는 '정당일체감'이다. 우리나라는 서양처럼 정당의 역사가 길지 않아 나는 정당일체감보다는 '정당 지지'란 용어를 더 선호한다. 실제로 미국

• 조기숙, 《한국 선거 예측 가능한가》, 이화여자대학교출판문화원, 2020.

에서도 과거와 달리 최근에는 정당일체감이 정체된 개념이 아니라 변화하는 역동적인 개념으로 사용되고 있다. 정당일체감은 주로 부모로부터 사회화로 물려받는다고 알려졌지만, 대체로 20~30대에 정치와 만나는 첫 경험으로 재형성된다고 보는 게 정확하다. 안정된 사회라면 자녀가 부모의 정당일체감을 물려받는 게 당연하고, 변화하는 사회라면 자녀가 부모와 다른 경험을 하면서 새로운 정당 소속감을 느끼게 될 것이다.

어떤 이유든 같은 정당을 한 번 찍고 두 번 찍다 보면 자신의 정당이 된 기분이 든다. 그러나 내가 지지하는 정당이 큰 실수를 하면 기권할지언정 다른 정당을 찍지는 않는다. 2018년 지방선거에서 민주당이 영남지역을 휩쓴 이유도 탄핵 여파로 어르신은 기권하고 젊은층은 총동원된 결과다. 40대 이상 중년층이 다른 정당을 찍는 건 내 인생을 잘못 살아왔음을 인정하는 거라 쉽지 않다. 다른 당에 표를 주는 건 정체성 혼란을 가져오기에 사람들은 이런 인지 부조화를 피하고자 정보를 선택적으로 채택한다. 나에게 유리한 건 받아들이고, 불리한 건 못 본 체하거나 반박 논리를 찾는다. 이를 '확증 편향'이라 한다. 확증 편향은 지역사회 언론이나 인터넷, 카톡방에서 강화된다. 수도권 영남인과 영남에 사는 영남인의 생각이 다른 것도 이웃이나 친구에 의해 영향을 받기 때문이다. 따라서 40대 이상 유권자의 정당일체감은 설득이나 비난으로 변화시키지 못한다. 이 때문에 유권자의 정당일체감 분포를 알면 선거결과 예측이 쉽다. 문제는 이 정당 지지 분포가 선거마다 조금씩 변한다는 데 있다. 정당 재편성이론은 이 변화까지도 예측할 수 있는 기반을 제공해 준다.

정당 재편성이란 정당 체계도 생성—성장—쇠퇴를 반복하는 유기체처럼 탄생—연합alignment—쇠퇴dealignment—재연합realignment의 주기를 반복하면서 진화한다는 의미다. 정당 체계는 (독재 대 민주, 영남 대 호남, 친북 대 반북 같은) 균열 쟁점을 중심으로 재편돼 유권자와 밀착된 시기를 거친 후에는 그 관계가 해체되는 30년의 주기를 갖는다. 그 후 다시 새로운 정당이 등장하거나 새로운 균열 쟁점이 양당의 관계를 재정립한다. 이 주기는 정당일체감이 부모세대로부터 자녀에게로 사회화 과정을 거쳐 대물림되다가 세대교체가 일어나면서 만들어진다는 주장이 가장 설득력 있다. 정당 재연합이 이뤄질 때는 정당 간 우위가 뒤바뀌기도 한다. 이때에는 양당이 유권자에게 차별적인 대안을 제시하고, 투표율도 올라가며, 정당이 투표의 매우 중요한 요인이 된다. 정당해체 시기에는 양당을 지지하는 유권자의 수도 줄어들고, 투표율도 떨어지며, 선거 예측도 어려워진다.

미국의 대공황 이후 치러진 1932년 선거에서 공화당이 심판받고 민주당이 다수당이 된 이후 1980년대 레이건이 등장할 때까지 대통령은 양당이 서로 주고받았지만, 의회는 한 번도 민주당이 다수당 자리를 뺏긴 적이 없다. 레이건 등장 이후 처음으로 공화당이 상원에서 다수당이 되면서 민주당 일당 의회가 약화되고 양당의 경쟁이 살아나기 시작했다. 왜 의회 선거에서는 한 정당의 우위가 오랫동안 지속될까? 인물이 중요한 대통령 선거에서는 후보 요인이 중요해 양당이 번갈아 당선되지만, 후보의 인지도가 상대적으로 낮은 상원, 특히 더 낮은 하원 선거에서는 정당소속감이 더 중요한 요인으로 작동하기 때문이다. 학자들이 유권자의 투표 행태에서 가장 중요한 요인은 정당, 후보, 정책 순서라고 주장하는 이유가 여기에 있다. 보통 유권자의 70~80%는 정당일체감에 따라 투표한다고 보면 된다.

우리나라 최초의 정당 연합은 독재 대 민주의 균열이라고 생각한다. 그때는 여야가 투표의 기준이었다. 1987년 직선제 대통령 선거를 쟁취하면서 독재 대 민주의 균열이 약화되자 1988년 최초로 지역 정당이 탄생했다. 인사나 재화 배분에서의 지역 차별이 정치에서 가장 중요한 쟁점이었기 때문일 것이다. 내가 1995년 DJP 연대가 지역균열을 약화할 수 있는 가장 효과적인 방법이라고 주장한 이유가 바로 여기에 있다. 1997년 지역연대에 의한 김대중 정부의 탄생은 지역균열을 급격히 약화시켰다. 1997년 정권교체 이후 여야라는 개념도 적실성을 잃었지만, 호남 출신의 수도권 거주, 고학력, 고소득자들이 보수당 지지로 이탈하기 시작했다. 투표율이 떨어지고 지역 정당의 해체가 가속화된다는 걸 깨달았기에 2002년 대선에서는 지역주의에 맞서 싸워 온 노무현이 폭발한다고 2년 전부터 예측할 수 있었다. 노 후보가 김영삼 전 대통령을 찾아가는 걸 내가 극구 반대했던 이유이기도 하다. 노무현이 반지역주의로 후보가 됐는데 또 다른 지역 맹주를 찾아가는 걸 젊은층은 받아들이기 어려울 거로 봤다.

2002년 대선에서 노 후보에게 보혁이나 좌우 대결이 아니라 새로운 정치를 내걸고 정치개혁에 올인하도록 만든 이유도 우리 사회가 아직 경제적인 좌파(레드컴플렉스)를 극복하지 못했다고 생각했기 때문이다. 노무현의 탈지역주의 정치개혁이 역사상 처음으로 열린우리당의 승자연합을 가능하게 했다. 이 때문에 2004년 총선을 정당 재편성 선거라고 몇몇 학자들은 성급하게 단정했다. 물론 그런 면이 분명히 있다. 그러나 참여정부의 정치적 개혁은 너무 빠르게 성취되어 안정된 연합을 유지할 만한 균열 쟁점이 아니었다. 노무현 정부는 한미 FTA를 체결할 만큼 경제정책에서는 실용적이었지만, 김대중 정부에서 추진하던 공기업 민영화에는 제동을 걸었고, 수많은 복지정책을 새롭게 도입했다. 2005년 청와대 근무 시, 정치개혁은 이미 성공했으니 장기적인 복지국가의 비전을 보여 줘야 한다고 노 대통령에게 보고드린 후 만들어진 것이 〈비전 2030〉이었다. 당시만 해도 우리 국민의 보편적 복지에 대한 저항을 알았던 노 대통령의 〈비전 2030〉은 중비용, 중복지라는 타협안이었다. 복지와 민주주의를 중시하는 신좌파 노선이 본격적으로 시작됐다.

2007년 대선에서는 누가 후보로 나갔어도 10년 주기설 때문에도 이명박을 이기는 건 불가능했다고 본다. 그러나 만약 내 조언을 수용하여 정동영 후보가 다음과 같이 했다면 그렇게 큰 표차로 패하진 않았을 것이다.

① 구민주당과 후보 단일화만 추진하고 열린우리당을 깨지 않는다.
② 노무현을 부정하지 말고 업적을 계승한다.

③ 〈비전 2030〉을 내걸고 성장 대 복지로 싸운다.

정당 재연합이 일어나면 투표율이 상승하는데 2002년 대선보다 500만 명이 투표에 불참했다는 건 민주당이 지역 정당으로 후퇴해 정당해체를 겪었다는 말이다. 정동영 후보가 내 조언을 수용했다면 2008년 총선에서 투표율 46.1%를 기록하며 민주당이 그렇게 대패하는 일도 없었을 것이다. 2012년 대선에서 정동영은 여전히 대선 후보였을 것이고, 문재인이 정치판으로 불려 나오는 일도 없었을 것이다.

내가 이런 주장을 하는 이유는 두 가지 증거 때문이다.

첫째, 정동영 캠프가 선거운동을 네거티브로만 일관했음에도 2007년 대선에서 우리 역사상 최초로 국가 대 시장의 균열이 발견됐다. 그렇게 낮은 투표율 가운데에도 참여정부가 만들어 놓은 균열이 투표에 나타난 것이다.

둘째, 2002년 대선에서는 압도적으로 고학력, 중산층의 지지를 받고 당선된 노 대통령에게 2007년 설문조사에서는 중하층 지지자가 유입되고 중상층이 이탈했음이 발견됐다. 우리 역사상 처음으로 계층적 지지가 만들어진 것이다. 강남은 독재 시절에는 민주당 텃밭이었다. 김영삼 정부 때부터 보수당 지지로 돌아섰는데 노 대통령이 부동산과 전쟁을 하면서 강남이 완전히 보수의 아성이 됐다. 고소득자가 가장 먼저 이익투표를 한 셈이다. 그 대신 보수당을 지지하던 중하층이 노무현 지지로 선회하면서 강북이 민주당의 아성으로 변했다. 지역주의 투표를 멈추고 이익투표의 실현을 원했던 노무현의 소원이 2007년부터 이루어지기 시작한 것이다. 이는 이후 선거에서 민주당이 다수당으로 바뀌는 기반을 노 대통령 집권 5년 동안 만들어 놓았음을 의미한다.

노 대통령 사후 그의 녹취록을 통해 진보의 비래, 복지 등의 담론이 쏟아져 나왔다. 민주당이 복지를 내걸고 민주당 재연합에 시동을 건 최초의 선거는 친노 후보들이 선전한 2010년 지방선거라고 할 수 있다. 새누리당의 성장주의는 박정희 시대로부터 시작된 것이기에 재연합도 쉬웠고, 노무현 정부 시기에 선진화재단에 의한 이념교육이 이뤄지면서 지지자의 결속력도 강했다. 반면 민주당은 재연합의 시기도 늦었고, 복지는 보편적 복지와 선별적 복지라는 내부 균열로 인해 민주당과 진보정당 사이엔 갈등이 남아 있었다. 〈국민의명령〉에서 이 갈등을 해결하기 위해 동거 정당 모델을 제시하면서 결별의 명분을 쌓았으나, 민주당은 내 제안과는 정반대로 2012년 총선에서 진보당에 끌려가는 좌클릭 단일화로 기대보다 저조한 성적을 얻었다. 그러나 민주당과 보수정당의 복지 대 성장에 의한 정당 재연합은 지속되고 있었다. 성장과 복지에서 장기적으로 유리한 쟁점은 복지였고, 민주당은 지속해서 20~30대를 새로운 지지세력으로 편입시키면서 정당 구도는 이미 민주당에 유리하게 재편되고 있었다.

김종인 비대위원장은 보수정당의 선거를 지휘할 때는 뛰어난 실력을 발휘한다. 새누리당이나 국힘의 비대위원장으로는 최고의 전략가다. 만일 2020년 총선에서 김 위원장의 영입이 제때 이뤄져 공천권을 맡겼다면 아마도 민주당은 신승했을 수도 있다. 그의 리더십 스타일이 보수정당에 맞기 때문이다. 하지만 2016년 총선에서 김종인 덕분에 민주당이 제1당이 됐다는 건 터무니 없는 착각이다. 2016년 총선 승리가 김종인 덕분이라면, 2020년의 민주당의 압승은 어떻게 설명할 것인가? 정당 구도는 그렇게 단박에 급변하지 않는다. 세대교체로 인해 서서히 진행된다. 민주당은 2010년 지방선거에서 도지사, 시장 선거에서 압승했지만 시도의원 선거에서는 여전히 새누리당에 패했다. 그 이후 민주당은 복지와 (이명박, 박근혜 정부에서 민주주의가 위협당했기에) 민주주의를 쟁점으로 점점 다수당이 돼 가고 있었다. 이 시기 민주당을 다수당으로 만들어 준 정당 재연합 현상을 이해하지 못하면 앞으로의 총선도 예측 불가능하다. 따라서 2016년과 2020년 총선 승리에 민주당의 정당 재연합이 얼마나 중요했는지 살펴보자.

2016년 총선, 김종인의 역효과

2016년 총선 전 여론조사에서 새누리당이 이기는 결과로 나오자 다들 걱정했다. 반면 나는 민주당이 과반의석도 가능했는데 김종인 때문에 그건 어렵게 됐지만 그래도 제1당은 할 테니 걱정하지 말고 투표하라고 했다. 뉴욕에 출장 가면서 "출구조사도 믿지 말고 무조건 투표하면 이긴다"라고 했다. 내가 이런 주장을 하게 된 건 2012년 대선 결과가 나오자마자 〈국민의명령〉 문성근 대표에게 다음과 같은 예측을 했기 때문이다.

“박근혜가 2014년 지방선거는 물론 재보궐 선거까지 모두 싹쓸이 승리할 겁니다. 그래서 2016 총선에서는 교만한 마음에 친이 공천학살로 2008년에 MB계로부터 받은 수모를 되돌려 줄 거예요. 따라서 민주당은 2016년 총선에서 과반 의석 확보도 가능합니다. 앞으로 젊은 유권자가 지속해서 민주당 지지로 유입될 것이므로 인구구조 자체가 민주당에 유리해요. 따라서 총선 전에 지방선거나 재보궐선거에서 친노가 당 지도부가 되면 곤란합니다. 총선에 대승해 보기도 전에 패배의 책임을 지고 물러날 수 있어요.”

이런 예측을 토대로 나는 〈오마이뉴스〉에 다음과 같은 칼럼을 기고했다.•

① 민주당의 집단지도체제의 무책임성이 선거 패배를 가져왔으니 개혁을 촉구하며 대선 패배의 책임을 지고 친노는 2선 후퇴를 해야 한다.
② 당대표 선거와 최고위원 선거를 분리함으로써 단일지도체제를 구성해야 한다.
③ 당 지도부 선거는 2년마다 하되 선거에 패한다고 책임을 묻

• 조기숙, “‘친노’야, 옷을 벗어라…그래야 민주당이 산다”, [5년 뒤 진보진영 집권을 위해 할 일③] 단일지도체제로 책임정치 나서야, 〈오마이뉴스〉, 2013. 1. 9.

는 일은 없어야 한다.

이 글을 가장 좋아했던 사람은 김한길 전 대표라고 들었다. 결국 모든 게 계획대로 흘러갔다. 내 바람대로 김한길은 안철수를 끌어들여 민주당은 새정치민주연합(새정연)으로 개명됐고 지방선거에 패했다.

여기에서 돌발 변수가 발생했다. 나는 선거 패배를 이유로 당 지도부의 책임을 물어선 안 되며 임기 2년을 보장해야 한다고 주장했었다. 그래야 2016년 다시 친노가 총선지도부가 될 수 있기 때문이다. 민주당은 친노가 지도부가 되면 선거 전 정당지지도가 40%를 넘겼고, 비노가 당을 장악하면 30% 언저리를 기록했다. 그런데 김한길, 안철수 공동대표가 관행대로 사퇴하고 말았다. 그들도 빨리 책임을 지고 권토중래를 노렸을 것이다. 내 예상보다 1년 빠르게 당대표 선거가 시작됐다. 문재인 대표가 당대표에 당선된 것까지는 좋은데 재보궐선거를 지휘하다 패하면서 리더십이 흔들리게 됐다. 재보궐선거는 투표율이 낮아 민주당의 무덤이다. 문재인의 재보궐선거 지휘와 패배는 내 계획에 없었지만 버텨 낼 줄 알고 지켜보기만 했다. 사퇴 요구에 시달리던 문 대표는 안심번호공천 시스템을 만들어 놓고, 김종인을 비대위원장으로 영입한 후 대표직에서 내려왔다. 안심번호제 100%는 2004년 열린우리당과 같은 상향식 공천을 도입했음을 의미했다.

문재인이 김종인을 영입하는 실수만 하지 않았다면 2016년 총선은 내 예상대로 민주당이 과반의석을 확보했을 것이다. 이렇게 주장하는 근거는 민주당이 민주주의와 복지 쟁점으로 재연합돼 보수당과 팽팽하거나 우위의 정당 구도 변화를 가져올 것을 이론적으로 예측했기 때문이다. 이를 보여 주는 경험적 증거도 여러 개 존재한다.

첫째, 투표율의 상승이다. 2004년 총선에서 높은 투표율을 경험한 이후 2007년 대선에서 민주당이 지역 정당으로 후퇴하자 2008년 총선 투표율은 역사상 최하를 기록했다. 2012년 투표율은 여전히 2004년에 미치지 못하지만, 그 후 지속해서 상승하다 2020년 총선은 66.2%를 기록함으로써 2004년 총선 투표율을 넘어섰다. 이게 점진적인 정당 재연합의 직접적인 증거다.

둘째, 정당 재연합이 이뤄지면 제3당이나 무소속이 감소하고 양당화가 진행된다. 2000년 정당 수는 5개로 줄면서 양당의 점유율은 90.8%를 기록했다. 2004년 총선에서 1인 2표제의 도입으로 정당 수는 6개로 늘어났지만, 양당 의석 점유율은 91.2%였다. 2008년 총선에서 한나라당이 51.2%의 점유율을 보인데 반해, 양당 점유율은 78.3%에 불과했다. 이는 민주당 해체의 사인이라고 볼 수 있다. 2012년 총선에서 정당은 4개로 줄면서 양당의 의석 점유율은 다시 92.99%가 된다. 이 추세대로라면 2016년 총선에서 2012년에 비해 양당 점유율이 더 상승하면서 민주당 우위로 변해야 흐름에 맞는다. 그러나 호남의 지역구뿐만 아니라 수도권에서도 비례대표표를 국민의당에 뺏기면서, 정당 수는 여전히 4개이지만 양당의 점유율은 81.27%로 하락했다. 2020년 총선에서 정당 수는 열린민주

〈표1〉 민주당 정당 재편성의 증거

	2000년 16대 총선	2004년 17대 총선	2008년 18대 총선	2012년 19대 총선	2016년 20대 총선	2020년 21대 총선
선거제도 특이점		1인 2표제 도입		민주/진보 단일화	김종인 효과	연동형 비례제 도입
투표율(%)	57.2	60.6	46.1	54.2	58	66.2
양당 의석점유율(%)	90.8	91.2	78.3	92.99	81.27	94.33
보수당 대비 민주당 우위 (%)	−6.6	10.3	−24.1	−8.3	1.67	25.6
정당 개수	5	6	6	4	4	5

당 포함해 5개이지만, 지역구는 3개로 줄면서 전체 의석점유율은 94.33%에 달했다. 2016년 선거는 김종인이 민주당 정당 재연합을 후퇴시켰기에 나는 이를 '김종인의 역효과'라고 부른다. 호남과 비례대표의 반민주당 표는 반김종인 표라고 부르는 게 정확하다.

〈표1〉은 노무현이 복지 쟁점으로 시동을 건 정당 재편성이 꾸준히 진행됐음을 보여 주는 증거다. 민주당은 정당재연합이 진행돼 투표율이 높을수록, 양대 정당 점유율이 높을수록, 그리고 시간이 흐를수록 보수당에 비해 좋은 성적을 거뒀다. 〈표1〉은 민주당의 정당 재연합이 비노·반노 지도부에 의해 2008년과 2016년에 후퇴했다는 것을 뚜렷이 보여 준다.

내가 김종인 비대위원장이 민주당의 과반의석 획득을 망치고 129석에 머물게 한 장본인이라고 주장하는 이유는 두 가지다.

① 당 충성도가 높은 당원의 지지를 받는 정청래와 이해찬을 공천에서 탈락시킨 것이다. 이는 정당을 강화하는 재연합 흐름에 제동을 건 행위였다. 지금처럼 국힘이나 민주당의 지지가 감소하고 부동층이 증가하는 상황이라면 김종인의 중도화 전략은 승리에 도움이 됐을 것이다. 하지만 당시는 민주당이 명분을 잃지도 않았고, 10년 보수당 지배에 실망한 부동층도 민주당을 바라보고 있을 때였다. 이해찬이 자신의 선거를 수월하게 치렀다면 충청지역의 지원 유세를 통해 추가 의석 확보도 가능했을지 모른다. 정청래의 백의종군을 통해 결기와 다급한 심정이 지지자에게 전달되면서 그 정도 성적이라도 얻었다고 본다. 국민의당 후보는 파괴력은 없었지만 지역구마다 적지 않은 호남표를 뺏어갔다.

② 정당투표에서 민주당의 강력 지지자인 우리 식구만 해도 아무도 민주당에 표를 주지 않았다. 이게 바로 김종인 역풍이었고, 안철수가 어부지리함으로써 국민의당이 호남 지역구에서 약진하고, 비례대표에서도 민주당과 똑같은 13석을 확보했다. 무엇보다 김종인의 비례대표 공천이 잘못됐다는 증거는 (비례의원직 승계로) 최종 의원 16명 중 2020년 총선에 출마해 당선된 사람이 이재정, 정춘숙 딱 두 명이었다는 점이다.

비례대표제도의 취지는 전문성을 기반으로 원내에 진출해 경력을 쌓은 후 지역구의원으로 성공할 사람을 공천하는 것이다. 얼마나 비례대표의원 공천을 잘못했으면 16명 중 겨우 2명만 살아남았겠는가. 2012년 비례의원으로 당선됐다가 2016년 총선 지역구 의원이나 2018년 시구청장으로 당선된 정치인은 21명 중 은수미, 진선미, 백운기, 남인순, 한정애, 도종환, 김현, 진성준 등 8명이다. 그 후에 정치를 계속한 최민희, 김광진, 김용익 등을 합하면 한명숙 당대표가 공천을 잘못했다고 그렇게 언론에서 비판을 받았지만 내 연구에서는 공천이 선거에 부정적인 영향을 미치지 않은 것으로 나왔다.* 이들 정치인의 성공은 한명숙 비례대표 공천이 결코 나쁘지 않았다는 내 연구결과를 뒷받침해 준다.

민주당의 정당 재연합 증거는 더 있다.

① 문재인 정부 임기 내 어떤 상황에서도 흔들리지 않는 콘크리트 지지는 20~30대가 아닌 40대였다. 지금 40대는 20년 전 20대 때 노무현에 의해 민주당 지지로 유입된 세대다.

② 지금 50대는 노무현을 발굴해 대통령으로 만들어 준 586 세대다. 과거 50대와 비교하면 이들 중 다수가 민주당 지지자다.

③ 지난 대선이나 지금의 이재명 방탄국회에서도 민주당의 지지도가 버텨 주는 건 민주당의 정당 재연합 이외에는 설명되지 않는다. 민주당이 2016년과 2020년 총선에서 승리한 이유는 기존 지지층에 20~30대를 새로운 지지로 끌어들였기 때문이다. 하지만 위험 징후는 2020년 총선 때부터 보이기

---

* 조기숙, 앞의 글, 2012.

시작했다. 20대 남성의 40%가 보수당을 지지한 건 민주당에 유리한 정당 재편성에 브레이크가 걸렸음을 의미하기 때문이다. 결국 2022년 대선에서 20~30대 다수 남성을 국힘에 내주게 돼 민주당은 팽팽한 패배를 맛보게 됐다.

내 주장처럼 민주당이 2016년에 다수당이 됐어야 2020년 총선의 압승이 설명된다. 2020년 총선에서 20대 남성의 이탈을 고려하면 2016년 선거는 충분히 과반이 넘을 수 있는 정당 구도였다고 볼 수 있다. 〈표1〉을 봐도 그 흐름이 2008년과 2016년에 끊겼음을 알 수 있다. 2020년 총선은 문 정부 3년 차였다. 심판선거가 될 가능성이 컸고, 실제 선거 전에는 그런 분위기가 감지되기도 했다. 20대 남성의 이탈은 심판의 의미이기도 하다. 그런데도 민주당이 압승할 수 있었던 건 분당했던 보수당도 합당했기에 탄핵만으론 설명되지 않는다. 코로나의 성공적 관리가 선거 승리의 결정적 이유이기는 했지만, 그것만으로는 정당 구도의 열세가 극복되진 않는다. 2000년 총선에서 IMF를 극복한 후 김대중 대통령의 민주당이 받은 의석수는 115석에 불과했다. 단시일 내에 어떤 사건 하나가 선거결과를 좌우하는 건 한계가 있다는 말이다.

2024년 민주당의 총선 승리를 기원한다면 2016년과 2020년 총선의 승리 이유를 복기할 필요가 있다. 양 선거 승리의 핵심은 민주당이 복지 쟁점으로 정당 재연합을 이뤄 다수당이 돼 가는 과정에서 얻은 결과라는 데 있다. 2016년에는 그 유리한 구도를 제대로 활용하지 못했다면 2020년은 최대의 성적을 얻었다. 지난 2022

년 대선에 '이대남'을 국힘에 빼앗겼지만 20~30대는 아직 설득할 여지가 남아 있다. 따라서 정당 재연합의 구도는 아직 민주당에 유리하면 유리했지 불리하지 않다. 한 번 만들어진 정당일체감은 단시일 내에 흔들리지 않는다. 민주당이 이 구도를 강성의원과 지지자들이 해체하는 방향으로 나아가는 게 문제다.

이 책에서 나는 민주당이 무너지게 된 계기가 '조국 사태'였다고 했다. 그런데 2020년 총선에서 민주당은 어떻게 조국 사태를 극복하고 정당 재연합의 흐름을 이어갈 수 있었을까? 민주당의 이해찬 지도부가 조국 선거가 되지 않게 명분을 잃지 않도록 특별히 관리한 덕분이다. 인간관계에서도 신뢰의 항아리가 있듯이 정당이나 정치인과의 관계에서도 항아리가 존재한다. 문재인 대통령이 잘못된 선택을 하면 지지도가 떨어지다가도 사과하고 수습하면 다시 올라갔다. 유권자도 정당이나 정치인의 잘못을 몇 번까지는 참아 주고 인내하는 한계선이 있다. 정당일체감이 높을수록 임계치도 커진다.

2020년 총선, 민주당의 조국 사태 관리

2020년 총선이 끝나고 나는 페이스북에 다음과 같이 기록했다.

— 2020년 총선에서 민주당 승리의 일등공신은 ① 성공적인 코로나 대응으로 세계인의 찬사를 받은 문재인 대통령과 정부다. ② 문재

인 정부 발목잡기만 했던 미통당뿐만 아니라 이들을 엄호했던 수구 기득권 언론이다. ③ 공천 당시만 해도 선거 분위기가 매우 좋지 않았는데 연동형 선거의 위험 앞에서 정도를 걸으면서 위험 관리에 최선을 다한 이해찬 대표와 민주당 지도부다. 대통령이 아무리 잘해도 민주당이 무당파층의 표를 받을 자세가 돼 있지 않으면 투표율은 떨어지고 이런 대승은 불가능했을 것이다. 민주당이 상대의 실수로 표를 받을 수 있도록 원칙과 명분을 고수했기에 가능한 결과였다. 질기고 깊은 보수당의 뿌리를 이렇게 잘라 버리다니 보수당에 다시 태어나라는 주문과 같다.

2020년 총선에서 민주당은 어떻게 조국 사태로 인한 명분을 상실하지 않고 압승할 수 있었을까. 총선 전만 해도 분위기는 좋지 않았다. 갑작스러운 공수처법과 준연동형 비례대표 선거제도를 정의당과 맞바꾸기 위해 제1야당을 제외하고 단독 통과시켰기 때문이다. 하지만 강성 지지자들의 검찰에 대한 개혁 요구를 민주당 지도부도 마냥 외면할 수만은 없었을 것이다. 정당 재연합으로 인해 정당일체감이 강화되면 웬만한 정당의 잘못에 대해 유권자도 높은 회복 탄력성을 갖기에 이런 초기의 불리함을 극복할 수 있었다.

무엇보다 이해찬 지도부는 강성 지지자의 요구를 정면에서 부정하지 않으면서도 명분을 고수하는 우회로를 택했다.

첫째, 공수처법의 내용에 대한 이견은 있었지만, 부동층도 검찰 견제가 필요하다는 대전제에는 공감했다.

둘째, 준연동형 비례대표제는 양당제 극복을 위해 민주당 몫을 포기하는 것이라 명분에 어긋나지 않았다.

셋째, 공수처법에 대한 찬성이 당론으로 정해진 가운데 기권표를 던진 금태섭 전 의원에 대한 강성당원의 징계 요구가 있었다. 금태섭이 반대표를 던진 것도 아니고, 그 때문에 공수처법이 부결된 것도 아닌데 공천 배제로 징계하는 건 민주정당에서는 있을 수 없는 일이다. 지도부가 망설이는 사이 조국 수호 시위의 선봉에 있던 김남국과 정봉주가 자객 출마할 것이라는 보도가 나왔다. 지도부가 김남국 출마를 허용하는 순간 금태섭의 탈락은 물론, 총선이 조국 선거프레임으로 갈 일촉즉발의 상황이었다. 나는 김남국을 다른 지역구로 돌리고 금태섭이 조국과 무관한 후보와 경선할 기회를 줘야 한다고 페이스북에 썼다. 지도부는 김남국에게 당선이 쉬운 지역구에 단수 공천을 줬고, 무명의 강선우가 금태섭 지역 경선에 출마해 승리했다. 방법은 부드러웠지만, 금태섭은 제거됐고, 지도부는 명분을 지켰다.

넷째, 준연동형 비례대표제를 우회하기 위한 야당의 위성 정당 창당에 민주당도 위성 정당을 창당해야 한다는 강경파의 논리에 지도부는 고심하고 있었다. 나는 페북에 위성 정당 창당에 반대하는 이유를 다음과 같이 언급했다.

— 야당은 법 통과 전부터 이 법이 통과되면 위성 정당을 창당하겠다고 선언했기에 비난 들을 여지가 없다. 반면, 민주당은 정의당과 소수정당을 위한다는 명분으로 준연동형 비례대표제를 단독 통

> 과시키고 위성 정당 금지 조항도 만들지 못하는 실수를 했다. 이제 와서 야당을 핑계로 위성 정당을 만드는 건 명분이 없다.

이건 마치 열린우리당을 창당한 정동영이 열린우리당을 탈당해 민주당으로 돌아간 것만큼이나 명분 없는 짓이라 생각했다. 다행히 민주당은 새로운 방법을 모색했다. 민주당이 시민사회와 함께 위성 정당을 만들어 소수정당 후보를 앞 번호에 전진 배치하고, 민주당 비례대표를 후순위에 배치하는 타협안이 나왔다. 나는 이 대안이 "소수정당을 위한 명분을 지키면서도 최소한의 민주당 비례대표의원을 배려한다"라는 점에서 유권자가 양해할 만한 타협안이라며 SNS에 찬성의견을 밝혔다. 정말 급속도로 시민민주당이 만들어졌고 좋은 성과를 얻었다.

다섯째, 열린민주당과의 관계설정이 문제가 됐다. 민주당으로선 소수정당도 배려해야 했지만 전문직, 지역 할당을 위한 민주당 비례대표 후보의 당선도 필요했다. 그런데 열린민주당에서 조국을 지지하는 문 대통령 강경파 지지자들이 민주당을 떠나 결합했고, 개방 경선까지 실시함으로써 지지도 12%를 기록했다. 열린민주당은 내 눈엔 양날의 칼로 보였다. 강경파들이 민주당에 있는 것보다는 외곽에서 전투를 맡아 주는 게 민주당에 도움이 되는 면도 있다. 하지만 그 위세가 너무 커지면 분열의 씨앗이 되고 그들이 거대 민주당을 견인하는 건 바람직하지 않다고 봤다. 그들의 세를 약화시키기 위해 열린민주당을 비판할 필요는 있었지만 나와 가까운 페친 다수가 후보나 당원이었기에 선거를 앞두고 전투를 치를 수 없어 고민을 거듭하고 있었다. 내가 한동안 의견 표명을 보류하자 지도부 중 한 원로가 전화를 해 왔다. 열린민주당에 대한 조언을 부탁한다는 것이다. 한참을 고민한 후 다시 전화해 나는 이렇게 조언했다.

"지난 언론보도에 〈김어준의 뉴스공장〉에서 열린민주당과의 관계 설정 질문에 이해찬 대표가 나중에 합칠 수도 있다며 여지를 남기시더군요. 그러면 당연히 열린민주당에 표가 쏠리겠죠. 원래 잃을 게 없는 작은 정당이 큰 정당보다 협상력이 크기 때문에 향후 민주당이 강경파 정당에 끌려다닐 수 있어요. 합당 가능성은 절대 없다고 못을 박아야 합니다. 한치의 여지도 주지 마세요."

그날 나는 별도로 SNS에 글을 올렸다. 대강 다음과 같은 취지의 내용이었다.

— 오랜 민주당 지지자인 남편에게 비례대표 투표에서 열린민주당을 찍을 용의가 있는지 물었다. 남편이 싫다고 해서 왜 그런지 물었더니 정당하지 않다고 했다. 일부 후보가 민주당 공천에 탈락한 후 탈당해 열린민주당을 창당했기에 민주당 지지자로서 신당의 정통성을 인정할 수 없다는 것이다. 나와 가까운 사람이 열린민주당 후보가 많아 매우 곤혹스럽지만 남편의 의견에 동의하며 열린민주당에 표를 줄 명분이 없다고 본다.

다음 날 아침 이해찬 대표가 〈뉴스공장〉에 급히 출연해 어떤 경우에도 열린민주당과의 합당은 없다고 못박았다. 열린민주당의 지지도가 하락하기 시작해 3석으로 끝났다.

2004년 총선 이후 처음으로 당 지도부와 내 생각이 같았기에 민주당은 원칙과 명분을 잃지 않고 하나씩 문제를 해결해 나갔다. 이심전심이든, 내 제언이 도움이 됐든, 민주당은 조국 선거가 되지 않도록 최선을 다했고, 그 결과 정당 재편성의 열매를 제대로 수확할 수 있었다. 그러나 민주당과 보수당과의 정당투표에서 표 차이는 5.6%에 불과했다. 민주당의 압승은 소선거구제에 의한 승자독식 결과로 부풀려진 것일 뿐, 민주당이 정당 구도에서 아직 다수당이 된 건 아니었다. 20대 남성의 40%가 탄핵당한 보수당을 지지했다는 건 언제든 보수당이 회복해 돌아올 것에 대비해야 한다는 경고다.●

탄핵과 의원내각제 개헌 저지는 깨어 있는 시민의 힘으로

민주당이 노무현이 시작한 복지와 민주주의를 쟁점으로 재연합하는 데 가장 큰 역할을 한 사람들은 깨어 있는 시민들이었다. 2008년, 2016년 정당 재연합에 제동을 걸었던 건 정동영, 손학규, 김종인 등의 엘리트였지만, 친노 지도부가 등장하면 적극 지지하고 민주당 지지세를 확산시킴으로써 선거 승리에 기여한 건 노사모, 문

● 조기숙, "한국 정당 재편성의 역사와 기제 : 세대교체, 전환, 혹은 동원?*", 〈한국정당학회보〉, 2020.

파를 비롯한 깨어 있는 시민들이었다. 박근혜 탄핵을 밀어붙이고 의원내각제 개헌을 저지하는 데에도 이들이 큰 역할을 했다.

노무현 대통령은 청와대 뒷산에서 2004년 탄핵 반대시위를 위한 촛불을 보면서 이 촛불이 나중에는 내게로 향할 거라는 두려운 마음이 들었다고 고백했다. 그들 일부는 무관심했고, 일부는 노무현을 배신자라고 비난했으며, 일부는 지지했지만, 지금처럼 적극 지지하지는 않았다. 노 대통령 서거 이후 다시 깨어난 지지자들은 문 후보가 대선에 재도전하는 동안 지켜 줬고, 대통령에 당선시켰으며, 임기 내 높은 지지도를 유지하도록 흔들림 없이 밀어줬다. 하지만 이들이 결국은 정권교체를 당하는 데에도 기여할 줄은 조국 사태가 벌어질 때까지는 상상도 못했다.

문재인 후보 지지자와 안철수 후보 지지자의 특성을 연구••했는데 문파는 중년이 많았고, 농어촌보다는 도시에 많았다. 이들은 상대적으로 교육수준과 투표 참여율도 높았으며, 정치적 관심과 정치적 효능감도 높았다. 그래서 정치에 적극적으로 참여하고 비판적인 시각을 견지했다. 반면, 안철수 지지자들은 모든 면에서 문파에 비해 낮은 지표를 보였다. 오히려 이들은 트럼프 지지자의 특성과 일치했는데 저연령이나 고연령, 도시보다는 농촌에서 많이 발견되는 포퓰리스트 지지자의 특성을 가졌다. 그러나 안철수는 중도파라서 다른 나라의 포퓰리스트 지도자와 달리 한국정치를 위협하거나 해악을 남기지는 않았다. 그의 지지자 중 인지적 수준이

•• 조기숙, 《포퓰리즘의 정치학》, 인간사랑, 2015.

낮은 사람이 많았지만, 안철수가 흑백논리를 숭상하지는 않았기 때문이다.

대체로 포퓰리스트 지지자들은 강력한 권위주의적인 리더를 추종한다. 이들은 정치에 대한 이해가 낮아 단순한 흑백논리를 선호하기 때문이다. 기득권을 악마화하면서 자신만이 통합된 국민의 의지를 대표한다고 주장하는 포퓰리스트의 단순한 수사학에 지지자들은 열광한다. 그들은 또한 거추장스러운 민주제도를 우회하여 리더의 강력한 힘으로 문제해결을 하겠다는 화끈함에 빠져 포퓰리스트를 지지한다. 이재명 지지자들이 이 대표가 검찰이나 언론을 확 쓸어버릴 것 같아 지지한다고 당당하게 말하는 것과 같다. 이들은 과거에 정치 무관심자였지만 비정치인이 정치인으로 변신한 포퓰리스트에 매료되어 정치에 관심을 갖게 됐다. 그래서 이들은 노골적으로 반민주적인 태도를 보이면서도 부끄러움을 모른다. 한마디로 포퓰리스트 지지자가 등장하는 이유는 민주주의와 정치 학습이 부족한 사람이 포퓰리스트에 의해 동원되기 때문이다.

초기 문파는 합리적이고 비판적이었던 노사모와 유사했고, 멤버십도 일부 겹친다. 그들은 SNS에서 거친 언어를 사용할 때에도 증거와 합리적 논리로 싸웠고, 한 언론에서 분석했듯이 남이 먼저 공격하면 방어할 뿐, 먼저 공격하지는 않았다. 내가 다른 후보 지지자들로부터 공격을 받을 때에도 논리와 증거로 나를 엄호해 줬기에 문재인 후보 재수 시절 나는 4년간 문 후보의 성공적인 호위무사가 될 수 있었다.

문파는 선거 때에도 나와 손발을 맞췄지만, 탄핵과 그 이후 과정에서 그들의 활약이 특히 컸다. 탄핵이 될 거라는 큰 기대 없이 탄핵을 한번 던져봤다는 당시 이재명 지사와 달리 두 번째로 탄핵을 주장했던 나는 탄핵에 대한 뚜렷한 목표와 전략을 세우고 있었다. 그러나 문 대표는 야당이 임명하는 총리에 의한 과도기 내각을 주장했고, 조국 교수의 "박근혜 탄핵이 불가능한 세 가지 이유"라는 SNS 글이 폭넓은 지지를 받고 있었다. 탄핵을 주장했던 나는 문파로부터 이재명 지지자라는 의심과 공격을 받았다. 하지만 나도 물러서지 않았다.

"문 대표가 원하는 과도기 내각을 구성하려 해도 박근혜가 사퇴해야 가능하다. 그러나 박근혜는 절대로 사퇴하지 않을 것이다. 사퇴하면 감옥에 가는데 누가 자발적으로 사퇴하겠는가. 결국 그를 끌어내릴 수 있는 유일한 방법은 탄핵밖에 없다. 탄핵보다 더 좋은 대안이 있으면 말해 달라."

헌재 판사들 다수가 박근혜에 의해 임명됐기 때문에 탄핵할 수 없을 거란 조국 교수의 주장으로 나를 비판하는 사람도 적지 않았다.

"헌재 재판관들이 후손도 알게 될 역사적인 판결을 단지 박근혜가 자신들을 임명해 줬다는 사소한 이유로 탄핵안을 기각하는 어리석은 결정은 하지 않을 것이다. 결국 그들도 역사가 두려워 여론을 거스르는 결정은 하지 못한다."

가장 많이 받은 반론은 국회 표결 문제였다.

"민주당이 3분의 2가 안 되는데 탄핵안 가결이 가능한가?"

"수도권 새누리당 의원을 설득하면 된다. 경쟁이 치열한 수도권 의원은 다음 총선을 생각한다면 도도한 민심의 흐름에 동참하지 않을 수 없다."

내가 문파의 설득에 성공했던 건 미국의 사례를 설명하면서 우리도 이 전략대로 가면 승리할 수 있다고 안심시킨 덕분이다. 과거 선거에서 가장 정확하게 예측했던 덕분에 곧 그들의 신뢰를 다시 회복할 수 있었다.

"미국의 닉슨이 어떻게 사임했는지 아는가? 처음에는 탄핵여론이 턱없이 낮았다. 하지만 포기하지 않고 언론이 계속 비판하니 탄핵 찬성여론이 점점 높아지다 압도적으로 다수가 됐다. 그러자 같은 당인 공화당 의원이 먼저 닉슨에게 사임을 요구했고, 결국 닉슨은 탄핵을 피하기 위해 사퇴했다. 박근혜가 사임하면 다행이지만 그렇지 않을 가능성이 크기에 탄핵 카드를 빼 들어야 사퇴라도 할 것이다. 탄핵 여론을 만드는 게 급선무다. 우선 여론조사에서 사임이나 과도기 내각 대신 탄핵을 선택해 달라."

당시만 해도 시민들이 포퓰리즘에 휘둘리지 않아 합리적 설득이 가능했다. 탄핵과정은 믿기 어려울 만큼 이심전심 집단지성에 의해 움직였다. 모든 게 내가 처음 제안한 전략대로 흘러갔다. 수도권 새누리당 의원이 가장 먼저 이탈하면서 탄핵 가능성이 눈에 보이기 시작했다. 민주당, 국민의당 의원들의 사표 제출로 의회 탄핵안 표결이 마무리됐다. 사직서가 법적인 의미는 없지만, 동료를 믿지 못하는 새누리당 의원들을 위해 야당의 도원결의를 보여 주는 행위로서 상징성이 있다고 생각해 제안했는데 의원들이 받아들여 나도 깜짝 놀랐다.

탄핵의 기쁨을 만끽하기도 전에 의원내각제 또는 이원집정부제 개헌설이 솔솔 흘러나왔다. 실제로 TV에서 열린 개헌 토론회에 나도 참가해 우리 국민은 대통령을 직접 뽑는 대통령제를 포기하지 않을 거라고 주장했다. 우연히 새누리당과 국민의당, 민주당 의원 40명이 의원내각제 개헌을 시도한다는 소식을 들었다. 나는 이 정보를 SNS에 공개했다. 곧 문파는 개헌에 찬성하는 것으로 알려진 민주당 의원 40명의 명단과 전화번호를 공개했고, 문자 폭탄과 18원 후원금이 날아가기 시작했다. 결국 수백 통의 문자를 받은 추미애 대표는 개헌 관련해서는 의원총회는 물론 민주당 의원 워크숍조차 열지 않겠다고 약속했다. 시민들이 탄핵을 틈탄 민주당 내 의원내각제파 의원들의 개헌 시도까지 막아 낸 것이다.

물론 그때 40명 명단에 자신이 잘못 들어갔다고 항의하는 의원도 있었다. 그러나 일이 신속하게 마무리되면서 큰 부작용은 없었다. 당시에 문파가 문자 폭탄을 보낸 일은 국민 다수가 동의할 거란 확신이 드는 명분 있는 사안이었기에 나도 별로 개의치 않았다.

또한 정치인도 매번 지지자들에게 문자 폭탄을 보내는데 왜 지지자는 정치인에게 문자 폭탄을 보내면 안 되냐고 생각했다.

2017년 대선은 순탄하게 흘러갔다. '나라다운 나라' 민주당 구호도 좋았고 안철수의 자폭성 TV토론으로 무난히 문재인 정부가 수립됐다. 안철수는 두 번째 TV토론에서 문재인 후보에게 "내가 MB 아바타입니까?" 하며 물었는데 나는 그게 탄핵국면에서 TV에 나와 "나는 사기꾼이 아닙니다"라고 말했던 닉슨과 같다고 말했다. 이걸로 안철수의 대선은 끝났다고 트윗에 썼는데 정말 그렇게 됐다. 문재인 정부가 시작되면서 장관 임명 때마다 어려움이 생기면 SNS 친구들은 나를 호출했고 인사에 대한 내 의견을 듣고 싶어 했다. 내가 지지하는 장관들은 문파들의 힘으로 여론을 유리하게 이끌어 임명될 수 있었고, 내가 명분이 없어 침묵한 후보들은 결국 낙마했다. 이를 마치 내가 지시하고 문파들이 행동대원처럼 문자 폭탄을 보내는 구조로 이해하는 사람이 있는데 이는 전혀 사실이 아니다.

여론 전문가로서 이론과 데이터를 오래 쌓아 온 경험으로 나는 단지 다수 여론이 어떻게 흘러갈지 예측하는 능력이 있었을 뿐이다. 나는 명망가도 아니고 자극적인 언어로 주목을 받는 성향도 아니라서 김어준이나 유시민처럼 다수의 여론을 움직일 힘이 없다. 다만 다수가 지지할 만한 명분 있는 결정을 했기에 여론이 우리 결정과 함께 움직일 걸 예측하고 문파와 함께 이기는 선택을 할 수 있었을 뿐이다. 정의당이 인사에서 큰 영향력을 발휘했던 건 그들의 데스노트가 결과적으로 다수의 생각과 일치했기 때문이었던 것과 같다. 비록 흠이 있어도 명분 있는 인사의 내각 임명에는 문파와 함께 반대파에 맞서 싸웠기에 문 대통령은 그들을 성공적으로 임명할 수 있었다.

포퓰리스트 지지자로 변해가는 문파

문재인 정부 임기 초만 해도 문파가 엘리트에 대한 적대감을 드러내는 포퓰리즘 분위기는 전혀 없었다. 오히려 결정이 어려울 때면 내 의견을 경청하고자 소환했다. 그렇다면 언제부터 왜 포퓰리즘이 민주당을 망가뜨리기 시작했을까?

2019년 5월, 문 대통령의 원팀 시스템 운영이 인사에 미치는 부정적인 영향을 지적한《대통령의 협상》이란 책을 출간할 무렵 1년 넘게 중단했던 SNS를 재개하면서 어렴풋이 포퓰리즘 분위기를 느끼기 시작했다.

문 대통령의 중국 방문 시, 중국 공안원의 우리 기자 폭행 사건 관련 왜곡 보도와 싸우는 대신 나는 사과하며 SNS를 1년 넘게 접었다. 그 이유는 앞에서 설명한 바 있다. 그동안 온라인에서는 몇 가지 변화가 있었다. 조국 교수를 비롯해 중요한 SNS 인플루언서들이 다수 입각하면서 오피니언 리더의 공백이 생기자, 내게 의견을 묻는 일이 종종 있었다. 그런데 나까지 SNS에서 사라지자 호랑이 없는 굴에 토끼들의 경쟁이 시작됐다. 당시 이들에겐 공격할 늑대가 없었다. 탄핵으로 무너진 보수정당에 적개심을 불러일으킬 공동의 적이 사라진 것이다. 탄핵과 대선 승리로 기상이 올라간 지지자들은 구독할 팟캐스트를 찾고 있었다. 문재인을 지지했던 기존 인플루언서를 비판하면서 새롭게 시장을 개척하는 소상공인형 논객들이 출몰하기 시작했다. 그들은 자기보다 센 누군가를 비판하면 후원금이 들어오자 혐오와 증오를 파는 비즈니스 모델에 편승하기 시작했다.

《왕따의 정치학》으로 우리 편을 지켜 주자는 게 불문율이 된 상황에서 비판이 실종되면 파시즘이 기승을 부릴까 걱정됐다. 나라도 필요한 비판은 해야겠다는 생각에 문 대통령을 95% 칭찬하면서 5%의 약점을 지적한《대통령의 협상》을 썼다. 이 책이 출간되자 그들에겐 더 없는 미끼가 됐다. 나에 대한 그들의 공격 수준은 과거 문파와는 차원이 달랐다. 이 변화를 더 뚜렷하게 느낀 건 물론 조국 사태 때였다. 나는 조국에 관해 일체 공개적인 발언을 하지 않았다. 다만 정 교수의 인권 보호를 위해 포토라인에 세우지 말아야 할 이유와 가족 단톡방을 턴 검사의 사생활 침해를 비판한 게 전부였다. 이 때문에 한 방송 뉴스는 나를 친조국 인사로 분류했다고 한다.

누군가 내게 댓글로 조국 사태 관련 언론 보도 문제를 정리해《왕따의 정치학》2편을 내달라는 부탁을 했다. 이에 대해 나는 다음과 같은 댓글을 남겼다.

— 저는 개인적으로 조국 장관은 수단일 뿐 우리의 목표는 검찰개혁이어야 한다고 생각합니다. 검찰개혁은 시스템으로 하는 것이지 사람이 중심이 되어선 성공하기도 어렵고요. 조국에 대한 평가는

민주진영 내부에서도 엇갈리고 있고, 그를 지키려고 한다고 지킬 수 있는 것도 아니고 버린다고 버릴 수 있는 것도 아닙니다. 이미 조국은 우리 손을 떠났습니다. 조국 지키기가 운동의 목표가 되면 다수의 참여를 끌어내기 어렵습니다. 조국의 운명은 검찰의 손에 맡겨져 있고 살아남고 말고는 조국에 달린 겁니다. 조국 가족의 희생은 국민에게 검찰개혁이 왜 필요한지를 보여 줬지만 희생자라서 모든 잘못이 용서되는 건 아닐 겁니다. 잘못한 만큼의 대가를 치르도록 국민이 지켜봐야 하지만 잘못이 있는데도 검찰개혁의 적임자라는 말을 해선 검찰개혁도 성공하기 어렵습니다. 따라서 잘못이 없던 노무현과 동일시하기엔 좀 더 지켜봐야 할 것입니다. 조국 가족의 희생으로 검찰개혁에 집중한다면 성과를 낼 절호의 기회로 생각하고 그들에게 버텨 준 것에 대해 감사하며 그들이 잘못에 상응한 책임만 지도록 눈 부릅뜨고 지켜보는 게 국민의 역할이 아닐까 싶습니다.●

이 댓글을 누군가가 캡처해 여성들이 많이 가는 커뮤니티에 올렸던 것 같다. 그들은 나를 프로 내부총질러로 규정했다. 그들은 이 스트레스 받는 상황에서 비난할 누군가가 필요했던 것 같고, 그게 나라서 오히려 더 자존감이 올라갔던 것 같다. 상식적으로 내부 분열이 두려운 사람이라면 댓글 하나를 커뮤니티에 올리고 떼거리로 몰려와 막말 공격을 하겠는가. 그게 언론에 보도되면 누구 잘못

● 조기숙 페이스북 댓글, 2019. 9. 26.

인가? 댓글 쓴 내가 내부 갈등 유발자인가? 아니면 댓글을 캡처해 유포한 사람이 프로 내부총질러인가?

이건 순전히 내 경험에 기초한 추측이지만 집권 직후와 2018년, 2019년 시간이 흐르면서 문파 집단에 커다란 변화가 있었다. 수많은 사람이 새롭게 문 대통령 지지자로 유입되면서 문파가 무정형의 거대 집단으로 발전했다. 나를 공격하던 다수가 2017년 대선 이후에 SNS 계정을 만들었다는 게 하나의 증거다. 이들 중 상당수가 지난 2012년부터 2017년까지 5년간 나와 힘을 합쳐 문재인 후보를 지킨 문파의 역사를 알지 못하니 '문파의 장로'라고 불리던 나를 신뢰하지 않았던 것이다. 내부총질에 대한 문제의식을 처음으로 전파한 사람이 나라는 사실조차 모르는 것 같았다.

기존의 문파라 하더라도 그 세가 커지면서 엘리트에 저항하는 현상이 일어났다고 본다. 노 대통령이 존경하던 리더십의 대가 제임스 맥그레거 번스 교수는 그의 책《역사를 바꾸는 리더십》에서 이런 현상을 '번스 패러독스Burns Paradox'라고 칭했다. 지지자는 개혁을 수행하는 지도자를 존경하고 지지하면서 자신의 권한이 커지는 것을 느끼고 만족한다. 그러나 현실적으로 많은 갈등 문제를 해결하느라 개혁이 빠르게 진척되지 않자 염증을 느끼며 지지자들이 나서서 오히려 지도자를 견인하는(정확히 말하면 지도자에 반기를 들고 도전하는) 현상을 의미한다. 이들은 개혁의 방향에는 공감하지만 속도전에 관한 생각의 차이로 결별하게 된다. 하지만 변질한 문파는 탄핵과 대선 승리로 과도한 효능감을 느끼면서 자기애가 높아져 공격할 먹잇감을 찾고 있었던 것 같다.

또 하나 특징은 공격의 선두에 선 사람들 중 30~40대 여성이 다수였는데 과거에 커뮤니티에서 주로 활동했던 여성들이 SNS까지 진출한 것으로 보인다. 나머지는 어휘력이나 사고력이 현저히 떨어졌다. 내가 안철수 지지자로부터 공격받았을 때 목격했던 일이다. 문 대통령의 초기 인기가 높으니 안 지지자들이 문 지지자로 전향했다는 느낌이 강하게 들었다. 문파는 수적으로 확대됐을 뿐만 아니라 인구구성마저 변해 그들은 더 이상 초기 순수한 팬심을 지닌 합리적인 문파가 아니었다. 게다가 나와 함께 열심히 활동했던 적지 않은 초기 문파가 내가 쉬는 동안 SNS를 접었다.

앞에서도 언급했지만 문 대통령은 민주적 절차를 민주당에서 가장 철저하게 보장한 분이다. 포퓰리스트와 거리가 멀어도 한참 멀다. 하지만 문파는 포퓰리스트 리더 없이 포퓰리스트 지지자로 변해가고 있었다. 문 대통령의 인기가 급상승하면서 권력을 추종하는 포퓰리스트 지지자들이 문파에 합세했다고 추측한다. 이게 가능한가? 정치인만 대통령 뒤에 숨어 호가호위하는 게 아니라 시민도 그럴 수 있다. 조국 현상은 기존 일부 문파에 포퓰리스트 지지자들이 더해지면서 벌어진 일이라고 본다. 조국 사태 이전에 문파는 이미 변질하기 시작했지만, 조국 사태가 변질한 문파와 결합하면서 민주당이 본격적인 위기 징후를 보이게 됐다.

민주당의 위기는 정치에서 염치를 상실하면서 초래됐다. 민주당이 염치를 잃게 된 결정적인 사건은 조국 사태였다. 조국 사태를 처리하는 과정에서 민주당은 민주주의를 존중하는 합리적인 정당이 아니라는 치부도 함께 드러냈다. 이것은 누구의 책임일까? 민주당이 염치와 민주주의와 멀어진 데에는 인직, 제도적, 환경적 변화가 가져온 부작용에 대응하지 못한 민주당 지도부라는 세 가지 요인이 있다. 하나씩 순서대로 짚어 보겠다.

2

민주당에 위기 징후가 나타난 배경

시민도 권력에 취하면 초심을 잃는다

민주당이 무너지게 된 첫 번째 원인은 민주당 지도부와 지지자의 상호관계에서 발생한 사람의 문제다. 지도부는 원칙을 잃고 강성 당원에 끌려다녔고, 당원은 권력에 취해 이성을 잃어버렸다. 내가 봤던 이상적인 지지자의 모습은 노사모였다. 이 때문에 시민은 정치인과 달리 이해관계가 없어 늘 옳은 쪽을 지지하는 집단지성을 만들어 낸다고 생각했다. 그러나 내가 틀렸다. 시민도 권력에 취하면 초심을 잃는다는 걸 조국 사태에서 처음 배웠다.

조국 교수는 다수 국민이 생각하는 공직자 자격에 미흡했음에도 여기에서 밀리면 끝장이라며 당에서 밀어붙였다고 한다. 당은 청와대와 정부의 신중한 태도와는 달랐다. 열성 당원들의 요구를 거부하면 곧 치러질 총선에서 승리를 담보할 수 없다는 게 이유였다. 이 논리 제공자는 김어준일 것이라고 추측한다. 그는 김용민 사퇴 때에도 같은 논리를 사용했는데 그땐 나도 찬성했다. 앞에서 말했듯이 성인 방송에서 했던 김용민의 과거 농담을 정치의 장에서 야당이 공격의 소재로 사용하는 건 반칙이라고 봤기 때문이다. 이번에는 김어준이 부동층 여론을 설득하는 데 실패했다. 왜 그랬는지 내가 경험했던 사례를 통해 사람의 문제를 조명해 보겠다.

나와 교육운동을 했던 단체의 10여 명의 임원이 모인 텔레그램방에서도 조국 교수 자녀 논문과 관련해 논쟁이 있었다. 그러나 문 대통령이 조국 교수를 법무부 장관 후보로 지명하고 나서는 대통령의 선택에 힘을 실어 주는 것으로 합의를 봤다. 조국 장관 청문회에서의 위증으로 생각되는 발언과 검찰의 정경심 교수에 대한 기소를 접하며 나는 문 대통령의 조 장관 임명이 어려울 거로 전망했다. 그러자 스스로 깨어 있는 시민임을 자부했던 한 후배가 이런 말을 했다.

"만일 문프가 조국 임명을 철회하면 저는 다음 총선에 투표 안 할래요."

이 후배는 원래 조국 교수를 좋아하지도 않았고 오히려 그가 정치 감각도 없으면서 외모로 영향력을 누려 민주당을 자주 곤경에 빠뜨린다며 비판하는 쪽이었다. 대깨문을 자처했던 그녀는 문프가 내 말을 듣지 않으면 기권으로 응징하겠다고 선언한 것이다. 지도자와 팔로워의 위치가 뒤바뀐 셈이다. 이런 사람이 과연 진정한 지지자라고 할 수 있을까? 지도자가 잘못된 길을 갔다면 지지자로서 당연히 그럴 수 있다. 하지만 자한당 청문위원들이 죽을 쑤는 동안 조 교수는 청문회에서 의혹을 해소하지 못했다. 후배는 명분이나 자신이 지지하는 지도자의 결정을 존중하기보다 잘못 꿰어진 자신의 첫 단추를 고집하겠다는 거다. 이런 지지자의 모습이 앞에서 설명한 '번스의 패러독스'다.

후배는 나와 학연, 지연, 직업 등 아무런 인연이 없다. 노사모 회원이었던 그녀가 서거 이후 슬픔을 달래기 위해 노무현의 참모인 나를 찾아와 인연이 시작됐다. 지난 10여 년간 교육단체 일을 함께 한 건 물론이고 그 가족과 우리 가족은 한 식구처럼 지냈다. 그 시간이 내게는 가장 보람되고, 행복했다. 무엇보다 그들과 세상을 보는 눈과 가치관이 같았기 때문이다. 그녀가 조국 교수를 옹호하는 건 교수 사회의 직업윤리를 잘 모르기 때문이라 이해했다. 그러나 다음 발언은 내가 과거의 그녀와 대화하고 있는 게 맞는지 내 눈을 의심케 했다.

"솔직히 조국 교수 무능하죠. 부인이 서울대 출신 영국 박사인데 직장을 겨우 동양대에 얻어 주다니…. 조 교수 정도라면 이보다 훨씬 더 좋은 대학에도 부인을 보낼 수 있는 것 아닌가요?"

한마디로 조국이 부인의 구직에 자신의 영향력을 쓰지 않았을 만큼 도덕적이라는 의미다. 그녀는 과거 누구보다 특권과 반칙에 분노했고 비판적이었다. 진보진영을 대표하는 조 교수가 그렇게 하지 않은 게 정상일 뿐, 대단히 도덕적이라고 말하면 곤란한 것 아닐까. 그렇게 했다고 정 교수가 좋은 대학의 교수가 되는 것도 아니다. 그건 후배가 모르는 교수의 세계이기 때문이다. 한참 전부터 외국 저널 학술지 논문이 교수 임용에 가장 중요하므로 박사학위만 가지고 누군가의 영향력을 발휘해 명문대 교수를 만드는 건 불가능하다.

180도 변한 그녀의 가치관이 무척 낯설었다. 그녀와 내가 단톡방을 탈퇴한 후 그 방이 깨져버린 결정적인 사건은 서초동 집회가 시작되고 몇 차례 시위가 지속되면서 벌어졌다. 나는 서초동 집회가 '조국 수호'가 아니라 '검찰개혁'으로 간다면 함께하겠다고 했다가 집단공격을 받았음은 앞에서 이미 밝혔다. 그녀를 비롯해 우리 텔레그램 방의 몇몇이 서초동 집회에 참여했다. 탄핵 집회 때에는 전원이 함께했지만, 이번에는 서너 명만 동참했다. 나는 교수 사회의 윤리를 모르는 그들의 생각도 존중받아야 한다고 생각해 응원의 글을 남겼다.

— 나는 생각이 달라 참여하지 못하지만 응원합니다. 교수들이 어떻게 살아왔는지 잘 모르니 여기 계신 몇몇이 조국 교수를 응원하는 것 충분히 이해합니다. 그러나 '조국을 지지하지 않는 교수는 조국에 대한 열등감 때문이라거나, 모든 강남 교수들이 자녀 입시에 조국과 똑같은 편법을 썼는데 조국 가족만 억울하게 당했다'라는 등 다른 교수를 폄훼하는 발언은 하지 않으면 좋겠습니다. 적어도 내 주위엔 그런 교수 단 한 명도 없습니다.

그녀는 집회에 다녀올 때마다 보고했고, 나는 그들에게 수고했다고 치하했다. 어느 날 그녀는 다음과 같은 자랑을 했다.

"참가자 중에 20~30대 여성이 정말 많더라고요. 정말 자랑스러운 깨어 있는 시민들 덕분에 자부심을 느낍니다."

그때는 이미 광화문 집회에 동원된 엄청난 인파로 서초동 집회는 세를 잃어가고 있을 때였다. 나도 참지 못하고 속마음을 말해버렸다. 그녀가 내 간곡한 부탁을 무시하고 자신의 옳음을 증명하기 위해 지속적으로 다른 교수들을 폄훼했기 때문이다.

"시위에만 나오면 다 깨어 있는 시민인가요? 그런 식이면 광화문에 나오는 태극기 부대도 깨어 있는 시민이겠네요. 이런 얘기해서 죄송한데요. 내 눈에는 그들이 포퓰리스트 지지자로 보이네요. 20~30대 여성들이 정치에 대해 뭘 알겠어요? 정치를 제대로 학습도 안 하고 목소리부터 높이는 게 포퓰리스트 지지자란 증거죠."

그녀가 발끈하며 단톡방을 나갔고, 그녀 없는 방에 나만 있는 건 반칙이라 생각해 나도 방을 나왔다. 조국 부부가 법원의 판결을 받고, 선거에서 민주당이 국민의 심판을 받고 나면 다시 모여 화해할 생각이었다. 내가 그토록 부도덕해서 싫어했던 사람과 다를 게 없는 후배가 지난 10여 년간 내 절친이었다니 참담했다. 무엇이 그녀를 괴물로 만들었을까.

후배의 증언처럼 조국 수호 시위나 나를 SNS에서 공격했던 사람 중에는 유난히 여성이 많았다. 조 교수가 잘생겨서 그렇다는 한 시민단체 임원의 주장을 보도에서 봤는데 그건 여성을 폄훼하는 발언이다. 검찰 때문에 조국 가족이 도륙당했다고 생각하는 여성 지지자들이 한 가족의 수난사를 감성적으로 받아들인 결과라고 나는 이해했다. 학문적으로 남녀의 생물학적 차이는 발견되지 않는다. 딱 하나를 꼽으라면 여성이 타인에 대한 감정이입 능력이 남성에 비해 강하다는 게 다수 연구의 결과다. 그게 꼭 나쁜 건 아니지 않은가. 다만 그것을 제도적으로 잘 관리하지 못한 건 민주당 지도부의 책임이라고 생각한다.

당원중심정당의 공천시스템 도입이 초래한 정치적 결과

왜 민주당은 2020년 총선에서 압도적인 승리를 거둔 후, 단 2년 만에 정권을 빼앗겼을까? 민주당이 2016년 당시 문재인 대표가 만들어 놓은 100% 안심번호공천 시스템을 허물고 당원에게 50%의 공천권을 준 제도적 변화에서 이 모든 문제가 시작됐다고 진단한다. 이해찬 대표가 '20년 가는 정당', '100년 가는 정당'을 외치며 당원의 권한을 강화한 것이 의도치 않게 민주당을 포퓰리즘 정당으로 만드는 데 기여한 것이다. 권력을 민주적으로 사용할 절제와 관용을 훈련받은 적 없는 당원들에게 너무 큰 권력을 준 게 비극의 씨앗이었다.

"당권은 당원에게
공천권은 국민에게"

2004년 창당한 열린우리당의 구호였다. 우리 정당사에서 가장 획기적인 혁신은 국민참여경선을 도입했던 김대중 정부 말기의 민주당에서 시작됐다. 김 대통령의 아들 비리로 대통령 지지도가 추락했지만, 민주당은 미국식 예비경선제를 도입해 지역순회를 하며 노무현 후보가 대세론의 이인제 후보를 누르고 민주당의 대통령 후보로 당선됐다. 지금도 외국 정치인을 만나면 그때 정말 짜릿하지 않았냐며 흥분한다. 외국인조차도 소수당의 아웃사이더였던 노무현의 대선 승리는 한 편의 드라마로 기억되는가 보다. 로마와 미국이 강국이 될 수 있었던 건 외부에 문호를 개방했을 때이고, 쇠퇴하는 제국은 트럼프의 미국처럼 쇄국정책을 펼친다.

손학규, 한명숙, 안철수로 이어지는 민주당 지도부는 민주당의 공천제도를 시스템화하지 못하고 당 지도부의 전횡으로 공천 잡음이 요란했다. 정세균 대표는 정확히 어떤 방법을 사용했는지 기억나진 않지만 잡음 없는 공천으로 2010년 지방선거를 승리로 이끌었다. 2016년 총선 당시 문재인 당대표는 100% 안심번호에 의한 국회의원 공천시스템을 확립했다. 이 제도가 없었다면 김종인 위원장 아래에서 민주당은 절대로 제1당이 될 수 없었을 것이다. 정청래, 이해찬을 공천에서 배제하고, 살아남은 사람이 두 명밖에 없는 비례대표 공천 성적표에서 유추하면 김종인은 민주당 총선을 망쳤을 가능성이 매우 크다. 민주당이 제1당이라도 될 수 있었던 건 순전히 문 대표의 100% 안심번호 공천 덕분이라고 생각한다.

민주당의 제1당에 기여한 또 한 사람은 한명숙 전 대표였다. 앞에서 설명했듯이 2012년 한 대표의 비례대표 공천이 매우 좋았다. 당시 언론은 나눠 먹기 공천이라며 맹공을 퍼부었지만 한 전 대표의 사심 없는 균형 잡힌 공천 덕분에 비례의원 다수가 2016년 지역구에서 재선에 성공했다. 공천은 상향식이 반드시 좋은 후보를 결정하는 것도 아니고, 때로는 사심 없는 리더가 더 좋은 공천을 할 수도 있다. 그러나 리더도 사람인지라, 사람을 믿을 수 없기에 지속가능한 시스템을 만드는 게 중요하다.

한 가지 분명한 사실은 2004년, 2016년 총선처럼 민주당이 유권자에게 정당을 개방했을 때는 승리했고, 닫았을 때 실패했다. 개방 경선에서만 국민 전체의 집단지성이 만들어지니 당연한 결과다. 2014년 지방선거 패배 뒤에는 당 지도부의 공천권 전횡이 있었다. 민주당의 가장 큰 승리는 2020년 총선이었는데 당시는 권리당원 50%+안심번호 50%였다. 이로써 민주당은 유권자 중심 정당에서 당원 중심 정당으로 변하기 시작했다. 아이러니하게도 민주당에 어두운 그림자가 드리운 건 초대박으로 승리한 2020년 총선 이후였다.

2020년 총선에서 민주당은 당원 중심 정당이 됐는데, 왜 2020년 총선 당시에는 변화된 제도가 문제를 일으키지 않았나? 총선 당시에는 나도 공천제도가 변한 걸 몰랐다. 선거 과정에서 당원의 권한이 강화되면서 평소 당 지도부와 다른 소리를 내왔던 금태섭 의원이 경선에서 무명의 후보에게 패하자, 그 공포가 과장되면서 당원의 영향력이 부풀려졌다. 당 지도부에 쓴소리했던 박용진, 조응천 의원은 경선에서 승리했고, 김해영 의원은 본선에서 실패했음에도 당원과 다른 소리를 내면 살아남을 수 없다는 잘못된 이미지가 만들어 진 것이다. 과장되고 잘못된 이미지의 부작용은 총선 승리 이후에 나타나기 시작했다. 지도부도 의원도 포퓰리스트 당원들의 눈치를 보기 시작한 것이다.

여기서 다음과 같은 질문이 제기될 것이다.

질문1 : 안심번호 100%와 권리당원 50%+ 안심번호 50%의 여론이 그렇게 다른가?

답1 : 민주당이 2004년과 2016년처럼 완전 개방 경선을 하면 국민들의 참여 동기가 높아져 다수가 참여하게 된다. 사람은 집단에 참여하면 주인의식을 갖는다. 개방 경선에 참여한 다수의 중도층이 민주당 편이 되기에 민주당 후보가 본선에서 당선될 확률이 높아진다. 개방 경선이 당선에 긍정적인 영향을 미친다는 건 2004년 총선을 연구한 결과 이미 발표됐다.

질문2 : 당비를 내는 권리당원에게 책임의식을 주기 위해서라도 50%의 공천권을 주는 건 당연한 것 아닌가?

답2 : 소수의 권리당원이 50%의 결정권을 갖는다면 일반인의 경선 참여 동기는 현저히 떨어진다. 내 표의 등가성이 당원의 10분의 1도 안 된다면 누가 경선에 참여하려고 등록하는 번거로움을 택하겠는가? 게다가 안심번호 50%에는 이미 권리당원으로 권한을 행사한 사람들이 다시 참여할 가능성이 있다. 제도적으로 이들을 배제할 방법이 없으니 더블카운팅(이중반영)의 오류가 가능해 제도의 신뢰성까지 위협한다.

질문3 : 민주당에 관심 있는 시민도 매달 1,000원을 내고 민주당의 권리당원이 되면 문제가 해결되는 것 아닌가?

답3 : 우리나라는 교사, 공무원 등 정당 가입이 불가능한 직종이 있다. 이들은 다른 나라에선 정당 가입이 가능하며 중추를 이루는 직업군이다. 이들을 배제하고 그렇지 않은 사람들에게만 과도한 권한을 주는 건 평등의 원칙에 어긋난다. 게다가 우리 사회는 정당원에 대한 부정적 편견이 있어 직장에서 이를 알게 되면 불이익을 받을 때도 있으므로 대다수 직장인이 당원 가입을 꺼린다.

질문4 : 당원은 당비를 내니 일반인과 달리 당원만의 권리가 있어야 하는 것 아닌가.

답4 : 권리당원은 당대표와 최고위원을 뽑는 당권을 갖는다. 정책에 대한 결정권을 가질 수 있다. 그걸로 충분하다고 본다. 더욱이 우리나라 정당은 세계적으로 가장 많은 액수의 국고보조금을 국민 세금으로 받고 있다.• 민주당은 당비 비율이 그나마 높은 편이지

• 구정모, 〈[팩트체크] 우리나라 정당 국고보조금은 세계적으로 드문 제도다?〉, 〈연합뉴스〉, 2023. 2. 10.

만, 다른 정당은 국고보조금의 비율이 더 높다. 사용처도 법에 정한 대로 정확히 사용하지 않아 문제가 많다. 시민들이 국고보조금을 삭감하라고 시위라도 한다면 정당은 위험에 처할 수 있다.

질문5 : 그래도 정당의 주인은 당원 아닌가?

답5 : 그렇지 않다. 당원은 정당의 대리인이고, 정당의 주인은 국민이다. 근대 이후 모든 민주 국가는 대의민주제를 택했다. 직접 민주제 방식인 주민투표, 주민발안, 주민소환 등을 보완적으로 시행하는 나라가 있을 뿐, 기본은 대의제이다. 국회와 정부가 대표적인 대의제 기구지만, 국회와 국민을 이어주는 매개 집단인 정당과 이익단체 또한 대의제 기구다. 정당이 정권획득을 추구한다는 점에서 대변하는 국민의 폭이 넓다면, 공적 이익단체(시민단체)는 정책을 추구한다는 점에서 대표하는 시민의 범위가 좁다는 차이가 있을 뿐이다.

우리 헌법 제1조 2항은 "대한민국의 주권은 국민에게 있고, 모든 권력은 국민으로부터 나온다"라고 규정하고 있다. 헌법 제8조 2항은 "정당은 그 목적·조직과 활동이 민주적이어야 하며, 국민의 정치적 의사 형성에 참여하는 데 필요한 조직을 가져야 한다"라고 규정하고 있다. 정당법도 "국민의 정치적 의사 형성에 참여함을 목적으로 하는 국민의 자발적 조직"이라 정의한다. 즉, 정당은 행정부와 달리 복수정당제라 당파성은 인정되지만, 정당의 궁극적인 목표는 이익 집합을 통한 권력획득이다. 이익 집합이란 당원의 의사를 모으라는 게 아니라 당원이 '국민의 정치적 의사를 결집'하는

데 참여하라는 것이다. 자신의 목소리가 아니라 국민의 목소리를 정책에 담으라는 게 헌법정신이다.

민주당이 2022년 대선에 패한 후 나는 정당의 주인이 당원이라고 주장하는 최동석 경영학 박사와 페이스북에서 논쟁한 적이 있다. 당원은 국민을 대리하는 임시 주인이라고 하는 게 정확하다. 국민은 언제든지 당원을 심판할 수 있기 때문이다. 최 박사는 정치에 대한 지식도 매우 제한적이지만 경영학자라서 그런지 정당을 회사와 비슷하게 보고 있었다. 심지어 독일 정당의 주인도 당원이니 민주당도 당원이 주인이 되면 독일 정당처럼 발전할 거라는 논리적 비약도 서슴지 않았다. 이 한심한 토론을 지켜보며 다수의 민주당 당원들이 최 교수를 압도적으로 지지했던 건 두말하면 잔소리다. 이 정도로 사리 분별이 안 되는 당원이 주인인 정당에 국민이 표를 주고 싶은 생각이 들겠는가?

정당이 대의제 일부라는 정의는 정치학 교과서의 기초다. 이 말은 국민과 정당의 관계는 주인과 대리인의 관계라는 의미다. 상점 주인이 상인에게 물건을 팔아 달라고 맡겼는데 상인이 물건을 다 써 버려 주인에게 손해를 입혔다고 가정하자. 주인이 책임지라고 했더니 상인은 내가 맡았으니 내가 주인이라며 삿대질을 한다. 당원이 주인이라는 민주당 일부 당원은 바로 이 염치없는 상인과 같다. 물론 주인이 상점의 운영을 맡겼으니 당원이 상점 운영에 관해서는 주인 노릇을 해도 된다. 당권을 당원에게 줘도 국민들이 양해하는 이유다. 그러나 여론 수렴과 정책 입안에서 국민의 이익을 외면한 정당은 선거에서 심판받는다. 선거는 정당의 주인이 누구인지 분명히 알려 주기 위해 존재하기 때문이다. 선거를 대의민주주의의 꽃이라 부르는 이유다.

최 교수는 당원이 주인이어야 하는 이유는 선거에 패배했을 때 책임을 추궁하기 위해서라고 주장한다. 내 생각에 주인은 책임을 지는 사람이지 남에게 책임을 돌리는 사람이 아니다. 만일 민주당의 주인이 당원이라면 당원은 선거 패배의 책임을 질 방법이 있는가? 단연코 없다. 책임질 방법이 없는 사람은 주인이 되면 안 된다. 민주당을 지지했던 국민들이 패배를 받아들임으로써 책임을 진다. 그래서 국민들이 정당의 주인이기도 하다. 다당제인 독일에서는 선거 패배란 개념 자체가 없다. 다당제는 정당 간 연정이 일상화되어 있어 적은 수의 의석을 갖고도 여당이 될 수 있다. 만일 선거 패배로 여당에 들어가지 못한다면 당원이 아니라 당대표가 책임져야 한다. 정당의 연정은 전적으로 지도부가 이뤄 내며 당원이 개입할 여지도, 책임을 추궁할 일도 없다. 독일의 당원은 지도자들의 정치를 신뢰하고 지지하는 덕성과 관용의 태도를 지녔다. 당원이 주인이라고 우기는 민주당원이 지도부에 의한 연정과 대연정을 용인할 수 있을까?

대화와 타협, 대연정과 같은 협의 민주주의에 익숙한 독일 당원과 달리 민주당 당원은 적대적 대결정치에 익숙하다. 심지어 당원 간 분열도 심각하다. 최 교수는 고작 6개월간 당대표를 했던 이낙연이 천재일우의 개혁 기회를 날려 먹었다며 끝까지 책임 추궁을 해야 한다고까지 했다. 이낙연은 당규를 개정해 당대표에 나오지 말았어야 했기에 나도 비판적이다. 하지만 기대 민주당을 2년 이끈 이해찬이 아니라 고작 6개월 당대표를 맡은 이낙연에게 모든 책임을 묻는 게 이성적인가? SNS에서 의견이 과대대표되고 있는 민주당 일부 강성당원들은 정상적인 사고 범위에서 벗어났다고 생각한다.

서강대학교 하상응 교수는 민주당 지지자가 다른 정당 지지자보다 포퓰리즘 지수가 가장 높다는 논문을 발표했다.• 나는 학회에서 외국에서 만들어진 포퓰리즘 태도 측정 문항을 사용함으로써 참여민주주의 의식이 강한 민주당 당원들의 태도를 제대로 측정하지 못했다며 다음과 같은 방법론적인 문제를 제기했다.

— 참여 민주주의는 노무현 대통령의 철학인데 대의제의 약점을 보완하기 위한 직접 민주정의 한 방법으로서 공천권을 국민에게 개방했다. 민주당 기초단체장들은 주민을 참여시킨 예산 배정을 하는 심의민주주의를 실천해 왔다. 이것도 직접 민주정의 한 방법이다. 이렇게 국민의 직접 참여를 중시하고 실천해 왔던 민주당 지지자들이 포퓰리스트로 오인될 가능성이 있으니 방법론을 재검토해 달라.

2022년 총선 이후 민주당의 돌아가는 모습을 보며 하 교수가 맞고 내가 틀렸다는 생각에 다음 학회에서 나는 그에게 공식 사과

• 하상응, "한국 유권자의 포퓰리즘 성향이 정치행태에 미치는 영향", 〈의정연구〉, 2018.

를 했다. 이 사실을 페북에 공유했더니 하 교수에게 쌍욕하는 사람도 있었다. 민주당의 일부 포퓰리스트 지지자들이 자신이 주인이라며 당의 문호를 걸어 잠그고 당을 망가뜨리고 있다. 포퓰리스트가 가장 중시하는 게 국민의 직접 참여인데 그것마저도 거부하는 비논리, 반지성이 민주당 일부 강성당원들의 모습이다. 만일 자신들의 의견이 그렇게 명분 있고 옳다면 개방 경선을 해도 자신들의 의견과 국민의 의견이 일치할 텐데 뭐가 두려워 그들은 자신의 기득권에 집착하는가? 그러면서 기득권을 악마화하며 적대적인 싸움을 계속하는 그들이 내게는 피에로보다 더 슬퍼 보인다.

환경의 변화가 초래한 부작용에 순응한 민주당 지도부

포퓰리즘이 전 세계적 흐름이 된 중요한 요인은 과학기술의 발전과 소통환경의 변화다. 트럼프나 유럽의 포퓰리스트들도 SNS를 적극적으로 활용한다. 지도자와 국민이 직접 소통하면 조용한 다수의 의견은 묻히고 소수 강성의 목소리만 증폭된다. 탄핵과 대선 승리로 들떠 있던 대선 직후만 해도 생각이 다른 당원에게 나의 논리적 설득이 먹혔다. 그러나 국민 여론과 반대 방향으로 당원이 막 나가게 된 데에는 환경의 변화가 중요한 요인이기는 해도, 강성당원이 두려워 그들의 잘못된 행동을 적극적으로 제어하지 못한 민주당 지도부에 더 큰 책임이 있다고 본다.

다른 의견을 배제하고 같은 의견만 들으면 편향성이 더 극단화된다는 게 내 박사 학위 논문 내용이다. 강성당원들의 당 게시판 점령과 SNS 영향력 확대는 조용한 다수의 목소리를 집어삼키고 소수 강경 당원이 득세하는 결과를 초래했다. SNS에서 선명하고 강경한 입장이 인기를 끌면서 다수가 우기면 진실이 되는 삼인성호三人成虎가 현실이 됐다. 집단사고를 집단지성이라 우기며, 노무현 전 대통령이 원칙을 중시하고 신사적이어서 실패했다며, 이기기 위해선 우리도 반칙과 편법을 동원해서라도 우리 편을 무조건 지켜야 한다는 진영논리가 난무했다. 겉으로는 노무현 트라우마로 민주당 일부 당원이 이성을 잃은 것처럼 보이지만, 실제는 노무현 실패론자들이 노무현 정신을 계승한다는 민주당의 주류가 된 것이다. 흑백논리로 이성은 실종됐다.

유권자로부터 외면 당하면 자신의 허물을 돌아봐야 하는데 2020년 총선에서 숨죽였던 민주당 강성당원들은 선거가 끝나자마자 민생은 팽개치고 검찰과 언론에 화풀이를 시작했다. 일부 의원과 지도부도 이들의 요구에 맞춰 춤을 췄다. 민주당에도 당이 잘못 돌아가고 있다고 생각한 의원들이 적지 않았겠지만, 목소리를 내진 못했다. 공천권을 가진 당원들이 경선 결과를 좌우한다는 과도한 두려움이 증폭되자 경선 탈락이 두려워 쓴소리를 못했다. 의원의 목표도 재선에 있으니 당원을 두려워하는 게 당연하다고 본다. 민주당은 대선을 앞두고 열린민주당과 합당하면서 절대로 합당은 없다던 이해찬 대표의 약속을 깬 것에 대해 누구도 사과하지 않았다. 그걸 보며 민주당이 대선에서 이기긴 어렵겠다고 진즉에 단념했다. 열린민주당의 강경파들은 대선에서는 물론이고 그 이후에도 민주당에 도움이 되지 않았다. 역사상 가장 팽팽한 대선을 치렀기에 윤석열 정부의 각종 무능과 실책이 속출하면 지금쯤 민주당 지지도는 치솟아야 정상이다. 현재 민주당이 30~35%의 지지도를 유지하는 것도 노무현이 시작한 정당 재편성 덕분이다.

대선 직후 치러진 2022년 지방선거의 투표율은 50.9%로 2018년 투표율 60.2%에 비해 10% 정도 낮다. 이재명과 비대위가 민심의 지지를 받지 못했다는 경고다. 민주당은 여전히 패배한 카드를 붙들고 패배를 지속하고 있다. 지금 민주당의 재연합은 지속하지 못하고 급격한 해체를 겪고 있다. SNS에서는 수많은 당원이 민주당을 떠나면서 인증사진을 남겼다. 물론 개딸 같은 새로운 당원이 가입하고 있지만, 민주당 지지가 확산하기보다는 해체의 징후를 보여 주고 있다. 나는 개딸이 유입되던 2022년 대선 직후에 긍정적이며 연대를 중시하는 그들의 언어를 페북에서 칭찬했었다. 그러나 개딸을 빙자한 민주당 꼰대들의 행진은 눈 뜨고 볼 수 없는 지경이다. 아니나 다를까 최근 일부 개딸은 각종 언론과의 인터뷰에서 자신들은 언론이 보도한 수박 깨기나 생각이 다른 의원에 대한 협박이나 시위 같은 걸 하지 않는다고 밝힌 바 있다. 개딸은 20~30대 여성이 아니라 이제 민주당의 포퓰리스트 지지자를 지칭하는 언어가 됐다.

대깨문이든 개딸이든 조국 수호부대든 이들의 포퓰리즘이 민주당의 기둥을 무너뜨리고 있는 것만은 분명해 보인다. 여기에 가장 큰 책임은 민주당 전현직 지도부에 있다. 탄핵 직후 문파와 개헌 저지 운동을 하고 있을 때 나는 당 지도부로부터 전화를 받았다. 이런 식으로 당원이 의원에게 문자 폭탄을 보내면 의원들이 지금 누리고 있는 당원 권한부터 줄이려고 하지 않겠느냐는 협박성 내용이었다. 지금 권한이라도 유지하고 싶으면 당원들의 활동을 자제시키라고 했다. 놀랍게도 당시 내게 협박성 전화를 했던 지도부들이 조국 수호의 전위대가 됐다. 나는 그들의 변신 이유를 곰곰이 생각해 봤다. 문파의 지지를 받던 내가 그렇게 부러웠을까? 아닐 것이다. 그들에게 더 큰 정치적 목적이 생긴 게 아닌가 추측했다. 당원의 지지를 받지 못하면 정치적 도약이 불가능하다는 걸 깨닫고 그 파도에 올라타기로 마음먹은 것일까. 아니면 그들 스스로가 조국 법무부 장관 임명이 명분이 있다고 믿었기 때문일까.

쉽게 재선에 승리할 수 있었던 트럼프가 패한 것도 따지고 보면 강성 지지자들의 환호에 취해 민심과 너무 멀어진 탓이다. 공화당 의원들도 경선에 영향력 있는 트럼프 지지자들이 무서워 트럼프 심기를 맞추다 다수가 패했다. 내가 문프에 대한 지지를 지금도 포기하지 않는 이유는 강성당원에 굴복하지 않고 원칙을 지켰기 때문이다. 문 대통령은 트럼프와는 다른 길을 택했다. 문 대통령은 지금도 지지가 높지만, 역사적으로도 현재 민주당과는 다른 평가를 받으리라 생각한다.

《왕따의 정치학》으로 포퓰리스트 지지자를 양산한 반성문

민주당이 무너지는 책임에서 나도 자유롭지 않다. 내가 먼저 반성문을 쓰겠다고 약속했다. 가장 큰 이유는 《왕따의 정치학》이 이들의 행동에 논리적 근거를 제공해 줬기 때문이다.

— 우리 편이 큰 잘못이 없을 때 상대와 언론이 공격하면 우리가 나서서 지켜 줘야 한다.

나는 지지자들의 노무현 트라우마를 '문재인 지키기'에 활용했다. 하지만 그들이 포퓰리스트로 변하는 걸 지켜보면서도 제대로 제어하지 못했다. 지금 이 책을 통해 민주당의 포퓰리즘을 고발하는 것도 내가 시작한 일이니 결자해지해야 한다는 의무감의 발로에서다.

사실 문파들 다수가 이성적이었고 대화가 잘 통했기에 그들이 포퓰리스트로 변질할 거라고는 미처 예상치 못했다. 나는 SNS의 자정 능력을 신뢰했기에 번즈의 패러독스가 내게도 닥칠 일이란 걸 깨닫지 못했다. 어쨌든 나의 잘못도 절대 작지 않기에 어떤 식으로든 사과와 책임을 져야 한다고 생각한다. 우선 필요한 건 진단이다. 그렇게 어려웠던 탄핵과 개헌 저지도 집단지성으로 해 냈는데 나는 왜 조국 지지자 설득에는 실패했을까?

첫째, 변명처럼 들리겠지만 내가 초반부터 공개적으로 조국 수호가 잘못됐다는 말을 할 수 없었던 게 가장 큰 이유였다. 《왕따의 정치학》에 "양당이 팽팽한 정치적 싸움을 할 때 같은 편이 나서서 상대의 입장에 동의하면 우리 편이 패하게 되니 그런 이견은 내부에서 전달하라"라고 주장했기 때문이다. 나는 이미 청와대에 의견을 전달했고 실패했다. 내가 나서서 지지자들에게 시위를 그만두라고 말하는 순간 상대의 손을 들어주는 게 아닌가. 이건 실패를 거듭하던 부동산 정책에 대한 비판과는 사안이 다르다고 봤다. 정책은 구체적인 내용을 아는 사람이 많지 않기에 정치 싸움이 되지 않는다. 정책에 대한 다양한 논의로 정부가 잘못된 정책의 방향을 바꾼다면 비록 잡음이 있어도 결국 정책 성공으로 이어질 것이기에 문 정부에 도움이 된다고 봤다.

둘째, 탄핵의 성공과 문재인 대통령의 당선으로 과도한 효능감을 맛본 지지자들은 누구도 자신들을 제어할 수 없다는 자만심이 극에 달했다. 대깨문이었던 후배가 단지 조국 교수를 위해 선거불참까지 거론했던 건 아니라고 본다. 보수당에 밀릴 수 없다는 자신의 자존심이 걸린 문제였다. 정치인을 지지하던 노사모와 같은 순수한 팬심은 사라지고, 과도한 효능을 맛본 지지자들은 자신의 권력에 취해 갑질을 시작하게 된 것이다. 내가 아는 몇몇 노사모 출신이 민주당에서 탈당한 건 의미심장하다. 전문가들은 갑질의 심리적 원인으로 자기애성 성격장애를 지목하는데 민주당 일부 강성당원에게도 해당된다. 민주당에 책임 정치가 실종된 데에는 어떤 상황에서도 잘못을 인정하지 않는 갑질 정치가 깔려 있다. 선거에 패하고도 '졌잘싸(졌지만 잘 싸웠다)'를 외치며, 책임은 언론과 검찰에게 돌렸다.

문 전 대통령은 퇴임 즈음 JTBC와의 인터뷰에서 지지하는 사람의 확장을 가로막는 건 진정한 지지가 아니라고 했다. 하지만 그의 극렬 지지자들은 정반대로 대통령이나 민주당에 쓴소리하는 정치인이나 지식인한테는 물론 시장 상인에게까지 문자 폭탄과 영업방해용 욕설 전화로 집단 린치를 가했다. 이건 부동층 설득을 위한

결집이 아니라, 자신의 권력에 취한 갑질이었다.•

기본적으로 포퓰리즘은 정치를 선악으로 바라보기 때문에 복잡하지 않고 단순하다. 증오와 혐오가 생기면 자신의 내면이 공허하고 자존감이 낮은 사람도 뭔가에 열정을 쏟을 원동력을 얻는다. 정치에 올인하는 데 진입장벽은 없다. 누구나 월 1,000원만 내면 민주당 권리당원이 되고, 서구의 정당처럼 교육을 받을 의무도 없다. 어려서부터 정치교육을 제대로 받은 적도 없다. 이 사회에서 소외감을 느끼는 사람도 쉽게 권력욕을 만끽하며 자신이 정의사회를 구현한다는 특별한 성취감을 맛볼 수 있다. 선동은 간결한 수사를 사용하기에 이해하기 쉽다. 무엇보다 외부의 희생양에서 문제의 원인을 찾기에 책임질 필요가 없어 심리적으로 편안하다.•• 문파가 포퓰리스트 지지자의 유입을 차단할 거라며 안심하고 SNS를 떠났던 건 내 실수였다.

셋째, 어떤 것이 큰 잘못이고, 어떤 것이 양해할 만한 작은 잘못인지 《왕따의 정치학》에서 구체적으로 적시하지 않은 것도 나의 결정적 실수다. 나는 임명직과 선출직의 기준이 다르고, 무조건 우리 편 옹호는 안 된다는 말을 한 적이 없었다. 문파들이 상식선에서 판단할 수 있다고 믿었기 때문이다. 결국 법원에서 유죄판결이 나오면 조국 수호를 했던 사람의 생각도 달라질 거라며 인내하고 기다렸다. 그러나 웬걸, 법원에서 판결이 나올 때마다 15년간 함께

• 조기숙, 〈'강성팬덤 갑질정치' 중독된 민주당…'6·1 패배' 예정된 결과다〉, 〈중앙일보〉, 2022. 6. 3.

•• 패트리샤 로버츠-밀러, 《선동은 쉽고 민주주의는 어렵다》, 김선 옮김, 힐데와소피, 2023.

연구해 온 〈민주주의 연구회〉의 한 법학 교수는 끊임없이 음모론을 우리 대화방에 올렸다.

정경심 교수가 유죄를 받자 그 교수는 법원이 입시컨설턴트를 증인으로 받아들이지 않은 게 패인이라고 주장했다. 즉, 법원이 이미 정해 놓은 유죄를 선고하기 위해 정 교수에게 유리한 증인을 배척했다는 것이다. 입시컨설턴트가 대학에서 인증한 공인인가? 그들은 그냥 교수들의 입시 방향을 추측해 컨설팅할 뿐이다. 나도 가끔 학부 입시에 참여하지만, 그분의 페북 게시글 중 공감되는 내용이 거의 없었다. 판사가 이미 입시 관련된 대학의 입학처장과 담당 교수들의 증언을 다 들었는데 왜 자칭 입시컨설턴트에게 정경심 옹호의 기회를 줘야 하는지 그 교수의 주장이 어이가 없었다. 조국 교수 관련 1심 판결이 난 후, 그 교수는 윤석열 정부에서 판사를 바꿔 그렇게 됐다는 음모론 글을 우리 방에 올렸다. 판사 배정은 여전히 김명수 대법원장이 하고 있다. 김미리 판사는 다른 재판부 두 명이 교체되자 개인 사정으로 휴직을 택했고 그 결과 판사가 변경돼 1심에만 3년이 걸렸다. 전문적으로 논리적 훈련을 받은 교수도 이 정도니 민주주의 훈련을 제대로 받지 않은 당원이야 오죽할까 싶다.

물론 성과가 전혀 없었던 건 아니다. 민주당 경선에서 이낙연 후보가 패한 후, 그리고 대법원에서 정 교수의 유죄가 확정된 후, 적지 않은 문파들이 내 SNS를 찾아와 조국 사태 때 나를 공격했던 걸 사과하며 민주당에 대한 실망감을 표했다. 이낙연을 지지했던 초기 문파들이 조국을 버린 건 사실 나와는 무관한 일이다. 그들은 조국이 민주당 송영길 전 대표의 사사오입 후보 결정에 이의를 제기하는 이낙연 후보에게 승복을 요구하자 조국에 실망한 것이다. 이재명 후보는 대선에서 조국과 선을 그었다. 그러나 요즘은 이재명 지지자들이 조국 수호도 같이 하고 있다. 조국 사태로 민주당이 도덕성에 무감각해지지 않았다면 이재명처럼 자주 말이 바뀌고, 도덕적으로 흠이 많은 후보가 경선에서 승리하는 걸 상상하긴 어려웠을 것이다. 문파들이 이재명을 비토하면서 조국을 버렸기에 이성을 되찾은 것 같지만, 민주당은 다시 개딸을 빙자한 포퓰리즘으로 열병을 앓고 있다.

지난 2022년 대선에서 이재명과 윤석열이 각 정당의 아웃사이더라는 점에서 세계적인 포퓰리즘 흐름의 덕을 본 건 분명하다. 하지만 둘 다 포퓰리스트와는 거리가 좀 있다. 나는 대선을 앞두고 페북에서 윤석열보다는 이재명이 포퓰리스트 성향이 더 크다고 진단한 바 있다. 기득권을 악마화하는 수사뿐만 아니라 기본소득 시리즈가 대표적인 예다. 복지가 신좌파의 핵심의제이고 민주당이 이를 쟁점으로 재연합돼 왔는데 지금 민주당이 해체되고 있는 건 이재명의 구좌파 노선과 족보 없는 기본소득 때문이기도 하다. 노동이 구좌파의 주요 쟁점이라면, 복지와 민주주의는 신좌파의 쟁점이다. 기본소득은 복지에 드는 국가의 불필요한 인력을 감축해 현금으로 주자는 신보수의 쟁점이다.

젊은 세대에게는 노년층의 복지비용도 부담될 텐데 복지를 더 확대하면서 현금도 풀겠다는 이재명이 좀더 포퓰리스트로 보였을 것이다. 국가의 보호가 필요한 청년 여성과 달리 청년 남성은 이재명의 당선으로 우리도 아르헨티나가 될 수 있다는 두려움을 가질 수 있었다고 본다. 2021년 10월 탈고한 원고*에서 나는 덜 포퓰리스트적인 후보가 당선될 거로 예측했다. 우리 국민은 안철수와 반기문을 통해 비정치 분야에서의 인기를 업고 정치권 인사로 등장해 성공한 사례가 없음을 이미 학습했기 때문이다. 실제로 그 점에서 나는 우리 유권자들이 정말 대단하다고 생각한다. 유권자를 이찍남이라며 비난하는 민주당 사람들을 내가 이해하지 못하는 이유다.

외신에서 K-트럼프라며 윤석열을 포퓰리스트로 정의했지만 포퓰리스트는 기본적으로 상대를 기득권으로 규정하면서 악마화한다. 윤석열은 민주당을 악으로 규정하지도 않았고 오히려 김대중, 노무현 정신을 계승해 민주당의 좋은 의원들과 협력을 공약한 보수당 최초의 후보였다. 윤 대통령은 오히려 당선 후 우리 사회 기득권을 혁파하겠다는 포퓰리스트 언사를 사용하는 빈도가 점점 늘어나고 있다. 아마도 민노총과의 정면 대결에서 지지도가 올라가자 지지도를 올리기 위한 수사라고 본다. 그래 봐야 중도층은 포퓰리스트 언사를 사용하는 윤 대통령에게서 점점 더 멀어질 것이다. 부동층이 이재명의 대통령 당선을 막았듯이 나는 이들이 윤석열의 일방통행 국정운영에도 제동을 걸 수 있다고 본다.

---

* 조기숙, "포퓰리즘 이론으로 본 적대적 대결정치", 《대변동의 미국정치, 한국정치》, 명인문화사, 2022.

민주당이 포퓰리즘 정당으로 가는 데 일정 부분 책임이 있으면서도 바로 그 주장 때문에 문재인 정부 동안 그걸 막기 위해 나설 수 없었던 건 나의 한계이고 책임이다. 그에 대한 반성의 의미로 민주당이 앞으로 어떻게 하면 포퓰리즘에서 벗어날 수 있는지, 2024년 총선에 대비해 무엇을 준비해야 하는지 부족한 역량이나마 보태고자 한다. 자주 그랬듯이 민주당이 내 제안을 수용하지 않을 것에 대비해 플랜 B도 마련할 생각이다.

7장

민주당, 무너진 기둥을 다시 세울 수 있을까?

1

민주당의 무너진 기둥을 다시 세우려면

한국정치사에서 보수당은 유능의 상징이었고, 민주당은 양심의 상징이었다. 1987년 민주화 이후 한국정당도 35년이 지났다. 과거와는 정반대로 이제 보수당은 무능의 상징이 됐고, 민주당은 내로남불의 상징이 됐다. 내로남불은 원래 진보엔 엄격한 잣대를 들이대고 자신들에겐 한없이 관대했던 보수의 전유물이었다. 그러나 점점 더 투명해진 한국 사회에서 국민이 기대한 민주 세력의 양심적인 모습을 보여 주지 못하자 민주당이 그 오명을 쓰게 됐다. 하지만 민주당은 위기관리 시스템을 통해 국민의 생명을 보호하고, 보수보다 유능하게 국정을 운영해 왔다는 사실을 잊지 말아야 한다. 이중잣대로 진보세력엔 기대가 더 높아서 그렇지, 민주당이 보수당보다 양심이 없다는 말은 아니다. (박근혜 탄핵 과정에선 일부 보수당 인사들이 더 양심적이긴 했다.)

지금까지 민주당은 두 개의 기둥이 받쳐 왔다. 가치와 염치, 민주적인 의사결정과 관용이다. 이 두 개의 기둥이 무너지는 데 적어도 다음의 다섯 가지 원인이 있다고 생각한다.

① 조국 사태를 계기로 지도부와 당원의 가치와 염치 실종
② 기본 가치인 복지는 약화되고 현금 살포의 기본시리즈 등장
③ 국민 여론을 외면하는 강성 당원의 과대대표와 권력화
④ 포퓰리스트 당원의 장단에 춤추는 무책임한 리더십
⑤ 증오와 혐오를 절제하는 태도와 관용의 부족

민주당의 무너진 기둥을 세우는 방법은 의외로 쉽다. 지금 국민이 재평가하는 김대중·노무현 정신을 다음과 같이 오늘날에 맞게 되살리면 된다.

① 윤리위원회 구성에 다수의 외부 인사를 충원함으로써 진영 논리에서 벗어나 국민 눈높이에 맞는 가치와 염치의 회복
② 포퓰리즘 성향의 현금 살포를 중단하고 21세기에 맞는 지속 가능한 복지국가의 비전 재정립
③ 당원 교육의 의무화, 공무원, 교사의 정당 활동 보장을 통해 당원이 평균 국민보다 높은 민주 의식을 갖는 정당
④ 상향식 공천(개방경선)의 법제화로 총·대선에서 포퓰리스트 당원의 기득권을 제어하고 정당의 주인인 국민의 뜻을 좀 더 폭넓게 반영
⑤ 양당제로는 증오와 혐오의 재생산을 막을 수 없으므로 온건한 다당제를 가능케 하는 선거제도 개혁

윤리위 구성과 복지국가 비전의 재정립은 민주당 당원이 원하

고 지도부가 그 뜻을 받든다면 지금도 얼마든지 할 수 있다. 그러나 민주당을 주도하는 포퓰리스트 당원들이 주어진 기득권을 포기하지는 않으리라 본다. 당원이 변하지 않으면, 그들에 의해 선출된 지도부도 굳이 변할 이유가 없을 것이다. 따라서 앞에서 제시한 ①과 ②로 민주당을 바꾸는 건 불가능해 보인다.

결국 선거구제 개혁, 예비선거구제 도입, 정당법 개혁이 선행돼야 민주당은 물론, 정당이라 부르기도 민망한 국민의힘 개혁도 가능하다는 결론이 나온다. 그동안 우리의 양당제는 한국정치 발전에 기여해 온 면이 분명히 있었다. 협의를 통해 다수 연정을 만드는 의원내각제와 달리 대통령 중심제는 통지의 안정을 보장하고 정권교체가 쉬운 양당제와 정합성이 있다. 만일 우리나라에 다당제가 도입된다면 의원내각제를 원하는 국회의원들이 기회만 되면 수시로 헌법개정을 시도할 것이다. 반면, 대통령을 자기 손으로 뽑아 온 유권자들이 그 권리를 정치인들에게 양보할 리 없다고 본다. 통일 전에 의원내각제 개헌 시도가 성공할 가능성이 매우 낮다고 보는 이유다. 양당제의 존속은 불가피하지만, 적대적 공생관계를 종식할 양당 중심의 다당제가 가능하도록 선거제도 개혁은 필요하다.

2022년 대선에서 우리는 역사상 처음으로 누군가의 당선을 막기 위해 투표했다. 지금도 양당 모두가 국민에게 전혀 희망을 보여주지 못하고 있다. 곧 나라와 언어가 없어질지도 모르는 심각한 저출산 초고령화 사회에서 모든 문제를 해결해야 할 정치가 모든 부문의 발목을 잡고 있다. 정치학도로 살아온 지난 40여 년 동안 "정치, 이대로는 안 된다"라는 국민의 분노를 요즘처럼 강하게 느낀 적은 없었다. 우린 지금 적대적 공생관계라는 최악의 양당제를 목도하고 있다. 염치를 잃은 양당제는 누가 더 나쁜지를 경쟁하는 악순환의 다람쥐 쳇바퀴를 돈다. 적대적 양당제하에서는 선거에 의한 정권교체가 무의미하다. 민주당이 진심으로 변해야 국힘도 변한다. 국힘은 선거 때에만 반짝 변함으로써 국민의 마음을 사는 전문적인 방법을 잘 알기 때문이다. 국민의 신뢰를 되찾을 해법은 이미 나와 있지만, 민주당이 스스로 변하지 않을 것도 잘 안다. 국힘과 윤 정부는 여전히 잘할 것 같지 않고, 민주당은 국힘이 실수할 때마다 반사이익을 누리기 때문이다. 이를 알기에 많은 국민이 좌절하고 있다.

해결책은 두 가지밖에 없다고 본다.

첫째, 민주당의 이재명 대표가 민주당 정신을 되살리기 위해 결단하는 것이다. 원래 포퓰리스트 지지자들은 강한 권위주의적인 리더를 선호하고 따르는 경향이 있다. 각자 다른 이론과 행동 양식을 갖고 있어 문 대통령의 호소도 외면했던 문파와 달리 오히려 '개딸'로 통칭하는 이 대표 지지자들은 이 대표가 설득하고 이끌어나갈 여지가 있다고 본다. 실제 이 대표가 최근 지지자들에게 생각이 다른 의원들을 공격하지 말라고 호소하며 선거에 이기기 위한 단합을 강조한 게 한 사례다. 정치교체를 위한 시스템 혁신은 이 대표의 대선공약이기도 하다. 이 대표는 민주당이 무너진 기둥을 세울 수 있는 개혁을 스스로 추진할 필요가 있다.

둘째, 기존의 양당을 개혁하려면 미꾸라지를 강하게 만드는 메

기처럼 제3당의 등장이 불가피하다. 신당은 선거구제를 포함한 선거법 개혁, 예비선거제 도입, 정당법 개정 등을 통해 기존의 기득권에 유리했던 정치구조를 개혁할 청사진을 국민에게 보여 준다면 2024년 총선에 약진할 가능성이 있다.

2

이재명 대표의 리더십이 성공하려면

이재명 대표는 왜 지난 대선에 패했는지, 거대 여당의 성공적인 시장, 도지사 경력의 후보가 정치 초년생에게 그것도 민주당 집권 5년 만에 패했는지 뼈아픈 성찰이 필요하다. 문재인 정부로 인해 정권교체를 당했다고 생각하면 오산이다. 물론 조국 사태부터 시작해 민주당이 기본 가치와 도덕성, 민주 정신이 훼손되는 데 문 대통령의 책임은 작지 않다. 그런데도 그분이 퇴임 때까지 높은 지지도를 누린 건 적어도 민주당에선 유일하게 잘못을 구체적으로 사과할 만큼 양심이 있었고, 민주적 절차를 존중했기 때문이다.

윤석열 후보의 당선을 오래전부터 예측했기에 나는 소신대로 이 후보에게 표를 주지 않았다. 만일 이 후보가 내 한 표 때문에 대선에 패하는 상황이었다면 나도 울며 겨자 먹기로 이 후보를 찍었을 것이다. 그만큼 나는 민주당과의 인연을 쉽게 저버릴 수 없다. 내가 이 후보에게 표를 줄 수 없었던 가장 큰 이유는 두려움이었다. 이 후보에 대한 신뢰가 부족해도 제도적인 안전장치가 있었다면 미워도 다시 한 번 민주당에 투표했을 것이다. 물론 이런 두려움의 본질은 이 후보에 대한 신뢰가 부족했기 때문이다. 오랫동안 민주당 지지자였지만 지난 대선에 기권, 무효표 또는 윤석열 후보에 투표한 사람들은 대부분 다음의 내 진단에 동의했다. 두려움의 이유는 다음과 같다.

① 거대 민주당 : 민주당이 소수당이었다면 이 후보의 능력과 야당의 견제력을 믿고 표를 줄 수 있었을지 모른다.

② 민주당의 이재명이 아니라 이재명의 민주당 : 이 구호는 이 후보가 민주당의 좋은 전통을 계승할 것이라는 믿음보다는 민주주의나 넓은 의미의 제도(관행, 문화, 윤리)에 대한 존중이 부족하다는 우려를 자아냈다.

③ 직접 민주주의를 강조하는 포퓰리즘 : 문재인 전 대통령은 포퓰리즘 면모가 없었는데도 민주당 당원의 포퓰리즘이 극심했는데, 이 대표는 대놓고 나라를 포퓰리즘으로 치닫게 할 것 같았다.

④ 포퓰리즘 공약과 수준 이하의 인재풀 : 엄청난 현금을 풀어야 하는 공약도 두려웠지만, 한국은행에서 화폐를 무한정 찍어 내도 서민은 손해 볼 게 없다는 캠프 인사를 요직에 두는 무신경이 두려웠다.

⑤ 현란한 말솜씨와 능력 : 이 후보를 지지했던 가장 중요한 요인이 설득력과 유능함이었는데, 말이 현란하게 바뀌고 신뢰하기 어려워지자 유능함도 두려움의 원천이 됐다.

물론 내 느낌과 관찰이 이 대표의 실제 모습이 아닐 수 있다. 사람은 편견과 선입견의 동물이니까. 그러나 대중 정치인이 여론·홍보 전공자의 눈에 그리 보였다면 근본적으로 개인 이미지 메이킹을 다시 해야 할 것 같다. 정치인 이미지의 핵심은 진정성인데 그걸 조작하는 건 불가능하다. 하지만 마음먹고 장기간 노력하다 보면 언젠가는 대중에게 전달되기 마련이다.

이 대표 앞에는 두 가지 목표가 있다. 하나는 총선 승리이고, 다른 하나는 대선 재도전과 승리일 것이다. 이 두 가지 목표에는 시차가 있다. 이 대표의 재도전을 위해 꼭 필요한 건 총선 승리다. 현재 의석을 잃는 건 어쩔 수 없지만, 윤 정부의 폭주와 무능을 고려해 과반의석은 확보해야 한다. 검사도 판사도 사람인지라 민주당이 총선에 승리해야 이 대표가 재판에서도 유리하다. 지금 이 대표가 대선을 위한 포석을 둘 필요가 없다는 말이다. 이 대표도 연설에서 밝혔듯이 정치는 국민이 하는 것이다. 국민의 마음을 얻어야 대선 승리가 가능하지, 국회에 자기 사람을 많이 심어서 가능한 건 아니다. 노무현 대통령은 현역 중 천정배 의원 달랑 한 명의 지지만 가지고도 역전의 드라마를 써냈다. 지금 이 대표의 친위대 의원 중 처음부터 이 대표 사람이 몇 명이나 있었는가? 총선에 내 사람을 심으려 하지 말고, 국민의 지지를 받은 사람을 내 사람으로 만들면 된다. 2027년 대선에 승리하면 2028년 총선에서 능력 있는 내 사람을 당선시킬 기회가 주어진다. 이번 총선에 내 사람을 공천하려고 서두를 일이 아니다.

앞으로 이 대표는 개인 혐의에 관한 건 개인 변호사에게 맡기고,

당 조직이나 국회를 자신의 방어를 위해 사용하지 않기를 바란다. 이것만큼 지도자의 진정성을 증명할 수 있는 더 좋은 방법은 없다. 거대 야당의 대표를 정당한 이유 없이 구속할 간 큰 판사는 없다고 본다. 이 대표는 도주의 위험도, 이제 와서 증거인멸의 가능성도 희박하기 때문이다. 이 대표가 억울하게 구속된다 해도 선거에서 여론전은 오히려 더 유리해진다. 구속돼도 의원은 회기가 재개되면 다시 나올 수 있으므로 오히려 일부 국민은 이 대표가 억울한 정치 탄압을 받았다고 생각할 수도 있다.

이 대표는 당 대표로서 기득권을 해체하는 정당법, 선거구제 개혁, 예비선거제 도입 등의 개혁에 나섬으로써 본인이 포퓰리스트가 아니라 혁신적 정치인임을 증명할 필요가 있다. 제도개혁은 국가와 국민의 이익을 위할 뿐, 자신의 유불리를 계산해서는 곤란하다. 노무현 정신은 원칙을 지키기 위해 적극적으로 손해를 택했는데 전화위복의 드라마를 만들어 냈다. 세상은 계산대로 되지 않는다. 더 큰 위험을 회피하고 싶다면 원칙대로 하는 게 가장 좋은 계산이라고 생각한다. 당대표 임기는 보장돼 있고, 어차피 선거에 앞서 선거대책본부가 꾸려질 것이므로 당대표 사퇴는 본질이 아니라고 본다. 당대표가 대표 되기 이전의 개인 혐의를 당 조직을 동원하지 않고, 개인적으로 대응하는 데 뭐라 비판할 사람은 없다. 무조건 민심을 최대한 반영해 이기는 사람을 공천할 수 있는 시스템 구축이 민주당 재건의 핵심이다.

역대 우리나라 대통령은 나름의 신화를 가진 분들이다. 이 대표는 자신의 신화를 만들 소중한 기회를 오히려 도망 다니면서 날려

버렸다. 재판은 다음 정부에서 결론이 나오도록 계속 끌더라도, 한 번은 자신을 역사의 흐름에 맡겨야 신화를 만들 수 있다. 작은 이익에 연연하지 말고 담대하게 자신을 국민 앞에 던짐으로써 진정성을 인정받길 기대한다.

3 기득권을 깨는 제도 개혁

다당제적 양당제를 위한 선거구제 개혁

2022년 12월 29일, 나는 SNS에 〈민주당이 지금 당장 해야 할 일〉이라는 제목의 글에서 "이 대표가 민주당도 살리고 자신도 살기 위해 할 수 있는 일이 딱 하나 있다. 당장 선거법을 개정하는 것"이라며 선거제도 개혁에 나설 것을 촉구한 바 있다. 그로부터 불과 며칠 후인 2023년 1월 3일 윤석열 대통령은 새해 화두로 '중대선거구제 도입'을 주장했다. 민주당은 정치교체를 위한 대선공약임에도 불구하고 윤 대통령에게 새해 화두마저 선수를 빼앗긴 셈이다. 우선 선거구제 개혁이 개헌보다 더 중요하다는 윤 대통령의 발언에 절대적으로 공감한다. 사실 헌법은 우리의 일상을 지배하지 않는다. 그러나 그 대안이 중대선거구제라면 결코 환영할 수 없다.

악마는 디테일에 있다고 중대선거구제로의 변화라면 이건 분명한 개악이 될 것이기 때문이다. 내가 아는 한, 지구상에 핵심 선거구제로 중대선거구제를 사용하는 나라는 없다. 1990년대만 해도 이탈리아, 일본, 대만이 중대선거구제였는데 이들의 돈 정치, 부패 정치의 근원이 선거제도에 있다는 것에 학자들은 합의했다. 그 결과 세 나라 모두 중대선거구제를 폐지했다. 일본과 이탈리아는 소선거구와 비례대표제의 병립형으로 대만은 소선거구제로 전환했다. 우리도 1구에서 2인을 선출하는 중선거구제를 운영한 역사가 있다. 박정희, 전두환 독재 치하에서 그랬다. 야세가 강한 도시에서는 여야가 동반 당선을 하고, 여세가 강한 농촌에서는 여당 의원을 복수 당선시키는 꼼수로 여당이 과반을 확보했던 것이다. 중대선거제도가 돈 선거의 주범인 이유는 한 지역구에서 3~4명이 당선되니 정당은 무기력해지고, 후보 개인의 사조직으로 15%의 득표만 확보해도 당선될 수 있기 때문이다. 중대선거구제에서는 정당보다 사조직과 돈이 중요해 중진 의원에게 압도적으로 유리하다. 한마디로 중대선거구제는 대의제 이론에 족보 없는 괴물이다.

대표성에는 두 가지가 있다. 지역구민 다수의 의사를 대표하는 대응성responsiveness과 국민 전체의 의사를 정확히 대표하는 책임성responsibility이다. 대의민주주의에서 양자는 긴장 관계에 있지만 둘 다 필요하다. 그동안 각국은 양자 중 하나를 선택해 왔다. 미국과 영국, 캐나다는 소선거구 다수제를 통해 대응성을 중시했고, 유럽 국가 대부분은 대선거구 비례제를 통해 책임성을 강화했다. 최근 선거제도 개혁의 흐름은 두 마리 토끼를 다 잡는 것인데 대표적인 나라가 독일이다. 독일은 양자 중에서도 비례대표를 우선하여 소선거구를 결합시키는 이상적인 제도로 칭송받았다. 그러나 이 제도의 문제는 독일인 누구도 선거 결과를 이해할 수 없을 만큼 복잡하고, 최종의석수도 알 길이 없다고 독일 정치학책에 나온다. 우리처럼 지역주의가 심한 곳에서는 초과의석이 50석까지도 발생한다. 국민이 이해하지 못하는 제도를 도입하는 건 신중해야 한다.

결론적으로 극단적인 다당제를 막으면서도 대표성을 강화하되 국민이 직관적으로 이해하기 쉬운 방법은 최근 일본과 이탈리아가 채택한 소선거구와 권역별 비례대표제를 결합하는 단순 혼합제라고 할 수 있다. 시민사회에서는 김대중 정부 시절부터 이러한 안에 대해 합의를 이룬 바 있다. 윤석열 대통령이 중대선거구제를 선호하는 이유는 노무현 대통령이 지역주의를 완화할 수 있는 이 제도를 원했기 때문일 수도 있다는 생각이 든다. 그러나 앞에서 설명한 이유로 중대선거구제는 안 된다고 노 대통령께 말씀드리자 내가 청와대 참모가 된 이후 노 대통령은 한 번도 중대선거구제를 언급한 적이 없다. 워낙 이해가 빠른 분이라 '지역주의를 깨는 어떠한 선거제도'도 좋다는 표현을 사용했다.

김대중 대통령은 물론, 권력을 통째로 줄 테니 선거제도를 바꾸자며 대연정을 제안했던 노무현 대통령의 소원도 선거제도 개혁이다. 지난 대선 모든 후보들도 이에 합의했다. 이제 윤석열 대통령은 물론 각 당의 대표는 대선공약 하나는 지킬 수 있게 됐다. 문제는 어떤 제도를 도입할 것이냐는 여전히 사회적 합의가 필요하다. 특히 독일식 연동형을 준용해 준연동형 선거제도를 2020년 총선에 도입했는데 그 제도가 복잡하기도 하지만, 양대 정당이 위성정당을 만들어 오히려 선거판을 혼탁하게 만들었다. 이는 정상화돼야 한다.

현재 단순다수제(과반 득표 관계없이 1위 득표자가 당선)와 결합한 우리의 소선거구제는 양당제를 가져와 대통령의 안정된 국정운영을 도와준다는 장점이 있다. 양당제가 한국정치에서는 그나마 정권교체도 가능하게 하고 신인에 의한 중진 물갈이도 매우 높은 비율로 하는 등 긍정적인 기여를 해 왔다. 그러나 소선거구제는 수많은 사표를 만들어 내고, 소수자의 의회 진입을 어렵게 하며, 적대적 대결 정치를 부추긴다. 특히 최근에 양당제가 한계에 부닥친 건 포퓰리즘 정치의 발흥 때문이다. 합리적인 중도층의 수가 급격히 증가할 정도로 정치의 양극단화와 이에 대한 정치 외면도 확산하고 있다. 반면, 적지 않은 이들이 비례제를 혐오하면서 중대선거구제에 관심을 보이는 가장 큰 이유는 중대선거구제는 직접 후보에게 투표하고, 비례제는 정당에 투표하는 데 있다. 유권자가 후보를 직접 선출할 수 없고 당 지도부가 만든 정당명부에 수동적으로 투표하니 불신이 생긴다. 최근 물의를 일으킨 몇몇 비례 의원이 이런 불신을 더 강화하기도 했다.

하지만 이 문제는 얼마든지 보완할 수 있다. 최근의 선거제도 개혁의 세계적 추세는 소선거구+권역별 비례제의 결합이다. 비례제 명부를 우리처럼 전국 단위로 작성하는 건 매우 예외적이다. 대부분 국가는 권역별로 비례 명부를 만든다. 정당이 만든 명부closed list에 투표하는 게 아니라 유권자가 직접 후보에게 투표하고, 그걸 정당별로 합산하는 개방명부open list가 대세다. 가령 영남권역에 비례의석이 20석 배정됐다고 가정하자. 국힘과 민주당, 정의당, 신당은 각각 20명 또는 그보다 짧은 비례대표 명부를 만들어 선관

위에 제출할 것이다. 유권자는 정당에 투표하는 게 아니라 후보에게 직접 투표한다. 후보에 대한 투표는 정당별로 합산된다. 그 결과 편의상 국힘 30%, 민주당 30%, 정의당 10%, 신당 30%를 얻었다고 가정하자. 국힘, 민주당, 신당에 각각 6석씩 정의당에 2석이 배정될 것이다. 그러면 각 정당은 각 후보가 받은 득표율에 따라 명부를 득표수대로 다시 작성한다. 국힘과 민주당, 신당과 유권자 투표 순위에 따라 명단을 발표하고, 만일 그중 한 명이 의원직을 상실한다면 그다음 순위가 계승하게 된다. 마찬가지로 정의당이 5명을 명부에 올렸다면 개인 득표순으로 상위 두 명이 당선될 것이다.

개방형 명부를 도입하면 지도부에 의한 비례대표 공천을 걱정할 필요가 없다. 각 정당에서 20명의 명단을 발표한다면, 순위는 유권자 투표에 의해 결정된다. 같은 당 후보끼리 경쟁하는 게 아니라 어쨌든 서로 같은 당 득표율을 올리기 위해 협력할 것이다. 당내 경쟁의 힘도 있지만 협력의 힘도 작동하게 된다. 최종 공천권은 유권자가 갖는다. 민주주의에서 이보다 더 투명하고 좋은 제도가 있을까? 이 같은 개방형 정당명부 비례제는 우리 국민의 우려를 일거에 해결한다. 뉴질랜드는 독일식 선거제도를 도입한 후 투표율이 올라갔고, 유권자의 정치관심도 높아졌으며, 무엇보다 소수자(여성, 원주민 등)의 대표성이 획기적으로 증대됐다. 국민의 정치만족도가 높아진 것은 물론이다. 또한 소선거구가 존치됨으로써 다당의 난립을 방지해 온건한 양당제적 다당제가 유지되고 있다. 선거제도 개혁 후 불만도 제기됐기에 몇 차례 실시 후 다시 과거제도로 돌아갈 건지, 수정된 제도를 유지할 것인지 국민투표에 부쳤다. 54%가 수정된 제도 유지를 택함으로써 뉴질랜드에선 새 제도가 정착 중이다.

소선거구제와 권역별 비례제를 병립시키는 제도는 세계적인 추세이기도 하다. 이렇게 좋은 제도가 있는데 실패가 증명돼 지구상에서 사라진 중대선거구제를 언급해 온갖 음모론에 휘말릴 이유가 있을까. 대통령실은 윤석열 대통령에게 이런 사실을 보고함으로써 성공적인 선거제도 개혁을 통해 정당개혁도 함께 앞당기는 역사적인 업적을 남기면 좋겠다. 이것만 성공시켜도 윤 대통령은 한국정치의 선진화에 크게 기여하게 될 것이다.

나는 우리나라에서는 최초로 1998년 각종 선거제도의 정치적 결과를 시뮬레이션해 보여 주면서 우리에게 가장 적합한 제도는 소선거구와 권역별 비례대표 1 대 1 병립형임을 제시했다. 당시만 해도 국회 의석을 200석 이상으로 한다는 헌법 조문을 300석 미만으로 해석해 선거제도 개혁을 위해선 지역구를 100석 정도 줄여야 한다는 결론이 나왔다. 현역의원들이 자신들의 기득권을 포기하는 개혁은 하지 않을 거라는 생각에 전체의석을 100석 늘려서 비례대표 의석을 증가시키는 대안을 제시한 바 있다. 물론 과도한 예산을 걱정하는 국민을 감안해 국회의 전체 예산액은 고정시킨 가운데 의원 수 증원이 가능하다. 우리는 인구 대비 의원 수가 적은 편에 속한다. 의원 수가 많아지면 그만큼 의원 특권도 줄어들고 더 경쟁적으로 국민에게 봉사하게 될 것이므로 결코 반대할 일은 아니라고 본다. 오늘날 이러한 대안에 대해 학자나 시민사회는 합의가 이뤄진 상태다. 문제는 그로부터 25년이 지났지만 진척된 게 없다는 점이다.

선거제도 개혁에서 가장 중요한 건 과정 관리라고 할 수 있다. 우리가 1990년대 말에서부터 시작한 선거구제 개혁을 아직도 이루지 못한 건 과정 관리에 실패했기 때문이다. 최근 선거제도 개혁에 성공한 뉴질랜드를 본받아 우리도 체계적인 관리가 필요하다. 선거제도개혁은 이해당사자인 국회에 맡기지 말고, 중립적인 전문가 중심의 위원회를 국회 밖에 둠으로써 장기적인 개혁 과정을 밟을 필요가 있다. 충분한 공론화를 통해 한 번에 하나씩만 매 선거 때마다 주민(국민)투표에서 결정하면 된다. 한번 결정된 사항은 돌아가지 못하고 새로운 결정을 위해 앞으로는 나아갈 수 있다. 이를 위한 국회에서 FGIFocus Group Interview(표적집단면접)나 여론조사를 하겠다고 하는데 그건 돈과 시간 낭비라는 생각이다. 다수 국민은 선거제도에 대해 여론조사에 응답할 만큼 전문성도 없지만, 관심도 없다. 국민은 직접 표를 던져야 토론에 참여하고 공론화 과정에 관심을 갖게 된다.

공천권을 국민에게 주는 상향식 예비경선 도입

우리 사회 상당수 지식인이 우리와 역사적 배경, 문화, 제도가 완전히 다른 유럽 제도를 도입하면 우리도 유럽처럼 좋아질 것이란 환상을 말할 때마다 곤혹스럽다. 나도 미국에서 공부했지만, 한독포럼에 지난 10여 년간 동참할 만큼 유럽을 좋아하고 관심도 많다.

우리도 언젠가 유럽처럼 인권이 우선인 복지국가가 되기를 기대한다. 그러나 제도란 경로의존성이 있어서 남의 나라 오렌지를 들여오면 탱자가 되는 경우가 비일비재하다. 정당의 시민교육 역할이 세계에서 가장 우수하다는 독일의 정당도 정당원이 줄어들어 고민하고 있단다. 프랑스도 같은 문제로 개방 경선을 도입했는데, 우리도 독일처럼 공천권 100%를 당원에게 주면 독일 정당처럼 될 거라는 주장이야말로 실현 불가능한 빈말이다.

미국에서도 유럽식 이념 정당, 책임 정당이 필요하다는 주장이 1960년 학계를 뜨겁게 달궜다. 지금 생각해 보면 미국 정치가 안정되고 전성기를 구가하던 팍스아메리카나 시대에 베트남 전쟁으로 소용돌이가 몰아치자 새로운 대안에 갈급했던 것 같다. 유럽의 정당은 계급적 뿌리를 지니고 있다. 근대 부르주아 계급이 왕권으로부터 투표권을 쟁취한 역사에서 왕당파와 무역에 종사했던 자본가의 대결 속에서 정당이 탄생했기 때문이다. 그 후 왕정이 무너지면서 진보적이었던 자본가는 보수당으로 변했고, 노동 계급이 투표권을 쟁취해 진보당이 됐다. 기본적으로 노동과 자본의 균열은 20세기 정당을 대표한다.

독일에서 대학 진학률이 전체 고교 졸업생 중 30%, 대학 졸업에 성공한 사람이 20%밖에 되지 않는 건 계급적 뿌리와 사회적 인프라 덕분이다. 노동자 계급은 자녀가 공부하는 걸 원치 않기도 하고, 대학 나온 사람 못지않게 직업 학교 출신의 기술자 수입으로도 중산층 생활이 가능하기 때문이기도 하다. 이와 관련 유명한 농담이 있다.

한 변호사가 욕실의 배수관이 고장 나 기술자를 불렀다. 기술자가 수리해 주고는 엄청난 액수의 수고비를 청구했다. 그 변호사는 "나도 당신처럼 배관공이 돼야겠군요"라고 하자 배관공이 이렇게 답했다. "나도 한때는 당신처럼 변호사였습니다."

이런 사회에서는 굳이 대학 갈 필요가 없다. 최근 우리도 명문대 졸업한 여성이 도배를 직업으로 택해 뉴스에 소개된 적이 있다. 요즘 집수리해 보면 기술자들의 임금이 매우 높다. 우리 사회도 유럽식으로 흘러가고 있다. 하지만 그 변화의 속도가 너무 느리다. 구조는 그대로 둔 채 한 개인의 결단으로 미세한 변화가 점진적으로 이뤄지기 때문이다. 구조적인 변화를 가져오기 위해 의식 변화 운동도 하고 제도도 바꾸라고 정치가 존재한다.

우리의 구조적 조건은 미국에 가깝고, 사회 구조 자체가 유럽과는 전혀 공통점이 없는데 경쟁 없는 독일 입시를 우리나라에 도입하면 작동이 될까? 대학을 가고자 하는 사람이 별로 없으니 독일은 입시도 설렁설렁하고 불공정 요인이 곳곳에 있지만, 누구도 신경 쓰지 않는다. 하지만 독일이나 북유럽에도 의대나 법대는 경쟁이 치열해 토플처럼 객관적인 시험점수를 요구하기도 한다. 요즘 유럽에선 포퓰리즘이 기승을 부리고 있다. 인간개발지수가 가장 높다는 북유럽에도 포퓰리즘 정당이 집권 연정에 참여하고, 유럽엔 포퓰리즘 정당이 단독 집권한 나라도 많다. 영국은 포퓰리즘의 영향으로 EU에서 탈퇴했지만, 포퓰리즘 바람에서 벗어날 만큼 독일 국민은 냉철하고 이성적이다. 독일의 지방선거에서는 포퓰리즘 정당이 진입했지만, 아직 연방 차원에서는 포퓰리즘 정당이 없는 거의 유일한 유럽 국가다. 내가 독일과 우리나라의 홍보 방식을 연구한 적이 있는데 완전히 다르다. 사용하는 매체, 홍보 방식, 홍보 내용, 문화 등 거의 모든 게 양극단에 있다고 보면 된다.

미국은 독립전쟁에서 승리한 후 토지개혁을 통해 가장 평등한 나라로 역사를 시작했다. 아이러니하게도 지금은 세계에서 가장 불평등한 나라가 됐지만, 아직도 정당의 계급적 기반은 없다. 역사적으로 계급의 뿌리가 없었기 때문이다. 오히려 트럼프 이후 민주당과 공화당을 나누는 핵심 변수는 교육 수준이 됐다. 미국인은 학습으로 진보가 되고, 학습이 부족하면 보수가 된다. 미국의 교육제도나 예비경선제도는 사회 구조적 성격이 비슷한 우리나라에 오히려 모범답안이라고 생각된다. 미국은 국가의 역할을 싫어하는 극도의 개인주의로 인해 빈부격차가 심하다. 하지만 예비경선제도와 대입제도는 오랜 시행착오 끝에 미국인의 실용주의와 합리성을 바탕으로 만들어진 덕분에 매우 훌륭하다. 우리가 외국제도를 도입한다면 우리와 사회 구조가 비슷한 미국제도가 오히려 우리 토양에는 잘 맞는다고 생각한다. 미국과 달리 우리는 공적부조와 평등주의 역사가 고대로부터 있었고, 현대사에서는 박정희 시대로 거슬러 올라간다. 이념을 벗어나 복지와 기회의 평등에 대한 국민적 합의가 있기에 우리가 미국제도를 도입한다고 해서 미국처럼 빈부격차가 심해질 이유는 없다. 오히려 미국제도를 도입해 정치만 선진화된다면 선진복지국가의 부작용은 피하면서도 21세기 정보화시대에 맞는 한국식 복지국가를 정착시키는 데 성공할 수 있을 것이다.

지금 한국 사회에서 진보 활동을 하는 지식인들은 586세대가 중심이다. 그들은 20대에 유럽의 사회주의를 동경하며 노동을 중심으로 하는 구좌파 진보를 이상으로 배웠다. 불행히도 압축성장과 분단으로 우리는 구좌파 진보를 현실에서 실현해 보지 못하고 건너뛰었다. 진보란 개념이 김대중과 노무현 정부에 처음 등장하면서 복지와 성장의 균열에서 신좌파 노선을 택했다. 구좌파 지식인과 언론이 노무현을 신자유주의자라고 공격한 이유다. 신자유주의는 21세기 보수의 이념이라면, 신좌파는 20세기 말부터 시작된 진보의 이념이다. 20세기 지식인과 노동운동의 구좌파 리더들이 선진국 시민인 MZ세대를 설득할 수 없는 건 당연한 결과다.

나는 2022년 말, 윤석열 정부의 화물연대 파업에 대한 정공법이 성공하기 어렵다고 봤다. 여론 조성도 없이 다짜고짜 강경책을 구사했기 때문이다. 그런데도 대승을 거두고 윤 대통령의 지지도가 다시 40%대를 회복하게 된 건 지하철노조를 비롯한 MZ 중심의 제3노조원들이 연대 투쟁을 거부한 덕분이다. 적대적인 증오와 혐오의 정치 투쟁보다는 노조원으로서의 명분과 실리를 택한 MZ세대를 보며 드디어 우리 정치도 한 단계 도약할 계기를 맞았다는 생각에 가슴이 설렜다. 나는 화물연대의 호소에 일부 공감했지만, 그동안 구좌파 세력이 크게 민심을 잃었다는 사실도 확인할 수 있었다.

우리처럼 정당의 계급적, 이념적 뿌리가 없는 나라에서 구좌파 지식인들의 이상인 이념 정당은 성공할 수 없다. 그들의 이상을 따르면 우리 정당은 영원히 실패할 것이다. 하지만 서구의 정당재편성 이론이 적용될 만큼 우리 정당은 지속해서 발전하고 진화해 왔다. 내가 이 이론을 처음 학회에 발표했던 1992년만 해도 미국 이론을 무분별하게 사용한다고 얼마나 호되게 비판을 들었는지 모른다. 지금은 내 이론의 출처도 밝히지 않고 너도나도 사용한다. 이제는 교과서 같은 지식이 돼 소유권을 주장하기도 어려운 상황이다.

우리 정당은 과거의 나쁜 구습을 떨치고 더 발전해야 한다. 정당 가입이 원천적으로 금지된 직업군이 있고, 독일처럼 민주주의 훈련을 제대로 받은 당원은 많지 않다. 양당에는 저질 유튜버에 의한 음모론이 판을 친다. 이런 유튜브 동영상을 보고 현혹되는 당원에게 공천권을 주는 건 정부의 수준을 저질 유튜버 수준으로 끌어내리자는 말이다. 그들에게 공천권을 주자는 건 국힘처럼 윤 대통령이 낙점하면 당 대표에 선출되는 보스 정당을 만들자는 것이다. 포퓰리즘과 권위주의는 동전의 앞뒷면과 같기 때문이다.

미국도 한때 정당의 보스들이 공천권을 독점했었다. 1972년 시카고 민주당 전당대회에서 피비린내 나는 청년들의 시위 덕분에 도입된 제도가 상향식 예비경선이다. 정당의 보스가 공천권을 국민에게 돌려준 것이다. 물론 미국의 예비경선제도도 문제가 없지 않다. 당파성이 강한 사람만 폐쇄적인 당원회의caucus에 참여해 여전히 국민의 뜻이 제대로 반영되지 않는 경우가 많다. 특히 오바마 집권 8년간 무너진 공화당의 틈새를 트럼프가 밀고 들어오자 평소 정치에 관심이 없어 투표도 하지 않던 비정치적인apolitical 유권자들 다수가 공화당 예비경선에 참여함으로써 트럼프가 후보로 선출됐다. 이 때문에 〈동아일보〉 김순덕 대기자는 예비경선이 포퓰리즘에 취약하다고 주장한다. 하지만 유럽은 당원이 공천권을 가지고 있고 예비경선제도가 없어도 포퓰리즘 정당이 기승을 부리고 있다. 국민들은 정치적 경험을 통해 계속 학습하고 있다. 미국 국민이 트럼프 대신 매력 없는 바이든을 택한 건 다시는 포퓰리스트에게 나라를 넘겨주면 안 된다는 학습을 한 덕분이라고 생각한다. 지난 대선에 내가 덜 포퓰리스트적인 후보가 당선될 거로 예측했고, 그게 맞았던 이유도 안철수를 통해 포퓰리즘을 경험한 국민들이 학습한 덕분이다. 우리 유권자는 미국에 비해 교육 수준도 높고 정치의식도 훨씬 높다고 본다.

결론적으로 민주당의 포퓰리즘을 극복할 수 있는 유일한 길은 공천권을 국민에게 돌려주는 예비경선을 도입하는 것이다. 민주당은 상향식 공천 역사의 첫 페이지를 열었고, 2004년, 2016년 총선에서 그 제도의 열매를 이미 맛봤다. 국힘도 탄핵당한 지 5년 만에 정권 재창출을 하고 정당을 발전시켜온 데에는 당대표 선출, 후보 경선에서도 국민 여론을 반영하는 나름의 보조 장치가 있었기 때문이다. 이러한 진보의 흐름에 윤석열 대통령은 제동을 걸었다. 윤 정부와 국힘이 민심을 외면하는 방향으로 질주한다면 다음 총선은 쉽지 않을 것이다. 이재명과 거대 여당의 결합이 두려웠던 것 이상으로 검찰 권력을 쥔 윤 대통령과 거대 여당의 결합은 더 큰 두려움을 국민에게 안겨 줄 것이기 때문이다. 인간이 투표나 시위 등 정치참여의 동기는 자신의 이익을 극대화하겠다는 욕심보다는 두려움이라고 생각한다. 위협만큼 사람의 정치 참여 동기를 잘 설명하는 것도 없다고 본다.

우리는 미국과 달리 안심번호 공천제를 통해 다수의 유권자가 누구나 쉽게 경선에 참여한 경험이 있어 예비경선 결과가 소수의 극단층에 의해 좌지우지될 가능성도 매우 작다. 미국은 당비를 내는 정당원이 극소수 주에 한정돼 있지만, 정당원의 비율은 아마도 세계적으로 가장 높을 것이다. 예비경선에 참여하기 위해서는 한 정당에 등록하고, 지속해서 그 정당의 후보에게 투표해야 한다. 역투표를 막기 위한 장치다. 물론 원하면 다른 정당으로 옮길 수는 있지만, 절차가 간단치 않다. 우리 사회에는 정당원이 되는 것에 대한 사회적 저항이 여전히 존재한다. 예비선거 참여를 위해 등록한 유권자를 미국처럼 일반당원으로 간주한다면 당비를 내는 권리당원과 구분도 되면서 정당의 토대를 단단하게 만들 수 있다. 권리당원에겐 당 지도부 투표권이나 정책 투표에 참여할 권리를 준다면 정당을 권리당원과 함께 운영하는 셈이다. 이런 역할 분담이 우리 정당의 획기적인 발전에 기여할 것이다.

정당 민주주의를 위한 개혁

포퓰리즘 정당의 위험성은 다양성에 대한 인정, 다름에 대한 관용을 기본 가치로 하는 민주주의를 위협한다는 데 있다. 흑백논리로 증오와 혐오를 일삼는 포퓰리스트들은 민주주의를 질식시킨다. 2021년 서울·부산 재보궐선거에 후보를 내야 하는지 묻는 민주당 전 당원 투표에서 반대표를 던진 14%에게 "다른 당 사람 아니냐, 제정신이냐, 국민의힘으로 가라"라고 폭언하는 민주당원을 보며 섬뜩한 느낌이 들었다.

민주주의연구회 동료인 채진원 박사는 얼마 전 다음의 글을 페이스북에 올렸다.

— 《맹신자들》을 쓴 에릭 호퍼는 열정적인 공격과 증오는 공허한 삶에 활력을 불어넣는 의미와 목적을 제시해 주기 때문이라고 말한다. 특정 정치적 신념과 노선을 내세워 생각이 다른 사람들을 증오하면서 욕설과 악플로 공격하는 광신도가 될 때, 삶의 동기가 생긴다는 것이다. 열정적 증오를 통해 패거리를 만들 때, 개인의 무력한 존재감과 두려움, 공허함을 피할 수 있는 피난처를 제공받는다. 중요한 것은 어떤 대의 노선이나 이념은 수단이고 부차적이라는 점이다. 맹신자들에게는 극과 극은 통해서 극좌에서 극우로 바뀌는 것은 중요하지 않다. 중요한 것은 증오가 주는 쾌락이다. 이 인간의 공허함을 채울 수 있는 다른 수단은 없는 것일까?

민주당은 이름에 걸맞게 정당 민주주의를 정착시키기 위한 제도개혁과 문화 쇄신이 필요하다.

첫째, 교사와 공무원노조의 정당 가입을 금지하는 제도의 재검토가 필요하다. 어차피 지금도 교사는 자신의 정치적 신념을 가지고 있다. 그걸 수업 시간에 학생들에게 강요하면 처벌하면 된다. 교사와 공무원의 정치적 중립은 행동으로 보이면 규제 대상이지만 그들의 정당 가입 자체는 양심의 자유로 봐야 하는 것 아닐까. OECD국가에서 이들의 정당 가입이 불법인 나라는 우리밖에 없다.

둘째, 정당에 대한 국고보조금은 정당원 수와 당비 액수에 매칭 펀드 형식으로 제공하도록 지급 방식을 개혁해야 한다. 독일은 국고보조금의 30%를 시민과 당원의 민주주의 교육에 사용하도록 지정하고 있다. 우리도 이런 선례를 따라야 한다. 당비 납부뿐만 아니라 일정 수준의 민주시민 교육을 받은 당원에게만 권리당원의 자격을 주고, 일반당원과 권리당원 수에 연동해 국고보조금을 주는 게 맞는다고 본다.

셋째, 의원뿐만 아니라 당원에게도 일정한 정당 기율을 강제해야 한다. 유럽에선 손님도 왕이 아닌 것처럼, 당원이 왕인 정당도 위험하다. 대놓고 지난 대선 윤석열 후보의 선거운동을 한 권리당원은 출당시키고, 일정 기간 재가입을 막아야 한다. 또한 실명 게시판을 도입해 당원도 책임 의식과 상호존중의 민주 정신을 실천할 필요가 있다. 의원 개인에 대한 막말 문자, 게시판의 쌍욕 등도 원칙과 기준을 만들어 징계해야 한다. 민주주의는 왕정을 거부하는 정치체제다. 타인 위에 군림하고 타인을 짓밟는 반민주적 행위는 누구에게든 용납돼선 곤란하다. 민주주의는 자신을 소중히 여기는 개인주의와 상대를 소중히 여기는 상호존중의 문화에서 태어났다. 고대 아테네에서 민주주의 타락의 징조는 다수가 패각을 던져 특정 리더를 추방했던 오스트라시즘ostracism에서 시작됐다. 당청원 게시판은 정책 아이디어나 당제도 개선 요청에 사용해야지, 특정인을 탄핵하는 오스트라시즘이 되도록 방치해서는 곤란하다. 특정인을 출당시키라는 청원을 버젓이 하는 정당이 포퓰리즘 정당이 아니면 뭐란 말인가?

끝으로 민주당이 포퓰리즘 정당에서 벗어나기 위해 가장 필요한 건 주류 마인드를 갖는 것이다. 민주당은 내 눈에 만년 야당으로 보인다. 주류 마인드가 없고 비주류 운동권 근성만 보이니 민주당은 야당 전문이니 견제는 잘할 거라며 지난 대선에 윤석열을 찍는 사람을 많이 봤다. 21세기 포퓰리즘은 주로 극우 정당에서 발흥하는데 진보적인 민주당에서 꽃피운 이유는 비주류 근성에서 비롯된 게 아닌가 싶다.

문재인 후보가 대통령 선거를 위해 재수하던 야당 시절, 문파들과의 대화는 생산적이고 열정이 넘쳤다. 우리는 분명한 목표를 세우고 행동전략을 논의했으며, 함께 실행했다. 우리는 미래지향적이었고 구체적인 성과를 얻었다. 문재인 후보의 당선에 캠프보다 지지자와 시민들의 열정적 홍보와 지지가 더 크게 기여했다고 생각하는 이유다. 그러나 180석이 된 민주당엔 정부 비판에 대한 과도한 대응과 야당에 대한 증오와 혐오의 언어가 주를 이뤘다. 야당일 때 오히려 시민들은 주류처럼 목표지향적으로 움직였다면, 거대 여당이 돼서는 비주류 근성이 다시 도졌다.

내가 생각하는 주류 마인드는 책임성, 일관성, 목표 지향성이 핵심이다. 비주류는 비판하고 불평하며 내 불운을 남의 탓으로 돌린다. 주류는 아무리 현 상황이 억울해도 내 책임은 없는지 성찰하고 개선의 여지를 찾아 상황을 주도적으로 변화시키기 위해 노력한다. 남 탓은 무한책임을 지는 여당의 모습이 아니다. 여당의 목표는 국민의 마음을 얻어 정권 재창출하는 것이다. 내면이 공허하면 같은 대상을 증오하면서 친해질 수는 있지만, 자신의 목표를 달성하는 데 성공하지 못한다. 목표 의식과 책임 의식으로 일관된 원칙을 고수하는 민주당이 보고 싶다. 민주당원들에게 노무현 대통령의 말씀을 전하고 싶다.

"모든 진실에는 흑백이 없다."•

• 강원국. 앞의 책, p.74.

8장

‘국민대연정당’을 창당하자

1

포용과 상생의 정치를 실천하는 신당

— 정치에서 국민의 불신과 적대감을 모으는 것만큼 수지맞는 수단은 없습니다. 경쟁이 아니라 전쟁을 한 것입니다. 제가 원하는 것은 승자와 패자가 공존하고, 패자는 다시 도전할 기회를 얻는 포용과 상생의 정치입니다.•

노무현 대통령이 임기 마지막 해인 2007년 신년 연설에서 했던 말이다.

불행히도 현재의 국힘과 민주당은 구조적으로 포용과 상생의 정치가 불가능하다. 그들은 1970년대부터 적으로 맞서 싸워 왔다. 독재자와 민주화 운동가 사이에 어떻게 상생할 수 있겠는가. 피의 혁명을 치렀던 다른 나라의 민주화 운동과 달리 우리에겐 6·29선언이라는 독재 권력과 민주화 운동 세력의 타협을 통해 정치체제

• 노무현 대통령의 취임 2주년 국회연설문과 2007년 신년 연설에서 했던 말을 발췌한 글.

변동이 이뤄진 성공적인 사례가 있다. 2022년 대선에서 윤석열 후보와 이준석 대표는 보수당의 과거 독재에 책임이 없는 사람이라 민주당과 상생 정치가 가능하지 않을까 살짝 기대했던 게 사실이다. 그러나 당내 인사를 대하는 윤 대통령의 정치를 보며 결론은 이미 나왔다고 본다. 상생정치에 관한 한, 윤 정부에게 뭔가를 기대하긴 어려울 것 같다.

정당 재편성에서 가장 극적인 변화는 새로운 정당의 탄생과 성공으로 시작된다. 지금 우리 정치의 시대정신은 과거의 대립과 갈등의 정치에서 벗어나 상생과 포용의 정치를 하라는 것이다. 복지와 성장에 의한 정당 재편성은 아무리 빨라도 2000년 이전에는 없었다. 그렇다면 최대로 잡아도 24년밖에 지나지 않았다. 적어도 이 균열이 해체되기 시작하려면 6년이 남았고, 요즘 늦어진 결혼 적령기, 고령화를 고려하면 안정된 연합의 시기는 10년 이상 지속될 수 있다. 선진국을 봐도 복지의 내용은 변해도 이를 대체할 균열 쟁점이 등장하기는 어렵다고 본다. 따라서 양당의 잠재적 지지자는 40% 이상 육박해야 정상이다. 그러나 양당 지지도는 겨우 35%를 균형점으로 오르내리고 있다. 정당해체의 분명한 징후가 보이는 이유는 균열 쟁점이 해결돼서가 아니라 양당이 시대에 뒤떨어졌기 때문이다.

시대는 새로운 정당을 부른다. 그러나 과거와는 완전히 다른 유형의 신당을 요구한다. 과거의 제3세력 중에서 어느 정도 의석을 확보했던 정당은 크게 세 가지 유형으로 분류할 수 있다.

① 특정 지역을 기반으로 했던 자민련과 국민의당
② 거대 자본가의 대선 출마를 위한 국민당, 국민통합21, 국민의당 등
③ 소수자의 이념을 대변했던 민주노동당, 통합진보당 등 대안 진보 정당

이들은 잠시 나타났다 사라졌다는 공통점이 있다. 우리의 단순 다수제 방식의 대통령선거제와 국회의원 소선거구제가 양당을 선호하기에 3당이 살아남을 기반이 없기 때문이다. 따라서 거대 양당의 틈새를 이용해 자신들의 목적에 맞게 만들어진 제3당은 같은 운명에 놓일 수밖에 없다. 이준석 전 대표가 당 대표직에서 부당하게 제거당하고 2024년 공천과 당선 가능성도 희박한데 끝까지 보수당에 살아남아 몸부림치는 현실적인 이유이기도 하다. 양당이 국민을 무시하고 막 나가는 이유도 어차피 적대적 공생관계를 제어할 신당의 탄생은 불가능하다고 안심하기 때문이다.

하지만 탄핵 이후 한국정치 지형이 급격히 변했다. 국민은 박근혜의 퇴장으로 한 시대가 저물었다고 생각한다. 그래서 전대미문의 코비드-19의 팬데믹 와중에 세계의 찬사를 받는 문재인 정부를 적극적으로 지지하며 새로운 정치를 기대했다. 그러나 민주당은 오히려 후퇴했다. 지난 대선 국힘의 승리는 이재명에 대한 두려움도 작용했겠지만, 윤석열과 이준석에 대한 기대도 있었다고 본다. 그러나 뚜껑을 열어 보니 속았다는 느낌이 들 것이다. 지금 정당 지지도는 응답률 3%에 불과한 ARS 조사라 가끔 민주당이 높게

나오기도 하는데 지지자들이 열심히 참여한 결과라 액면 그대로 믿어서는 안 된다. 실제 대선 이후 나는 한 번도 설문조사에 응하지 않았다. 그럴 의욕도 흥미도 없기 때문이다. 상당수 국민이 나와 비슷한 심정일 것이다.

금태섭, 김종인 전 의원이 신당의 깃발을 먼저 들었다. 소수파 신당으로는 지금도 여전히 성공 가능성이 없다고 본다. 내가 생각하는 신당의 성공 조건과는 거리가 멀다. 제3당이 의석 몇 개 확보하는 걸 성공이라 볼 수도 없고, 현실정치에 별 영향을 미치지도 못할 것이다. 지속 가능하다는 보장도 없다.

하지만 몇 가지 조건을 만족시키는 신당이 상생과 포용의 정치를 표방하고 등장해 40%의 지지를 확보한다면 완전히 다른 이야기가 펼쳐진다. 현재 부동층은 40% 정도에 달한다고 추측된다. 제3당이 30% 이상의 지지를 확보하면 기존의 정당 지지자 중에도 제3당으로 이탈할 인구가 적지 않기 때문이다. 신당이 등장해 국민이 기대하는 정치혁신 아젠다를 제시하고 실천할 가능성을 보여준다면 50% 이상의 의석 확보도 가능하게 될 것이다. 2003년 11월 나는 MBC와의 인터뷰에서 2004년 총선을 앞두고 신당이 탄생할 가능성이 크고 신당은 과반의석을 확보할 것이라고 말한 적이 있다. 그때 PD는 손가락으로 자기 머리에 대고 원을 그리며 떠났다. 한마디로 '조기숙이 미쳤다'라는 의미였다. 2004년 총선에서 열린우리당은 과반의석을 확보했다. 탄핵 덕분이 아니라 탄핵에만 기댄 선거운동 때문에 여론조사에서 열린우리당 의석은 140석까지 추락했다. 그러나 위기의식을 느낀 정동영이 비례대표를 포기하며 단식하는 배수의 진을 치며 선거전략을 바꿈으로써 152석을 확보한 것이다. 정동영의 노인 관련 발언 때문에 더 많은 의석을 얻을 기회를 날린 게 아니라 딱 열린우리당 실력만큼 얻은 것이다. 물론 탄핵으로 인해 경상도 의석은 잃고, 호남의석은 싹쓸이함으로써 의석의 질은 기대와 달랐지만, 수적으로는 국민의 정치개혁 열망만큼 얻었다.

하룻밤 자고 나면 기술 혁신이 인간의 상상력을 추월하고, 국제질서는 끊임없이 변하고 있는데, 철 지난 이념과 유치한 흑백논리로 낭비할 시간이 없다. 좌우의 진영논리를 극복하고 미래지향적인 문제해결 방법을 제안할 신당이 필요하다. 지금 상황은 노사모가 노무현을 발굴하기 직전 정치 불만이 극에 달했던 때와 가장 유사하다. 신당이 등장해 파란을 일으킬 수 있다는 사실에 다수가 공감하는 것만으로도 양당은 겸손해질 것이며 뭐라도 자체 혁신을 강구할 것이다. 그것만으로도 성공이지만 거기에 머무를 순 없다. 신당은 기득권을 해체하는 선거구제, 선거법, 정당법을 개정하고 개방 경선을 법제화하기 위해 과반의석을 목표로 해야 한다. 그러기 위해 신당은 기존의 정당과는 완전히 다른 새로운 정치 패러다임을 보여 줄 필요가 있다.

새 물을 지속해서 공급해도 어항이 너무 작으면 물고기가 싸 놓은 분뇨로 인해 금세 물이 썩는다고 한다. 이제는 기득권에만 유리한 양당제라는 작은 어항을 깨고 다당제를 품을 수 있는 큰 어항이 필요하다. 우리에겐 오만무도한 양당을 심판할 대안의 정당이 필요하다. 주어진 틀 안에서 개혁하겠다는 건 다람쥐 쳇바퀴를 돌겠다는 말이다. 그런 정치인은 지도자로서 자격이 없다. 1987년 체제의 유산인 적대적 공생 정치를 끝내기 위한 정치혁명이 필요하다. 지금 양당이 30% 초반대의 지지도를 얻고 있으니 신당이 파괴력을 가질 수 없다는 주장이 많은데 중도에서 합리적 보수와 개혁적 진보가 손을 잡으면 최소 30%의 지지는 얻을 수 있고, 혁신적인 정당 운영의 모습을 보여 준다면 폭발적인 지지도 얻을 수 있다. 긍정의 힘이 폭발하기 시작하면 부정의 힘을 압도한다. 전을 뒤집을 때 작은 건 도구 하나로 가능하지만, 전이 크면 도구로 뒤집는 건 불가능하다. 하늘로 띄워 한 번에 뒤집어야 성공할 수 있다. 쉽지는 않지만 뒤집는 방법은 반드시 존재한다.

단, 기존 양당에 대한 지지자의 충성이나 애착은 2004년과는 비교할 수 없을 만큼 강하다. 2002년 이전의 부동층은 50%가 넘었지만, 지금은 30~40% 정도에 불과하다. 따라서 신당은 기존 양당에 배타적이어서는 살아남을 공간이 없다. 신당은 양당을 포용하는 정당이 돼야 한다. 즉, 기존 양당과 결별하는 정당이 아니라 양당을 포용과 상생의 정치로 이끄는 네트워크 정당이 필요하다. 과거에는 등산 배낭에 어깨끈이 두 개만 있었다. 배낭의 짐이 무거워지면 어깨끈은 서로 점점 멀어지다 급기야는 어깨 아래로 내려와 더 이상 짐의 무게를 감당할 수 없게 된다. 사회가 복잡하고 정치권에 대한 요구가 많아질수록 능력이 없는 우리 정당은 문제를 해결하기보다는 정당 간 싸움으로 국민의 분노를 상대 당에 돌리기 일쑤였다. 정당의 거리는 점점 더 멀어지고, 결국 정당이 짊어질 짐은 바닥에 내동댕이쳐졌다. 요즘 배낭은 두 어깨끈을 가운데

고리로 연결해 준다. 고리는 가슴 앞에만 있는 것도 있고, 배 앞쪽에 하나 더 있는 것도 있다. 하나만 해도 효과가 있지만 두 개의 고리를 동시에 연결해 주면 어깨끈을 모아 줘 어떤 무거운 짐도 쉽게 짊어지고 나를 수 있다. 기존의 적대적 양당의 문제를 해결할 수 있는 유일한 길은 중도에서 양당을 연결해 주는 연결고리와 같은 포용적인 신당이 등장하는 것이다. 신당은 한 정당이 아니라 양당에서 이탈한 정치인들이 신진 정치세력을 포함해 함께 구성될 때 국민에게 새로운 희망을 주고, 더 큰 힘을 발휘할 것이다.

2

신당의 성공 조건

신당이 등장해서 기존 정치권을 혁신하려면 적어도 다섯 가지 조건을 만족시켜야 한다.

첫째, '정치는 명분'이라는 노무현 대통령의 말씀처럼 신당 창당에도 명분이 필요하다. 신당에 함께할 인사들은 우선 기존 정당의 혁신을 위해 최선을 다해야 한다. 그렇게 해서 혁신에 성공한다면 굳이 신당은 필요 없다. 하지만 기존 정당에 대한 기대가 나도 없고, 국민도 없기에 신당의 정치적 명분은 뚜렷하다고 본다. 짧은 시간에 선진국 반열에 진입한 나라는 사회적 대타협, 대연정의 과정을 겪었다. 지금과 같은 양당의 위기는 또 다른 기회가 될 수 있다.

둘째, 증오와 혐오의 정치를 끝내고 상생과 포용이라는 새로운 시대 정신을 추구한다. 여, 야 정당 누구와도 대화의 문을 열고 국민들 삶에 직결된 정책토론의 활성화를 통해 합리적인 정책 결정을 목표로 한다. 국힘과 민주당의 뜻있는 의원들이 함께 시작한다는 의미로 신당의 이름을 '국(힘)민(주)대연정당'으로 제안한다. 신당은 이념을 뛰어넘는 국민통합정당이다. 기득권 양당이 대연정을 할 수 없으니 신당을 매개로 대연정을 하자는 의미다.

셋째, 신당의 목표는 기득권에 유리한 각종 정치제도를 혁파하는 것이다. 따라서 그 목표가 달성될 때까지만 함께하는 한시적인 프로젝트 정당이다. 대연정은 국가의 위기를 극복하기 위한 일시적인 정당의 연대일 뿐, 지속 가능하지 않다. 기존의 시장과 국가의 역할을 둘러싼 좌우의 대결은 여전히 유효한 정치적 균열이다. 특별한 이념적 지향이 없는 신당이 현재의 정당 체제를 완전히 극복하는 건 불가능하다. 기존 양당 지지자들의 동의를 얻기 위해선 기득권 체제를 혁파하고 국가의 미래 아젠다에 대한 합의를 이끌어 낼 때까지만 함께하고 다시 양당으로 돌아올 것을 약속한다. 그 후에는 다시 나눠져 기존의 양당을 흡수하거나, 경쟁에서 이기는 방식으로 정당 재편성을 이룬다.

넷째, 특정 자본가를 위한 정당은 곤란하다. 신당이 독자적으로 생존하기 위한 원내교섭단체 구성을 위해 현직 의원 20명 이상의 참여가 필요하다. 만일 양당에서 현역의원 각 50명 정도가 이탈한다면 100여 명의 신당은 기호 2번으로 2024년 총선을 치르는 것도 가능하다.

다섯째, 선진국 정치는 선진국 시민에게 맡겨야 한다. 신당은 적대적 이념정치의 유산을 물려받지 않은 20~30대 청년이 머리가 되고, 40대 이상 중장년이 손발이 돼 문제를 해결하는 창의적 정당이다. 청년 남녀는 기득권 이념정당의 용병으로 이용당하지 말고 그들이 조장한 젠더 싸움을 당장 멈추기 바란다. 독재의 유산은 물론 이에 맞서 싸운 운동권의 권위주의 뿌리도 함께 뽑아내기 위해 청년이 손잡을 때다. 성별은 사람의 힘으로 바꿀 수 없는 지역, 인종과 같은 정체성이다. 정체성의 정치만큼 비생산적인 감정의 정치도 드물다. 정체성은 타협의 여지가 없기 때문이다. 남녀 정체성 정치는 지역주의보다 더 심각한 망국병이 될 것이다. 신당은 남녀 청년 대표(발기인에 의한 합의추대)와 이 둘을 조율할 수 있는 한 명의 당대표(당원에 의해 선출) 3인 공동 대표 체제가 2024년 총선까지는 바람직해 보인다. 신당에서 청년 남녀는 차이보다는 기득권 해체라는 공동의 목표를 함께 추구한다. 물론 남녀의 정책적 선호 차이는 분명히 존재한다. 신당은 당내 자율 투표를 기본으로 서로의 다양성을 존중하며 다름을 관용하는 문화를 실천한다.

신당에서 다음 대통령 후보가 나올 수도 있고, 기존 정당의 대선 후보와 단일화를 할 수도 있다. 신당은 기존 양당과도 상생과 포용의 정치를 실천하는 새로운 규범을 말이 아니라 실천으로 보여 준다. 개방 경선을 통해 공천권을 국민에게 돌려주고, 타당을 비방하는 정치가 아니라 우리 당의 비전을 제시하는 긍정적인 정치를 실천한다. 대연정을 통해 할 일을 어느 정도 했다고 생각할 때가 신당의 임기를 마무리할 때다.

이 모든 청사진이 가능할까? 나는 그동안 한국 선거 예측을 정확히 해 왔던 사람으로서 가능하다고 본다. 소극적 부동층(투표불참자)과는 다른 적극적 부동층(스윙 보터)● 이 어찌 보면 우리 사회 가장 깨어 있는 시민일지도 모른다. 그들은 그동안 온라인상에서는 목소리를 높이지 않았던 조용한 시민이었다. 다수는 아니었지만, 다수를 결정하는 힘을 가졌다. 양당의 정당해체가 진행되는 지금이야말로 그들이 목소리를 낼 중대한 시기라고 본다. 하지만 과연 정치에서 한 발 떨어진 그들을 동원해 광장으로 나오게 할 수 있을까? 이건 신당을 원하는 정치인들이 함께 노력해야 할 숙제다. 그들을 설득할 수 있는 프로그램을 가지고 등장하는 게 신당에 맡겨진 시대적 임무다.

신당이 제안해야 할 구체적인 정치개혁 청사진과 정책에 대한 고민은 《이준석의 거부할 수 없는 미래》와 《이상한 나라의 박지현》에 다 나와 있다. 나는 현 정치인 중에서 가장 혁신적인 정치를 보여 준 사람도, 미래의 구체적인 청사진을 제시한 사람도 이준석 전 대표와 박지현 전 비대위원장이라고 본다. 이준석과 박지현에 대한 호불호도 있고, 안티도 적지 않지만, 이 두 사람이야말로 상대를 존중하며 책임지는 정치를 보여 줄 최적임자라고 생각한다. 무엇보다 이 두 사람만큼 양정당에 대한 문제의식을 가지고 개혁하기 위해 노력한 사람도 없다고 본다. 벌거벗은 임금님에게 벌거벗었다고 유일하게 진실을 말했던 어린아이와 같은 역할을 했다.

● 조성대, "부동층에 관한 연구: 19대 총선에서 정당 선호, 선거 쟁점과 투표 결정 시기", 〈한국정치학회보〉, 2013.

신당이 성공할 수 없는 이유를 말할 시간에 성공해야 하는 이유를 이야기하자. 뜻이 있으면 길이 있고, 희망을 말하기 시작하면 꿈이 이루어진다.

에필로그

섬에 갇힌 사람들이 광장에서 만날 수 있을까

이 책은 지난 20년간 애정을 가졌던 정당에 대한 비판일 뿐만 아니라 그 정당을 책임지고 이끌어 오는 데 영향력을 가진 중요한 인사들의 평가를 담고 있다. 운동권과 거리가 멀었던 내가 노무현과의 인연으로 운동권 출신 인사들과 교류하면서 어려움이 적지 않았다. 내가 가깝게 지냈던 분들은 출신성분과 무관하게 내게 호의를 베풀어 줬고, 나에 대한 언론의 융단폭격에도 불구하고 편견 없이 대해 줬다. 그들에 대한 평가를 담은 이 책이 나를 배은망덕 배신자로 추락시킬 수 있음도 잘 알고 있다.

내가 이 책을 쓸 용기를 냈던 건 노무현이 사랑했던 민주당을 이대로 무너지게 둘 수 없다는 마지막 간절함, 어쨌든 나는 내 역할을 해야 죽어서 노 전 대통령을 만나도 덜 부끄러울 것이라는 책임감의 발로였다. 가장 중요하게는 한때 민주당을 지지했지만, 나처럼 어느 진영에도 속하지 못하고 섬에 남아 가치관의 혼란을 경험하는 수많은 시민에게 당신은 혼자가 아니다, 당신이 옳다는 말이라도 해 주고 싶었다. 그들이 2024년 총선에는 목소리를 내고 광장으로 나오길 바라는 마음이 가장 컸다.

이 책을 쓰면서 나는 최인훈의 《광장》을 계속 떠올렸다. 내가 주인공 이명준처럼 바다에 빠지는 선택을 한 느낌이었다. 남과 북을 경험한 그가 결국 중립국을 택했다는 건 양쪽 모두 그의 이상향과는 거리가 멀었고, 양측의 이념 과잉에 실망했음을 의미한다. 내가 보수당을 지지한 적은 없지만 주로 활동했던 언론과 학계는 보수측 생각을 엿볼 기회를 줬다. 그곳을 벗어나 민주당과 인연을 맺게 된 건 노무현이 내겐 스웨덴쯤으로 보였기 때문이다. 민주당과의 인연을 맺은 지 20년 만에 나도 이명준처럼 중립국을 택하게 됐다. 민주당에선 더 이상 노무현 정신을 찾을 수 없기 때문이다. 이명준을 보낸 지 70년이 흘렀지만, 남북관계는 물론 남한 내의 보수와 진보 사이도 여전히 변한 게 없다. 놀랍고도 슬픈 일이다.

이명준은 결국 바다에 투신함으로써 중립국에 대한 이상도 포기했다. 하지만 섬으로 피신한 나는 그보다는 한 걸음 더 나아가려 한다. 섬에 갇힌 다른 이명준들을 이끌고 2024년 총선 광장으로 나오려고 이 책을 출간하게 됐다. 이건 내 정체성을 되찾는 일이기도 하고, 오랜 꿈이기도 하다.

공정한 논평가로서의 꿈과 정체성을 찾아서

논평가로서 나의 현실정치 입문은 1999년 김대중 정부 시절이었다. 모래시계 세대로서 현실정치에 침묵하는 정치학 교수들에 대한 답답한 마음으로 논평가가 되는 게 20대부터 꿈이었다. 학생들이 궁금해하는 사안에 대해 시시비비를 분명하게 가려주고 싶었다. 내가 나중에 틀린 것이 밝혀지면 사과 후 논평을 접으면 된다고 생각했다. 불혹이면 내 얼굴과 신념에 책임질 나이라 생각해 그 전에는 일체 언론 노출을 삼가고 학문에만 집중했다.

마흔에 언론에 데뷔하며 내 꿈은 처음부터 공정한 논평가였다. 얼마나 공정했는지 국정원도 내 정체를 파악하지 못했다고 한다. 여와 야 사이에서 적당한 양비론은 내게 있을 수 없었다. 사안마다 내가 아는 학문에 기초해 한쪽 손을 들어주는 판정을 내렸다. 양당제 국가라 양쪽에서 욕은 먹었지만, 언론이 가장 신뢰하는 논평가로 방송과 신문의 요청이 빗발쳤다. 어떤 작가는 내가 혜성처럼 등장했다고 표현하기도 했다. 논평가로서 내가 가장 심혈을 기울였던 건 원칙의 일관성은 지키되, 유명세는 피하는 것이었다. 논평가가 인기라는 거품을 좇으면 언제 추락해도 이상하지 않다고 생각했다. 연 2회 TV 출연, 같은 사안으로 겹치기 칼럼 쓰지 않기 등 나만의 약속을 지키다 보니 존재감은 별로 없었지만, 신뢰는 얻었다.

언론 활동을 한 지 1년 만에 강준만 교수의 《김대중 죽이기》를 만났다. 그걸 계기로 강 교수를 내 마음속 언론학 스승으로 모셨다. 그의 팩트가 틀리거나 논리적으로 잘못된 주장을 할 때 반박할지언정 그에 대한 신뢰를 포기하진 않는다는 의미다. 그동안 스스로 공정하다고 믿었던 내 판단이 어쩌면 기울어진 운동장에 대한 고려 없이 독재정부의 과에 면죄부를 주는 기계적 균형일 수 있다는 성찰을 했다.

2002년 정몽준 후보가 단일화를 철회하고 노무현 후보가 위기에 처한 날 밤, 나는 처음으로 내가 지지하는 정치인을 위해 공개적으로 밝히기로 했다. 내가 그동안 공정한 논평가로서 3년간 쌓아 온 신뢰는 나 자신을 위한 게 아니라 우리 사회 공익을 위한 것이니 아낌없이 노무현 후보에게 사용했다. 나와 민주당과의 인연은 그렇게 시작됐다. 2008년 노 대통령이 퇴임 후 봉하마을에 돌아간 후 나는 봉하마을에서 자주 노 대통령을 만났다. 현실정치든 평론이든 모두 거리를 두고 노무현 전 대통령과 책을 쓰며 함께 전국 강의를 다닐 날을 기대했다. 나의 젊은 시절 꿈은 사라지고 그 자리는 '노무현에 올인'으로 채워졌다.

노무현 대통령의 서거 이후 모든 정치와 거리를 두겠다는 나의 바람도 중단됐다. 노무현이 쓰러진 곳에서 다시 시작할 수 있도록 민주당을 일으켜 세워야 했다. 문성근의 〈국민의명령〉에 합류해 참여정부 실패론의 허구를 깨는 의식화 교육부터 시작했다. 〈국민의명령〉은 처음엔 유시민을 대통령 후보로 염두에 두고 만들어졌다고 들었다. 나는 문재인 후보를 위해 쓰일 것 같다고 말했다. 문재인 후보를 정치판으로 끌어들이는 데 나도 한몫했다. 양산에 찾아가 대통령이 되면 나는 안에 들어가지 않고 5년간 밖에서 지켜주겠다고 약속했다. 나는 참여정부 고위직 모임인 담쟁이포럼에 합류하지 않았다. 자리 욕심 없는 내가 최전방에서 언론의 집중포화를 맞으며 문 후보를 지켜야 한다고 생각했다. 2012년 대선과정에서 참여정부 평가에 대해 나와 문 후보의 합의하기 어려운 간극을 확인했다. 그래서 2012년 대선에서는 물론 2017년 대선에서도 언론의 공세로부터 문 후보를 지켜 줬지만, 지지 선언은 하지 않았다.

문 후보가 대선 재수를 시작하면서 전선에서 그를 지키기 위해 나의 모든 것을 바쳤기에 다른 후보 지지자는 물론 좌우 언론으로부터도 온갖 미운털이 박혔다. 문재인 정부 수립을 위해 나 같은 사람은 망가져도 상관없다고 생각했다. 2016년 총선 한 달 만에 내가 한 팟캐스트에서 예측했던 대로 박근혜는 탄핵을 당했고, 안철수가 약진하지 못하면서 문 후보는 무난히 대통령에 당선됐다. 이미 재수 기간 4년간 지켜 줬으니 나는 문 후보와의 약속은 지켰다고 믿었다. 나와 함께 행동했던 17만 트윗 부대가 있으니 동지들을 믿고 문재인 정부 출범 6개월 정도 지난 후 나는 SNS를 접었다.

그러나 예상하지 못했던 조국 사태를 기점으로 나는 문재인 정부와 민주당의 판단력 없음에 좌절하고 말았다. 내가 SNS를 떠나 있던 1년 반 정도의 공백 기간에 민주당 열성 지지자들은 통제 불능의 상태가 됐다. 그때부터 나는 민주당을 좀 더 객관적으로 바라보기 시작했고, 이제야 어린 시절 꿈이었던 공정한 논평가의 길을 걸을 때라고 생각했다. 내가 어떻게 노무현의 대선 승리에 도움을 줬나 생각해 보니 잘하면 칭찬하고, 잘못하면 비판한 덕분이었다. 나의 쓴소리가 노무현의 대선 승리에 도움이 됐듯이, 이 책이 민주당의 무너진 기둥을 바로 세우는 데 도움되기를 바란다.

높은 이상적 기준이 정치적 승리를 보장한다

책을 마치기 전에, 지난 대선에서 이재명 후보가 패한 후 한 페친이 내게 던졌던 도발적인 질문과 내 답변을 소개하려 한다. 이 책을 읽고 난 후에도 같은 질문을 하는 분이 상당수 있으리라 예상되기 때문이다.●

— 교수님의 글 늘 잘 읽고 있습니다. 요즘 제가 드는 회의감은 국민의힘 당원들도 이런 생각을 할까? 적들은 권력을 잡기 위해 이런 고민을 할까? '나만 잘하면 된다. 내가 잘해야 한다'라는 원론 말고요. 상대는 반칙쟁이인데 승부가 갈리는 시합에서 반칙이 묵인되는 시합에서 나 혼자 선비 노름하다 개박살나는 시대가 요즘이잖아요. 제가 광기 어린 당원은 아니지만, 교수님의 이런 이야기는 그냥 학자로서의 이데아를 꿈꾸는 연구 그 이상 그 이하도 아닌가 합니다. 국민의 한 사람으로 당원의 한 사람으로 교수님의 글들이 너무 사치스러워 보이는 느낌은 지울 수가 없습니다.

나는 그에게 다음과 같은 장문의 답을 썼다.

— 빌 클린턴의 선거 참모 딕 모리스가 쓴 《신군주론》이라는 책에 대략 이런 내용이 나옵니다.

● 조기숙 페이스북, 2022. 7. 5.

"내가 선거 전략가니 잔머리나 트릭을 쓰리라 기대하는 사람이 많다. 그러나 의외로 국민은 도덕적이고 이상적인 걸 원한다. 이기고 싶은 정치인이라면 정치 현실보다 훨씬 이상적인 기준을 세우고 지켜야 한다."

저는 정치학, 특히 선거, 여론 연구가 현실을 예측하고 변화시키지 못하면 죽은 이론이라고 생각해 현실 참여형 연구를 많이 해왔습니다. 우리나라 유권자는 유교의 영향 때문인지 미국 유권자보다 더 이상적인 걸 정치에서 기대합니다. 저는 여론을 과학적으로 연구하는 사람이라 데이터에 충실했던 결과 내가 사적으로 조언했던 민주당 선거, 개인 후보 선거, 원내 대표 선거 등에서 단 한 번도 패한 적이 없습니다. 칼럼, TV 토론, SNS 등에서 공적으로 제안한 걸 후보가 수용했을 때 선거 승리에 기여한 것만 열거해도 다음과 같습니다. 민주당 선거 승패는 내 훈수를 받아들일 때와 아닐 때로 나뉩니다.

2002년 노무현 선거 승리

제가 쓴 이인제 비판칼럼이 경선 대의원에게 뿌려졌습니다. 김영삼 시계 차고 찾아가지 말라고 조언했으나 찾아가서 지지도 폭락했습니다. 후보 자리 내놓고 정몽준과 단일화 조언, 여론조사 "모든 걸 정몽준이 원하는 대로 양보해서 형의 이미지를 만들어라, 설문조사 항목만큼은 양보하지 말고 지켜라"라고 조언해 관철했습니다. 혁신 언급하지 말고 '새 정치 vs 낡은 정치' 슬로건으로 선거운동할 것을 제언해 모두 받아들여졌습니다. 끝까지 거절하는 저를 노 대통령이 "당선시켰으니 책임지라"라며 청와대에 부른 이유입니다.

2004년 총선 승리

탄핵에만 기대 선거전략을 짜놓은 열린우리당은 정동영의 노인 관련 발언 이후 예상의석이 170에서 140으로 떨어졌습니다. 그때 제가 입당해서 구호를 탄핵에서 '의회권력교체'로 바꾸고 과반수가 안 되면 노 대통령은 탄핵당할 거라며 지지를 호소했고, 간신히 152석을 받았습니다. 당대표를 버리고 비례의원을 지키라는 우리당 당직자들의 주장에 맞서, 정동영 당의장이 비례를 버리고 당의장을 지키게 했습니다. 자기 살겠다고 당대표 버리고 비례의원 챙기는 지도자가 이끄는 정당을 ○○님은 지지하고 싶겠습니까? 당대표 사임하려고 정동영 의장이 기자회견을 자청했는데 그게 무산되면 공당의 망신이니 제가 갑자기 입당해서 뉴스를 만든 겁니다.

2010년 지방선거 승리

2007년 이후 선거에 패하는 게 일상이 되다 보니 언론의 전망도 비관적일 때 저는 전국을 다니며 노 대통령 추모 공연에서 드럼을 치며 전국에서 들불이 일어나고 있다고 주장했습니다. 뚜껑 열어보니 지자체장 경기도 유시민만 빼고 (서울 한명숙도 분패) 거의 다 이겼습니다. 무소속이었지만 경남의 김두관까지도요. 슬프지만 노 대통령의 목숨값이었지요.

2012년 총선 패배

한미 FTA 재협상, 통진당과의 연합공천이 패인입니다. 그것 하지 말라고 〈국민의명령〉 운동하면서 좌파 정당과의 결별을 위한 명분을 충분히 축적했는데 제 조언과 정반대로 통진당에 끌려가는 단일화로 패했지요.

2012년 대선 패배

좌파 공약으로는 대선에서 이길 수 없다고 아무리 간언해도 소용이 없더군요. 모든 논객이 대선 승리에 환호하고 있을 때 저만 대선 3일 전 이길 가능성 없다고 했지요. 투표율이 75% 넘을 거로 예측했던 사람도 제가 유일했습니다.

2016년 총선 승리

이 총선에서 민주당이 이긴다고 예측했던 사람도 제가 유일합니다. 당시 박근혜 대통령 지지도가 꽤 높았고 선거전 여론조사는 모두 새누리당 승리를 예견했거든요. 저는 몇 해 전부터 민주당 과반을 예측했다 김종인이 영입되면서 블랙홀이라 모르겠다고 했지요. 당시 안심번호 공천으로 초선 비례의원들이 수도권 지역구에서 후보가 되는 걸 보면서 비례대표 선거는 망해도, 제1당은 될 테니 포기하지 말고 투표하라고 했어요. 출구조사도 믿지 말고 끝까지 투표하라고 했는데 실제 출구조사와 다른 곳이 많았습니다.

2016년 탄핵

탄핵 표결에 성공한 후 페친들과 서로 수고했다며 인사 나눴습니다. 왜죠? 민주당이 뒤에서 협상하느라 수고했겠지만, 이 모든 전략의 물꼬를 튼 사람이 저였고, 거기에 협력해 준 페친, 트친들이 일등공신이었으니까요. 이재명 지사의 탄핵 발언 이후 처음으로 제가 탄핵밖에는 방법이 없다고 하자 친문들이 저를 이재명 지지자라며 얼마나 공격했는지 기억하실 겁니다. 당시 문재인은 과도기적 중립정부를 선호했고, 조국 교수는 탄핵이 성공할 수 없는 세 가지 이유를 들어 반대했으니까요. 저는 탄핵이 박근혜를 사퇴시키는 유일한 길이라며 승리의 전략을 제안했고, 문 대통령과 민주당 지지자와 함께 관철시켰습니다. 탄핵 후 우리끼리 서로 수고했다고 격려했었지요.

이심전심 모든 제안이 실행됐고, 이에 동조하는 트·페친님들 덕분에 가능했습니다.

2017년 대선

안철수가 국민의당 후보가 되면 언론들이 부풀려서 양자 대결로 몰고 갈 거라고 준비하라 했는데 민주당은 그럴 리가 없다며 안심하고 있었습니다. 5자대결에서 문·안 지지도 똑같이 나왔습니다. 안철수가 TV토론에서 "내가 이명박 아바타입니까?" 하면서 스스로 무너지지 않았다면 위험할 수도 있었습니다. 제가 트친들의 요구에도 불구하고 끝까지 문재인 후보 공개지지를 하지 않은 이유는 탄핵 덕분에 대통령에 당선은 되겠지만 경제 공약이 제 철학과 달라 더 이상 옹호할 수 없을 것 같아 함께 책임지고 싶지 않았습니다.

2020년 총선 승리

조국 사태에도 불구하고 이긴 게 아니라 조국 선거가 되지 않으려고 최선을 다했습니다. 다행히 초반에 주먹구구였던 민주당 선거 전략이 제 뜻과 함께하면서 대승했습니다. 물론 여기에는 정부의 성공적인 코로나 방역이 일등공신, 자한당의 대책 없는 선거전략이 이등공신입니다.

윤석열 핍박하면 윤석열이 대선 후보된다고 언급도 하지 말라고 수없이 말했지요? 추미애를 멈춰 달라…. 그때 절대로 그런 일은 없을 테니 걱정하지 말라고들 하셨죠? 그분들 지금 다들 어디 계실까요?

2022년 대선, 지선 패배

저는 일체 침묵했습니다. 부동산 대책과 인사 문제를 지적했다 변절자로 낙인찍힌 제가 무슨 할 말이 있겠습니까? 말해도 들을 것 같지도 않고, 선거에 패해 보는 것도 민심과 멀어진 민주당에 교훈이 되리라 생각했습니다.
제가 몇 년 전 대중 강연에서 이재명 지사가 민주당의 후보가 될 가능성은 크나 기본소득을 공개적으로 포기하지 않으면 당선은 어려울 거라고 한 말을 들으신 분들 많을 겁니다.

페친님, 국민의힘이 반칙쟁이라고요? 그 당에는 국민의 여론을 영악하게 읽는 전문가들이 즐비합니다. 보수당은 기본적으로 전문가를 존중하는 문화가 있습니다. 제가 알려주지 않을 걸 뻔히 알면서도 거절할 수 없는 행사를 만들어 삼고초려해서 제게 전략 훈수를 구하는 분들입니다.
그동안 민주당이 패했던 건 보수당과 보수언론의 프레임에 끌려가기 때문이라며 내가 앞장 서서 언론과 싸운 지 20년, 이제는 SNS를 하는 모든 시민이 언론입니다. 여론 시장은 평평하게 변했습니다. 요즘 국민은 언론을 믿지도 않고 비교적 객관적으로 평가합니다. 언론이 여당과 윤석열 정부의 악재를 호의적으로 보도하는데 언론을 믿는 국민들이라면 어떻게 윤 대통령 지지도를 임기 초에 이렇게 낮게 유지시킬까요?

거대여당 민주당은 피해의식에 빠져 민생은 챙기지 않고 검찰과 언론에 복수극 하느라 시간을 보내다 질 수 없는 선거에 패해 5년 만에 정권교체를 당했습니다. 민주당이 이렇게 되는 데 강경당원과 지지자의 갑질이 주효했지요. 이번에 나온 민주연구원의 대선, 지선 평가보고서를 보세요. 제가 했던 말과 하나도 다르지 않습니다. 제 글이 사치라고요?

강경당원들이 자기애에 빠져 명분을 외면한 게 사치 아닐까요? 당이야 패하든 말든 민심이 민주당에 등을 돌리든 말든 아직도 교훈을 얻지 못하고 내 권리나 주장하고 몇 번이나 실패한 자기주장이 옳다는 게 진정한 당원과 지지자의 역할일까요?

“정치는 명분입니다.”

노무현 대통령의 유명한 명언입니다. 보수당도 억지로 명분을 만들어 냅니다. 적어도 민주당은 명분 없는 정치로 이길 수 없습니다

그 페친은 내 답변에 다음과 같이 화답했다.

— 교수님.

한참을 적다 글을 지웠습니다.

제 생각을 글로 옮기는 것을 해 본 지 너무 오래돼서 정리가 잘 안 되네요.

일단 교수님에게 진심으로 사과를 드립니다. 다른 글보다는 사과의 글을 드리는 것이 옳다고 생각이 들어서요.

나도 감사의 답을 올렸다.

— 아닙니다. 사과라니요. 좋은 질문 해 주셔서 저도 정리할 기회가 돼서 참 좋았습니다. 과거에는 민주당이 너무 양심적이라서 언론이나 보수당이 공격하면 무조건 사과하고 굽히고 들어갔습니다. 그래서 제가 나서서 싸운 거지요. 민주당이 뭘 잘못했냐? 하면서요. 그런데 나중에는 민주당이 어느새 뻔뻔하고 양심 없는 정당이 됐더라고요. 분명히 국민 다수의 눈에 잘못했는데도 뭐 잘못했냐

며 촛불시위만 하면 이긴다고 생각하는 것 같아요. 보수당에는 큰 기대가 없기에 뻔뻔함이 큰 잘못이 되지 않을 때도 있지만, 국민은 민주당이 적어도 양심이 있는 당이라고 생각했기에 더 큰 배신감을 느끼는 것 같습니다. 잘못한 건 잘못했다고 해야지요. 그래서 제가 이상적이고 도덕적인 사람으로 보일 수 있었다고 생각합니다. 장황한 제 글로 오해가 풀리셨다니 다행이고, 진심으로 감사드립니다.

기대가 없으면 침묵하고, 있으면 비평한다!

자기 자랑처럼 들리는 위의 해명 글을 굳이 여기에 옮긴 게 숫기가 별로 없는 내겐 낯부끄러운 일이다. 내가 별로 존재감이 없어 신뢰받지 못한다고 생각해 그동안의 성적표를 공개했다. 한국정치를 몇 년 앞서 꿰뚫어 보고 예측해 온 통찰력을 인정해 달라는 부탁은 2024년 총선 전략과 직접 연결돼 있다. 양당은 극단적 지지자에 의해 더 양극화되고, 혐오의 대상이 됐지만 그런 만큼 합리적이고 이성적인 제3의 정치세력에 대한 국민의 기대 또한 커지고 있음을 느낀다. 내가 유학에서 돌아온 후 한국 선거에서 이번처럼 제3정당에 대한 바람이 크게 느껴지는 것도 처음이다. 나는 늘 우리나라에서 제3당이 성공할 가능성이 없다고 말했었다.

이제 조용한 부동층이 국민의 명령을 내릴 때다. 증오와 혐오를 말하는 양당의 극단적 지지자가 싫어 섬에 갇혀 있던 사람들이 광장으로 나와 신당을 바라는 민심의 소리를 정치권에 들려줄 때다.

2024년 총선의 시대정신은 분열이 아니라 '연대', 적대가 아니라 '공존', 흑백논리가 아니라 '합리적 이성'이다.

원래 이 책은《왕따의 정치학》을 출간해 준 출판사와 작업할 생각으로 원고 개요를 보냈다. 그때 내 책을 담당했던 편집자가 '테라코타'라는 출판사 창업을 동료 편집자와 함께했음을 알게 됐다. 나는 주저 없이 테라코타와 계약하기로 했다. 저명한 출판사에서 책을 내는 장점도 있지만, 그와 함께 일했던 경험이 매우 좋았고, 진보적 삶이란 약자끼리 연대해서 살아가는 것이라는 내 신념에 비추어도 마음에 들었다. 평소 재벌회사가 만드는 제품, 대형마트, 프랜차이즈 식당이나 카페보다는 농촌과 직거래하는 생협, 중소기업 제품, 동네 식당이나 카페를 의도적으로 이용하는 나로서는 신생 출판사와의 협업은 가치 있는 모험이라 생각했다. 사실 이 모든 이유보다 가장 중요했던 건 '민주당을 비판하는 책'을 출판사들이 가장 피한다는 〈중앙일보〉 안혜리 논설위원의 칼럼을 읽고는 이 책을 누가 출간해 줄지 자신이 없었다. 테라코타의 두 편집자가 선뜻 책을 내주겠다고 말해 주고, 잘 편집해 줘 깊이 감사드린다.

유시민 작가는 최근 칼럼에서 "기대가 있으면 만나고, 없으면 비평한다"라고 했는데 나는 정반대다. "기대가 없으면 침묵하고, 있으면 비평한다." 이 책에서 내가 언급하거나 비판한 분들은 여전히 변화를 기대하고 있기에 솔직한 의견을 표명했다. 사적 감정으로 받아들이지 않기를 바란다. 나는 연구하고 가르치고 집안 살림하느라 사람 만날 시간이 절대적으로 부족하다. 글이 내게는 세상과 소통하는 유일한 통로다. 이 책이 새로운 갈등의 시작이 아니라, 서로의 입장을 이해하고, 조금씩 양보함으로써 기존의 갈등을 해결하고 치유하는 데 도움되기를 간절히 바라며 세상에 내보낸다.

민주정치의 요체는 대화와 타협의 정치입니다.
정쟁을 하지 않는 것이 아니라
상대를 인정하고, 대화하고, 타협하고, 규칙에 따라
경쟁하고 결과에 승복하는 정치입니다.
이것이 승자와 패자가 공존하고,
패자는 다시 도전할 기회를 갖는 포용과 상생의 정치입니다.

노무현 전 대통령

어떻게 민주당은 무너지는가

초판 1쇄 인쇄 2023년 5월 12일
초판 1쇄 발행 2023년 5월 23일
지은이 조기숙
펴낸이 배민수, 이진영
기획 · 편집 밀리&셀리
표지 · 본문 디자인 정현옥
마케팅 태리
펴낸곳 테라코타 **출판등록** 2023년 1월 13일 제2023-000019호
주소 서울특별시 강남구 남부순환로 2921, 164호
메일 terracotta_book@naver.com
인스타그램 @terracotta_book

ISBN 979-11-981803-2-2 03340